Scríbhinní Béaloidis

Folklore Studies

26

Clúdach / Cover image

Anna John Chiot Nic an Luain, Na Cruacha, Contae Dhún na nGall, agus Seán Ó hEochaidh.

Grianghraf: Caoimhín Ó Danachair, 1949

Léaráidí: I mí na Nollag 1949, thug Coimisiún Béaloideasa Éireann cuireadh do Simon Coleman R.H.A. cnuasach sceitsí agus uiscedhathanna a dhéanamh de scéalaithe agus de ghnéithe éagsúla de chultúr ábhartha Dhún na nGall. Thug Coleman cuairt ar Na Cruacha i dteannta an bhailitheora Seán Ó hEochaidh, agus chaith sé roinnt laethanta ann, cuid mhaith den am sin i dteach Anna John Chiot. D'éirigh leis go leor pictiúr a dhéanamh de throscáin, uirlisí agus earraí tís, agus tá an leabhar seo maisithe le roinnt samplaí dá shaothar.

Illustrations: In December 1949, the Irish Folklore Commission invited Simon Coleman R.H.A. to make a series of drawings and watercolours of storytellers and to record aspects of the material folk culture of county Donegal. Coleman visited the Blue Stack mountains in the company of folklore collector Seán Ó hEochaidh. Coleman spent several days there, much of it in the company of Anna John Chiot, sketching a great many articles of traditional furniture and a range of domestic objects and implements, examples of which appear throughout this publication.

Dearadh / Design

Aoife Kelly - aoifekelly.com

Clónna / Fonts

Broadacre

ISBN 978-1-5262-0967-2

Comhairle Bhéaloideas Éireann

Cnuasach Bhéaloideas Éireann

An Coláiste Ollscoile Baile Átha Cliath

www.ucd.ie/folklore

AMHRÁIN ANNA JOHN CHIOT

The Songs of Anna John Chiot

In eagar ag / Edited by
Dr Pól Ó Seachnasaigh

An Clár

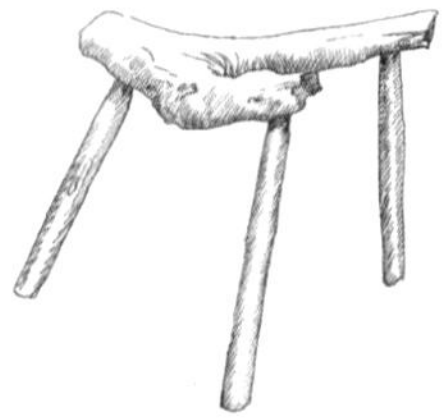

Noda / *Abbreviations*

CBÉ Cnuasach Bhéaloideas Éireann (Colláiste na hOllscoile, BÁC)

CC Ó hAirt, Diarmuid [gan dáta] *Cnuasach Conallach, A Computerised Dictionary of Donegal Irish.*

CCU Ó Muirgheasa, Éinrí (1915) *Céad de Cheoltaibh Uladh, Baile Átha Cliath*

DCCU Ó Muirgheasa, Éinrí (1934) *Dhá Chéad de Cheoltaibh Uladh, Baile Átha Cliath*

Din Dinneen, Rev. Patrick (1927) *Foclóir Gaedhilge agus Béarla, Dublin*

Don. Donegal

FGB Ó Dónaill, Niall (1977) *Foclóir Gaeilge- Béarla, Baile Átha Cliath*

gin. tuiseal ginideach/ *genitive case*

gs. genitive singular

iol. Iolra / *plural*

LMacM Liam Mac Meanman

R.I.A. Royal Irish Academy

SÓhE Seán Ó hEochaidh

UCCT Ó Catháin (1985) *Uair an Chloig Cois Teallaigh*

var. variant

Buíochas

Táim buíoch de Ríonach Uí Ógáin, agus de Chríostóir Mac Cárthaigh agus leis an fhoireann sa Choláiste Ollscoile, Baile Átha Cliath a chabhraigh liom nuair a bhí taighde á dhéanamh agam i gCnuasach Bhéaloideas Éireann. Chuir siad fearadh na fáilte romham i gcónaí. Táim fíorbhuíoch as an chabhair a thug Ailbe van der Heide dom leis an téacs.

Gabhaim buíochas leis an Leabharlann in Ollscoil Mhá Nuad. B'ansin a bhreac mé síos den chéad uair na hamhráin atá san fhoilseachán seo ón chóip de phríomhbhailiúchán Chnuasach Bhéaloideas Éireann atá caomhnaithe ar mhicreascannáin sa Leabharlann.

Gabhaim buíochas fosta le Nioclás Ó Cairealláin, le Liam Ó Conchubhair agus leis an fhoireann i dTaisce Cheol Dúchais Éireann. Tá stóras ollmhór amhránaíochta is ceoil traidisiúnta ann chomh maith le leabharlann chuimsitheach, agus fuair mé gach cabhair nuair a rinne mé taighde ann. Chomh maith leis sin rinneadh an taifeadadh atá mar chuid tábhachtach den fhoilseachán seo i stiúideo na Taisce, agus gabhaim buíochas speisialta le hAdam Girard as an sár-obair a rinne sé mar innealtóir fuaime.

Táim buíoch thar na bearta de mo chéile Cathy as an am agus an spás a tugadh dom tabhairt faoin togra seo.

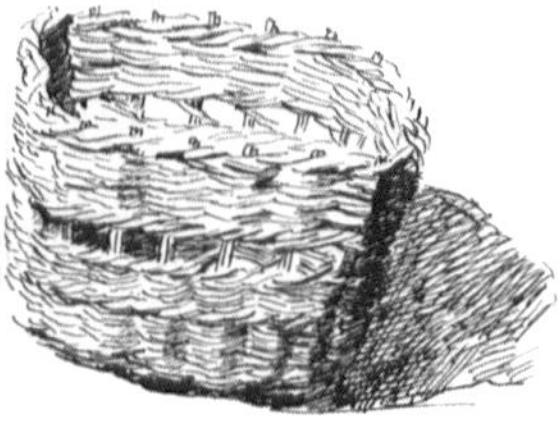

Acknowledgements

I am grateful to Ríonach Uí Ógáin, and to Críostóir Mac Cárthaigh and to the staff at University College Dublin who helped me when I was researching the National Folklore Collection. They always made me feel very welcome and extended the full facilities of the Collection to me. I am also very grateful to Ailbe van der Heide for her assistance with the text.

I would like to express my appreciation to the Library in Maynooth University. It was there I first transcribed the songs in this publication. A copy of the Main Manuscripts collection of the National Folklore Collection is preserved on microfilm in the Library.

I wish to thank Nioclás Ó Caireallåin, Liam Ó Conchubhair and the staff of the Irish Traditional Music Archive. The Archive contains a huge store of traditional singing and music together with a comprehensive library. I received every assistance when I was researching there. The recordings of songs which are an important part of this publication were made in the Archive's studio, and I would like to express special thanks to Adam Girard for his excellent work as sound engineer.

I wish to thank especially my wife Cathy for allowing the time and space to do this project.

Réamhrá

> Chuaigh mé i gcionn oibre arís ansin agus chaith mé ag scríobhadh ó Anna go rabh an 11 a chlog ann. Bhí mórán píosaí scríofa agam an uair sin eadar amhráin agus seanchas, agus cé bith fán toit, d'éirigh liom obair mhaith a dhéanamh. Bhí mé breá sásta i gcás ar bith leis an dóigh ar éirigh liom na píosaí suimiúla seo a fháil ó Anna. 'Sé an rud a rabh mé ag smaoitiú air gur mhór an saothar a bhí an créatúr a dhéanamh, ag iarraidh a bheith ag cuartú a cuimhne, ag smaoitiú ar rudaí nár smaoitigh sí orthu le dhá fhichead bliain roimhe sin. Tá buíochas mór tuillte aici fán méid atá déanta aici, agus de réir mar a tím, níl sí ach ag teacht chun béil go fóill. Tá obair déanta aici a chuirfeas iontas ar an té nach dtáinig chun tsaoil go fóill, agus ábhar iontas a cuimhne – fad saol agus sláinte daoithe!
>
> Ó hEochaidh (CBÉ 1289: 224).

Tugtar sa leabhar seo eagrán de na hamhráin a bhailigh Coimisiún Béaloideasa Éireann ó Anna Nic an Luain, Cruach Thiobraid, Na Cruacha Gorma, Contae Thír Chonaill idir 1935 agus 1937 ar an chéad dul síos, agus arís beagnach deich mbliana níos moille ag deireadh na ndaichidí. Tá céad fiche is a hocht amhrán sa chnuasach, idir amhráin fhada, amhráin ghearra agus blúiríní nó giotaí as amhráin eile. Sna hamhráin a dtugtar anseo níl ann ach páirt amháin den líon ollmhór béaloidis a bailíodh ó Anna Nic an Luain, ach is féidir a rá gur cnuasach tábhachtach ann féin é a thugann léargas dúinn ar shaibhreas na teanga agus an chultúir a bhí sa cheantar iargúlta seo i measc an phobail aonteangaigh a mhair sna Cruacha Gorma. Chomh maith leis sin cuireann an cnuasach seo le taisce amhránaíochta Thír Chonaill, a bheidh ina chabhair agus mar áis do amhránaithe agus do cheoltóirí a bhfuil dúil acu i dtraidisiúin

Thír Chonaill, agus a dteastaíonn uathu cur lena gcuid stór amhrán. Tagann a lán den eolas atá againn faoi shaol Anna Nic an Luain (1884-1954), nó Anna John Chiot mar ab fhearr aithne uirthi, ón chín lae a choimeád Seán Ó hEochaidh mar chuid de na dualgais a bhí air mar bhailitheoir ag obair do Choimisiún Béaloideasa Éireann. D'fhostaigh an Coimisiún seisear bailitheoirí lánaimseartha den chéad uair sa bhliain 1935, Seán Ó hEochaidh ina measc (Briody, 2007, 232). Bhí sé de dhualgas orthu amhráin, scéalta, seanchas agus na gnéithe eile de bhéaloideas na tíre a bhailiú, béaloideas a bhí i mbaol a chaillte i dtuairim Stiúrthóir an Choimisiúin, Séamus Ó Duilearga. Bhí Liam Mac Meanman mar dhuine den seisear seo fosta. Chaith sé tréimhse ag obair sna Cruacha Gorma agus bhailigh sé amhráin agus ábhar béaloidis eile ó Anna Nic an Luain idir 1935 agus 1937. Baintear úsáid as bailiúchán Mhic Mheanmain sa saothar seo, chomh maith le bailiúchán Uí Eochaidh.

Is ceantar sléibhtiúil é na Cruacha Gorma atá suite idir Na Gleannta, Baile Féich agus Baile Dhún na nGall. Nuair a sheol Ó Duilearga i dtreo na gCruach é den chéad uair sa bhliain 1947, d'admhaigh Seán Ó hEochaidh nach raibh eolas ar bith aige faoin cheantar "ach amháin go bhfuil a fhios agam gur áit iargúlta chúilriascúil é" (CBÉ 1289: 75). Cuireadh fearadh na fáilte roimhe chun tithe na háite, agus de réir mar a scaipeadh an scéal go raibh sé ann chun béaloideas a bhailiú, bhí muintir na gCruach ag súil lena chuairteanna orthu. Fuair sé amach go raibh taithí sa cheantar ar an chineál oibre a bhí idir lámha aige ón tréimhse a chaith Liam Mac Meanman ag obair ann sna tríochaidí.

Ba é iargúltacht na gCruach a chuidigh leis an chultúr saibhir Gaelach a choimeád beo. In iontráil amháin ina chín lae ar 9 Bealtaine, 1947 deir Ó hEochaidh gur chuala sé i dteach amháin sna Cruacha an Ghaeilge is fearr a chuala sé in áit ar bith ariamh, gur chas sé le feirmeoir a mbeadh air aistritheoir a thabhairt leis chun aonaigh nuair a bhí ainmhithe le díol aige cionn is nach raibh Béarla aige, agus gur chuala sé Gaeilge "nach gcreidfí go bhfuil a leithéidí sa taobh ó thuaidh d'Éirinn ar chor ar bith" agus "go leor eile a mbeadh suim mhór ag scoláire na Gaeilge ann" (CBÉ 1289: 101-104). Ach ar thaobh eile an scéil, bhí an pobal ag dul in aois. Cé go ndeir Ó hEochaidh in alt leis in *Tomhaiseanna ó Thír Chonaill* go bhfaca sé Anna Nic an Luain ag cur tomhaiseanna ar scaifte páistí a bhí bailithe timpeall uirthi (Béaloideas, 19, 7), deir Heinrich Wagner in *Linguistic Atlas and Survey of Irish Dialects*, leabhar a foilsíodh deich mbliana i ndiaidh tréimhse oibre Uí Eochaidh sna Cruacha "I have visited this area several times. Most of the young people have left it" (Wagner, 1958, xv). Ba léir go raibh Coimisiún Béaloideasa Éireann díreach in am nuair a seoladh Ó hEochaidh ann.

Chuir Seán Ó hEochaidh aithne ar Anna Nic an Luain (née Anna Nic an Bhaird) sa bhliain 1947 nuair a bhí sí dhá bhliain agus trí scór d'aois. Bhí sí pósta le Seán Mac an Luain, agus ní raibh páistí acu. Ní raibh an tsláinte rómhaith aici agus b'shin an fáth, de réir Uí Eochaidh, go mbíodh sí i gcónaí le fáil sa bhaile, agus gur chaith sé féin an oiread sin ama ina cuideachta (CBÉ 1289: 207). D'éirigh leis cnuasach ollmhór scéalta, tomhaiseanna, seanchais agus ar ndóigh, amhrán a bhailiú uaithi. Ba bhreá léi "an teach a bheith lán ó chúl go doras" agus bhí fáilte roimh Ó hEochaidh i gcónaí nuair a tháinig sé chun tí ag bailiú béaloidis. Sa chéad tagairt a dhéanann Seán Ó hEochaidh do Anna Nic an Luain ina chín lae, faigheann sé comhartha ar an méid amhrán a bhí i ndán dó uaithi, agus ar an dáta sin 12 Meitheamh, 1947 go luath tar éis dó castáil léi, tugann sé peannphictiúr gearr ar shaol na mná lena fear chéile Seán (CBÉ 1289: 165-167):

> Thug mé seal den lá ag scríobhadh, agus anonn i ndiaidh am dinnéara chuaigh mé siar ar an charr go Cruaich Thoibrid chuig Anna Nic an Luain. Bhí Anna istigh ag gabháil chun boinn dom, agus í ag sníomh ar an tuirne mhór. Bhí sí ag iarraidh a bheith ag saothradh luach péire giosán, a cheannóchadh na hearraí beaga a bhí de dhíobháil uirthi fhéin agus ar a fear lena gcoinneáil beo ...
>
> Bhí fearadh fháilte mhór ag Anna dhomh, agus chóirigh stól domh i leataobh na teineadh. Bhí Seán, fear an toighe, amuigh fán teach nuair a chonaic sé mé ag teacht agus níorbh fhada go dtáinig seisean isteach fosta. Bhí sé chomh fearadhfháilteach agus a bhí ariamh ...
>
> Giota ar ghiota d'oibir mé liom gur chuir mé Anna i gcionn amhráin. De réir mar a dhéanfainn amach tá stór iontach amhrán ag Anna. Níl siad doiligh a fháil uaithi ach oiread,

> agus nuair a shuífeas sí sa chlúid in aice na teineadh agus a droim leis an bhalla, ceirtlín an tsnátha ina hucht, agus na dealgáin ag ealamairt ar a chéile, is doiligh a sárú a fháil i gcionn scéil nó amhráin, siúd agus gur i gcionn na n-amhrán is fearr í. Níl an ceol go han-mhaith aici ach is cosúil go rabh sa tseanam, nuair atá foinn na n-amhrán ar a fheadalach ag Seán, a fear. D'inis sé fhéin domh nach rabh véarsa amháin aige i bhfocla i ndiaidh é ise a chluinstin ag gabháil daofa céad uair ar feadh a saoil. Chuir sin iontas mór uirthise de bhrí go bhfuil cuimhne chomh maith aici fhein, agus rud ar bith a chluinfeas sí uair amháin, go bhfuil sé léithi mar a bheadh a paidrín. Chaith mé i dtoigh Anna go rabh an oíche ann, agus scríobh mé cuid mhaith uaithi. Bhí cleamhnaisc bheag oibre aici le déanamh ag gabháil ó sholas dó agus d'fhág mise í ansin agus mé breá sásta den obair a bhí déanta agam.

In iontráil sa chín lae don dáta 25 Iúil, 1947 tugann Ó hEochaidh léargas ar an méid a bhailigh sé ó Anna Nic an Luain agus ar an taitneamh a bhain sise as an phróiseas. Deir sé gur thosaigh sí ar na hamhráin gan mhoill nuair a chuaigh sé i mbun na hoibre léi (CBÉ 1289: 214-215):

> Bhí Anna istigh [sa bhaile] agus ní dhearn mé mórán comhrá uilig go dteachaigh sinn ag scríobhadh. Sean amhráin a bhí ar thús na hoibre ag Anna inniu fosta. Tá sé iontach go brách an stór filíochta atá ag an mhnaoi seo. Tá na mílte líne scríofa agam uaithi agus níl a fhios go fóill caidé atá aici. Tá dóigh greannmhar aici, agus sé sin nach maith léithi lá ar bith deireadh a chuid amhrán a thabhairt uaithi – is maith léithi i gcónaí dornán a choinneáil don lá amárach.

Níos faide ar aghaidh ina chín lae déanann Ó hEochaidh tagairt arís do mhéid an bhéaloidis a bhí ar eolas ag Anna Nic an Luain, agus don chumas a bhí inti cuimhneamh air. Filleann sé ar ais ar na téamaí seo go minic sa chín lae, agus is léir go ndeachaigh sí go mór i bhfeidhm air mar fhoinse, agus mar dhuine a bhí thar a bheith sásta an béaloideas a roinnt leis. Deir sé (CBÉ 1289: 242):

> De réir mar a tím Anna, sílim nach féidir deireadh a fháil uaithi. 'Sé an rud a chuireann sí in mo chionn, tobar a

bheadh ag gabháil tirim i dtriomlach mhór Samhraidh. Is gnách go mbíonn a leithéid tirim i gcónaí ag gabháil ó sholas dó ach nuair a rachas tú ar ais chuige ar maidin, beidh an braon céanna ann a bhí ann an mhaidin roimhe sin.

Nuair a bailíodh na hamhráin uaithi dúirt Anna Nic an Luain na liricí in áit iad a chanadh, agus mar sin ní thugtar ceol leis na hamhráin anseo. De bharr líon na n-amhrán a bhailigh Seán Ó hEochaidh sna blianta 1947 agus 1948, céad fiche is a sé in iomlán, úsáidtear a bhailiúchán siúd mar phríomh fhoinse sa saothar, agus tugtar na hamhráin in ord a mbailithe. Bhailigh Liam Mac Meanman naoi n-amhrán is daichead sa bhliain 1937. Tá dhá amhrán ina chnuasach siúd nár bhailigh Seán Ó hEochaidh nuair a bhí sé féin i mbun na hoibre, agus mar sin, agus cionn is gur bailíodh iad níos luaithe ná báiliúchán Uí Eochaidh, tugtar an dá amhrán breise seo ag tús an tsaothair seo, is iad sin Amhrán 1 agus Amhrán 2.

Nuair a fuair Anna Nic an Luain bás sa bhliain 1954 bhí cáil bainte amach aici i measc béaloideasaithe in Éirinn agus go hidirnáisiúnta as saibhreas an chnuasaigh a bhí faighte uaithi. Baineadh an cháil seo amach mar thoradh ar obair na mbailitheoirí a d'oibrigh go dúthrachtach léi, agus is cinnte go bhfuil buíochas mór tuillte ag Seán Ó hEochaidh, ag Liam Mac Meanman, agus ag Coimisiún Béaloideasa Éireann a chuir chun na gCruach iad. Is cinnte go mbeadh an cnuasach tábhachtach a bailíodh ó Anna Nic an Luain agus ó seanchaithe eile an cheantair caillte, leaganacha na n-amhrán a thugtar sa saothar seo san áireamh, murach iarrachtaí na mbailitheoirí, agus go háirithe obair éachtach Uí Eochaidh.

Sceitse pinn luaidhe d'Anna John Chiot Nic an Luain, le Simon Coleman RHA, 1949 *Pencil sketch of Anna John Chiot Nic an Luain, by Simon Coleman RHA, 1949.*

Na Bailitheoirí

Rugadh Seán Ó hEochaidh (1913-2003) i gCruachlann, Teileann in iar dheisceart Chontae Thír Chonaill. D'fhág sé an scoil nuair a bhí sé ceithre bliana déag d'aois agus thosaigh sé ag obair mar iascaire. Bhí suim aige i mbéaloideas a cheantair dhúchais, agus bhailigh sé cnuasach scéalta ó sheandaoine áitiúla, cnuasach a sheol sé chuig an Ghúm sa bhliain 1935. Tharraing an cnuasach seo aird Shéamus Uí Dhuilearga ar chumas Uí Eochaidh i leith bhéaloideas a bhailiú, agus nuair a bhunaigh seisean Coimisiún Béaloideasa Éireann sa bhliain chéanna, thairg Ó Duilearga post lánaimseartha do Ó hEochaidh mar bhailitheoir ina chontae féin. Tar éis dó dhá bhliain déag a chaitheamh i nGaeltachtaí difriúla i gContae Thír Chonaill, thug Ó hEochaidh aghaidh ar Na Cruacha Gorma den chéad uair sa bhliain 1947.

B'as Móinín na nAsrach i nGleann Fhinne, Contae Thír Chonaill do Liam Mac Meanman (1913-1991). Nuair a bhí sé ag freastal ar Choláiste na hOllscoile, Baile Átha Cliath bhí Séamus Ó Duilearga mar léachtóir aige, agus sa bhliain 1933 mhol Ó Duilearga dó béaloideas a cheantair dhúchais a bhailiú. Nuair a cuireadh Coimisiún Béaloideasa Éireann ar bun dhá bhliain níos moille, fuair Mac Meanman post mar bhailitheoir ann. Chaith sé dhá bhliain ag obair don Choimisiún go dtí go bhfuair sé post lánaimseartha mar mhúinteoir bunscoile. Taobh istigh den dá bhliain sin d'éirigh leis cnuasach mór béaloidis a bhailiú, ábhar tábhachtach as Na Cruacha Gorma san áireamh.

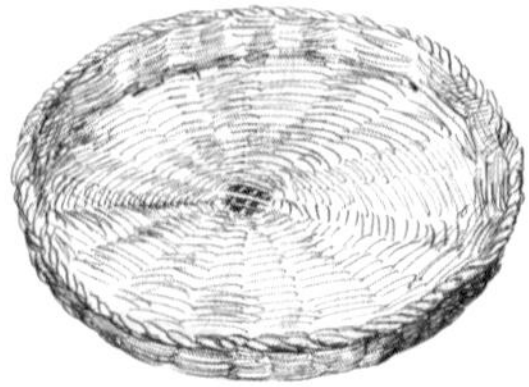

An Taifeadadh

Ceann de na haidhmeanna atá ag an fhoilseachán seo is ea go n-oibríonn sé mar fhoinse do cheoltóirí agus amhránaithe a bhfuil suim acu i dtraidisiún na hamhránaíochta ar an sean nós i dTír Chonaill, agus a dteastaíonn uathu cur lena stór amhrán féin. Níl aon eolas againn ar na foinn a bhí ina hintinn ag Anna Nic an Luain nuair a bhí na hamhráin á rá aici. Mar fhreagra ar an easpa ceoil seo iarradh ar sheisear de na hamhránaithe is fearr i dTír Chonaill amhráin a roghnú ón chnuasach, ceol a chur leis na liricí as a dtaithí féin, agus na hamhráin a leagadh síos ar thaifeadadh. Is léir go gcuireann sé go mór leis an fhoilseachán a bheith ábalta samplaí ón chnuasach a chloisteáil, agus tá buíochas agus moladh thar cuimse tuillte ag na ceoltóirí go léir as an dóigh a d'oibir siad chun beocht a thabhairt ar ais don aon amhrán is fiche atá ar an taifeadadh anseo.

Tá clú agus cáil bainte amach ag achan duine de na hamhránaithe ar an taifeadadh seo. Tá an domhan mór siúlta acu mar cheoltóirí agus amhránaithe ag ardú traidisiúin a gcontae agus á gcur chun cinn. Chomh maith leis sin tá taighde déanta acu uilig ar leaganacha áirithe amhrán, ar na cosúlachtaí agus na héagsúlachtaí a tharlaíonn iontu ó dhuine go duine, ó cheantar go cheantar, agus ó ghlúin go glúin. Is saineolaithe iad go léir ar a gceird, agus mar sin is mór an phribhléid agus an comhartha tacaíochta gur ghlac siad chomh díograiseach dúthrachtach leis an tasc a tugadh dóibh. Tá toradh iontach a n-iarrachtaí agus a gcuid oibre le cloisteáil ar na taifeadtaí anseo.

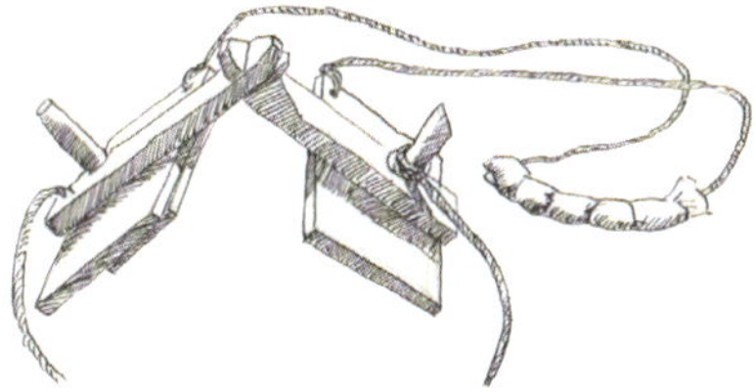

Ord na nAmhránaithe

Tá ord na dtaifeadtaí bunaithe ar ord na n-amhrán sa leabhar, agus mar sin cloistear na hamhránaithe san ord a leanas:

1. Mairéad Ní Mhaonaigh ag canadh Amhrán 2. Cúirt Raibin Finlay, Amhrán 9. Cúl Tiugh na bPéarlaí, agus Amhrán 22. Liostáil mé le Sáirsint.

   Tá clú agus cáil idirnáisiúnta bainte amach ag Mairéad mar amhránaí agus mar cheoltóir uirlise ar an fhidil leis an sár-ghrúpa Altan a bhunaigh sí lena fear chéile nach maireann, Frankie Kennedy. Is cumadóir ceoil agus amhrán í, is craoltóir teilifíse agus raidió í, agus is múinteoir ceoil í. Bíonn Mairéad i gcónaí sa tóir ar leaganacha nó véarsaí dearmadta d'amhráin, go háirithe amhráin ina traidisiún féin i nGaoth Dobhair agus go ginearálta i gContae Dhún na nGall.

2. Anna Ní Mhaonaigh ag canadh Amhrán 6. 'Sé Dúirt Colm Cille, Amhrán 10. An Mhaighdean Mhara, agus Amhrán 45. Na Gamhna Geala. (Fuair Anna an ceol don Mhaighdean Mhara ó thaifeadadh de chuid Pádraig Eoghain Phádraig Mac an Luain in UCCT).

Is as Gaoth Dobhair í Anna, agus tógadh í le traidisiúin cheoil agus amhránaíochta an cheantair sin. Mar aon leis an amhránaíocht is ceoltóir cumasach í ar an fheadóg stáin. Bhí sí ina ball den ghrúpa iomráiteach Macalla a thug ceannródaíocht do mhná an cheoil traidisiúnta dul ar stáitse agus a gcuid ceoil a chur os comhair an phobail, in Éirinn agus thar lear, nuair nach raibh mórán deiseanna ann a dhéanamh. Chomh maith leis sin ba í an chéad amhránaí a léirigh suim a bheith páirteach sa togra seo, agus ba mhór an uchtach é siúd.

3. Máire Ní Choilm ag canadh Amhrán 16. An Droighneán Donn, Amhrán 24. Má Théann tú chun 'Aonaigh, agus Amhrán 33. Tiocfaidh an Samhradh.

Is amhránaí den chéad scoth í Máire a bhfuil achan duais agus corn san amhránaíocht traidisiúnta bainte amach aici. Tá a stíl cheoil fréamhaithe i dtraidisiún láidir Ghaoth Dobhair, a ceantar dúchais, agus chomh maith leis sin tá grá speisialta aici do na hamhráin a chuala sí in Oileán Thoraí. Tá ardmheas uirthi i measc muintir na hamhránaíochta ar an sean nós in Éirinn agus ar fud an domhain. Bíonn an-tóir uirthi chun coirmeacha ceoil agus ceardlanna a thabhairt, go háirithe sa tír seo agus ar an mhór-roinn.

4. Brian Ó Domhnaill ag canadh Amhrán 20. Geaftaí an Toigh' Mhóir, Amhrán 46. Ag Éirí Amach Inné domh, agus Amhrán 63. Bruach na Finne.

Is as Anagaire é Brian agus is

amhránaí, ceoltóir uirlise ar an fheadóg mhór, cócaire cáiliúil agus craoltóir teilifíse é. Chaith Brian tréimhse i mBaile Átha Cliath mar mhúinteoir scoile, áit a raibh sé ar choiste na heagraíochta Sean Nós Chois Life chun stáitse agus aitheantas a thabhairt don amhránaíocht sa phríomhchathair. Tá suim áirithe aige i leaganacha neamhchoitianta na n-amhrán áitiúla, sna foinn nach gcloistear a thuilleadh agus sna véarsaí dearmadta.

5. Lillis Ó Laoire ag canadh Amhrán 47. Thiar i gConnachta atá mo Lóistín, Amhrán 48. An Cailín Donn, Amhrán 49. Ailín na Rún, Amhrán 116. Pílí Cat Bán, agus Amhrán 117. Caidé a Fuair Tú ar do Bhricfeasta. (Chum Lillis an ceol don amhrán deireanach seo, a chinntiú go mbeadh blas Conallach air).

Tá cáil domhanda ar Lillis as a chuid amhránaíochta ar an sean nós, agus as a staidéar acadúil atá foilsithe go forleathan aige ar bhéaloideas Thír Chonaill, le béim speisialta ar amhránaíocht Oileán Thoraí. Glacann sé páirt go minic i bhféilte ceoil i Meiriceá, Ceanada agus ar mhór-roinn na hEorpa gan trácht ar an fhreastal a dhéanann sé ar fhéilte agus ar cheolchoirmeacha in Éirinn. Tá achan duais agus aitheantas faighte aige óna leithéid d'Oireachtas na Gaeilge agus TG4. Is as Gort an Choirce ó dhúchas é.

6. Doimnic Mac Giolla Bhríde ag canadh Amhrán 53. Ba Mhaith an Fear Fóinte mé, Amhrán 96. An Droimeann Dubh agus Amhrán 118. Peigí Ní Shléibhín. (Fuair Doimnic an ceol don Droimeann Dubh sa

bhailiúchán a rinne Edward Bunting san ochtú haois déag).

Is amhránaí agus ceoltóir uirlise ar an bhosca ceoil agus na píopaí uillinn é Doimnic, agus tá duaiseanna bainte aige in Oireachtas na Gaeilge, ní amháin mar amhránaí ach mar chumadóir amhrán fosta. I nGaoth Dobhair bhunaigh sé Cór Thaobh a' Leithid chun amhránaithe aitheanta an cheantair a thabhairt le chéile. In éineacht le ceoltóirí as Albain tá ceiliúradh déanta aige ar ghnéithe coitianta na hamhránaíochta i nGaeilge agus i nGaidhlig, agus mar atá luaite thuas, tá suim aige i mbailiúchán Edward Bunting ón ochtú haois déag, na foinn agus na véarsaí.

Ceolann Brian agus Lillis véarsaí as Amhrán 121. Cumhdachaí mar cheol beirte.

Mar rian scoir ar an taifeadadh tá blúirín beag eisceachtúil d'Anna Nic an Luain féin ag caint le Seán Ó hEochaidh agus ag ceol línte ó na Cumhdachaí (CBÉ CT0091 M0405a,b).

Ord Taifeadta na nAmhrán:

1.	Cúirt Raibin Finlay*	Mairéad Ní Mhaonaigh	8:58
2.	'Sé Dúirt Colm Cille*	Anna Ní Mhaonaigh	4:01
3.	Cúl Tiugh na bPéarlaí	Mairéad Ní Mhaonaigh	7:46
4.	An Mhaighdean Mhara*	Anna Ní Mhaonaigh	2:11
5.	An Droighneán Donn*	Máire Ní Choilm	4:35
6.	Geaftaí an Toigh' Mhóir	Brian Ó Domhnaill	4:47
7.	Liostáil mé le Sairsint*	Mairéad Ní Mhaonaigh	1:35
8.	Má Théann tú chun 'Aonaigh*	Máire Ní Choilm	7:56
9.	Tiocfaidh an Samhradh	Máire Ní Choilm	7:18
10.	Na Gamhna Geala	Anna Ní Mhaonaigh	2:16
11.	Ag Éirí amach Inné domh*	Brian Ó Domhnaill	6:14
12.	Thiar i gConnachta atá mo Lóistín*	Lillis Ó Laoire	3:36
13.	An Cailín Donn	Lillis Ó Laoire	3:26
14.	Ailín na Rún	Lillis Ó Laoire	4:13
15.	Ba Mhaith an Fear Fóinte mé*	Doimnic Mac Giolla Bhríde	6:48
16.	Bruach na Finne*	Brian Ó Domhnaill	2:31
17.	An Droimeann Dubh*	Doimnic Mac Giolla Bhríde	2:18
18.	Pílí Cat Bán	Lillis Ó Laoire	1:10
19.	Caidé a Fuair tú ar do Bhricfeasta*	Lillis Ó Laoire	3:08
20.	Peigí Ní Shléibhín	Doimnic Mac Giolla Bhríde	3:03
21.	Cumhdachaí*	Brian & Lillis	1.34
22.	Cumhdachaí*	Anna Nic an Luain & Seán Ó hEochaidh	1:32

*Tá na rianta seo ar fáil ar an dlúthdhiosca iniata.

Tá na rianta go léir ar fáil ar líne tríd an gcód QR seo a scanadh.

Foreword

> *I started working then, and I was writing down from Anna until 11 o'clock. I had written many pieces by that time, both songs and local lore, and despite the smoke I managed to do some good work. I was well satisfied at any rate with the interesting pieces I managed to get from Anna. I thought about the great effort it was for the poor creature, trying to search her memory, remembering things she hadn't thought of in the previous forty years. She deserves great gratitude for the amount she has done, and as I see it, she is just getting started. She has done work that will be a wonder to those not yet born, the extent of her memory. Long life and health to her!*
>
> *Seán Ó hEochaidh (CBÉ 1289: 224).*

This book contains an edition of the songs which the Irish Folklore Commission collected from Anna Nic an Luain, Cruach Thiobraid, The Croaghs, County Donegal between 1935 and 1937, and again almost ten years later at the end of the forties. There are one hundred and twenty-eight songs in the collection, both long and short songs together with verses and parts of other songs. While this collection forms only a part of the huge store of folklore which was collected from Anna Nic an Luain, it is true to say that it is important in its own right, giving an insight into the richness of language and culture which survived in this monoglot community in the remote Croaghs area. It is an addition to the store of songs from Donegal, and it will be a resource for singers and musicians who are interested in the traditions of Donegal and who wish to add to their repertoires.

Much of what we know about the life of Anna Nic an Luain (1884-1954) or Anna John Chiot as she was better known, comes from the diary which was kept by Seán Ó hEochaidh as part of his duties as a collector working for The Irish Folklore Commission. In 1935 the Commission employed six full time collectors for the first time, including Seán Ó hEochaidh. Their job was to collect songs, stories, local lore, and the other aspects of the country's folklore which Séamus Ó Duilearga, the Director of the Commission considered in danger of being lost. Another of the first full-time collectors was Liam Mac Meanman who spent some time working in The Croaghs, and who collected songs and other folklore material from Anna Nic an Luain between 1935 and 1937. Mac Meanman's collection is used in this book, together with Ó hEochaidh's collection.

The Croaghs lie between Glenties, Ballybofey and Donegal Town. When Ó Duilearga first sent him there in 1947, Seán Ó hEochaidh admitted that he knew nothing about the area "except that I know it to be a remote, backward place" (CBÉ 1289: 75). He was given a great welcome to the houses in the area, and as soon as it became known that he was in The Croaghs to collect folklore, his visits to the houses were eagerly anticipated. He learned that the kind of work he was doing was known about in the area since Liam Mac Meanman had been there in the thirties.

The remoteness of The Croaghs helped to keep the rich Gaelic culture alive there. In an entry in his diary dated 9 May, 1947 Ó hEochaidh says that in one house there he heard the best Irish he had ever heard, that he met a farmer who brought a translator with him when he went to market to sell animals, and that he heard Irish "you wouldn't believe exists in the northern part of Ireland" and "much else that would interest Gaelic scholars," (CBÉ 1289: 101-104). On the other hand, the community was growing old. Ó hEochaidh says that he saw Anna Nic an Luain posing riddles to a group of children gathered around her, (*Béaloideas*, 19, 7), but Heinrich Wagner notes in *The Linguistic Atlas and Survey of Irish Dialects*, a book which was published ten years after Ó hEochaidh's time in The Croaghs, "I have visited this area several times. Most of the young people have left it" (Wagner, 1958, xv). It is clear the Irish Folklore Commission was just in time when Ó hEochaidh was sent there.

Seán Ó hEochaidh first met Anna Nic an Luain (née Anna Nic an Bhaird) in 1947 when she was sixty-two years of age. She was married to Seán Mac an Luain, and they had no children. She was not in good health which, according to Ó hEochaidh, was the reason she could always be found at home, and why he spent so much time in her company (CBÉ 1289: 207). He succeeded in obtaining from her a large collection of stories, riddles, local lore and, of course, songs. She loved to have "the house full from the back wall to the door" and Ó hEochaidh was always welcome when he visited to collect folklore. In the first reference Seán Ó hEochaidh makes to Anna Nic an Luain in his diary, there is a prediction of the number of songs he expects to get from her, and on that date, 12 June, 1947 which was soon after he had met her, he records a short pen picture of Anna and her husband Seán (CBÉ 1289: 165-167):

> *I spent some time writing, and then after dinner I drove to Cruach Thiobraid to Anna Nic an Luain. Anna was there when I arrived, spinning on the big spinning wheel. She was working to make the price of a pair of socks which would buy the things needed to keep herself and her husband going ...*
> *I received a great welcome from Anna who arranged a stool for me beside the fire. The man of the house, Seán, was outside when he saw me, and it wasn't long before he came in also. He was as welcoming as ever ...*
>
> *Bit by bit I encouraged her until Anna started at the songs. The more I get into it I realise that Anna has a wonderful store of songs. They aren't hard to get from her either, and when she sits in the corner beside the fire with her back to the wall, a ball of wool on her lap and the knittting needles clicking, it is difficult to find anybody better than her for stories and songs, especially the songs at which she excels.*
>
> *She isn't too good with the music of the songs although it would appear she used to be as her husband, Seán, can whistle the tunes. He told me himself that he hadn't the words of even one verse despite hearing her singing them a hundred times during her life. This really surprises her as she has such a great memory herself. If she hears anything once she remembers it as well as she would remember her rosary.*

I stayed in Anna's house until nightfall, and I wrote quite a lot from her. She had some work to do as the daylight went down, and I left her well satisfied with the work I had done.

In an entry in the diary dated 25 July 1947 Ó hEochaidh gives an insight into the amount he collected from Anna Nic an Luain and the enjoyment she derived from the process. He says that she started without delay into the songs when he went to work with her (CBÉ 1289: 214-215):

Anna was in [at home] and without further ado we got to writing. Today's work also started with old songs. It is wonderful the store of poetry this woman has. I have written thousands of lines from her and there is no knowing how much she has. She has a humorous way about her, which is that she never gives all her songs in a day – she likes to hold back a few for the next day.

Further along in his diary Ó hEochaidh again refers to Anna Nic an Luain's great store of folklore, and to her ability to recall it. He frequently returns to this theme in the diary, and it is clear that she greatly impressed him, both as a source and as a person who was more than happy to share her folklore with him (CBÉ 1289: 242):

The more I see of Anna the more I think it will not be possible to get to the end of what she knows. She reminds me of a well that goes dry in the Summer drought. Usually it will be dry at sunset but when you return in the morning, it will be as full as it had been the previous morning.

When the songs were recorded from her, Anna Nic an Luain spoke the words rather than singing them, and for this reason the melodies of the songs are not given here. Because of the number of songs collected by Seán Ó hEochaidh in 1947 and 1948 - one hundred and twenty-six in all - that collection is used as the main source in this book, and the songs are given in the order in which they were collected. Liam Mac Meanman collected forty-nine songs between 1935 and 1937. Two of these songs were not included in Seán Ó hEochaidh's collection, and as they were recorded earlier than Ó hEochaidh's collection, the two extra songs appear at the beginning of this book, that is Amhrán 1 and Amhrán 2.

By the time of her death in 1954, Anna Nic an Luain had achieved fame among folklorists at home and abroad for the richness of the folklore recorded from her. This fame was achieved as a result of the efforts of the collectors who worked diligently with her, and we are greatly indebted to Seán Ó hEochaidh and Liam Mac Meanman and to the Irish Folklore Commission that sent them to The Croaghs. It is certain that the important collection obtained from Anna Nic an Luain and from other informants in the area would have been lost, including the versions of songs which are given here, but for the efforts of these two collectors, and especially Ó hEochaidh's extraordinary work.

The Collectors

Seán Ó hEochaidh (1913-2003) was born in Cruachlann, Teileann in southwest Donegal. He left school when he was fourteen years old, and he began work as a fisherman. He had an interest in the folklore of his local area, and he compiled a collection of stories from eldery neighbours which he then forwarded to An Gúm in 1935. This collection attracted the attention of Séamus Ó Duilearga to Ó hEochaidh's potential as a folklore collector, and when he established the Irish Folklore Commission in the same year, Ó Duilearga offered Ó hEochaidh a post as a full-time collector in his home county. After spending twelve years working in different Gaeltacht areas in County Donegal, Ó hEochaidh travelled to The Croaghs for the first time in 1947.

Liam Mac Meanman (1913-1991) was from Móinín na nAsrach, Glenfin, County Donegal. Séamus Ó Duilearga was one of his lecturers while he was a student at University College Dublin, and in 1933 Ó Duilearga recommended that he should collect folklore in his native area. When the Irish Folklore Commission was established two years later, Mac Meanman was appointed as a collector there. He spent two years working for the Commission until he obtained a full-time post as a primary school teacher. In that two year period he gathered a large collection of folklore, including important material from The Croaghs.

The Recordings

One of the aims of this publication is that it become a resource for musicians and singers who are interested in the Donegal *sean nós* tradition of singing, and who wish to add to their own repertoires. We are however, left with no indication of the tunes Anna Nic an Luain had in mind when she spoke the lyrics. As a way of getting around this lack of knowledge six of the best singers in Donegal were asked to choose songs from the collection, to put music to the lyrics from their own individual experiences and to record them. Being able to listen to examples from the collection is clearly a great addition to the publication, and huge gratitude and praise are due to the singers for their work in bringing life back to the twenty one songs they recorded.

All the singers on this recording are famous as individuals and as members of music groups, and they have toured and performed extensively celebrating and promoting the musical traditions of their home county. On top of that they have each carried out research into the various versions of songs, on the similarities and differences that occur between different singers, between different areas and from generation to generation. They are all true experts in their trade, and it was a great indication of their support for this project the way they each took to their tasks with enthusiasm and diligence. The wonderful results of their hard work are to be heard on these recordings.

The Singers as they appear:

The recordings are sequenced as the songs appear in the book, and for this reason the singers are heard in the following order:

1. Mairéad Ní Mhaonaigh sings Amhrán 2. Cúirt Raibin Finlay, Amhrán 9. Cúl Tiugh na bPéarlaí, and Amhrán 22. Liostáil mé le Sáirsint.

   Mairéad is internationally famous as the singer and fiddler with the super-group Altan which she founded with her late husband, Frankie Kennedy. She is known also as a solo performer, as a composer of tunes and songs, as a TV and radio broadcaster and as a teacher of music. Mairéad is always looking for lost verses and versions of songs, particularly those which relate to her native Gaoth Dobhair and Donegal in general.

2. Anna Ní Mhaonaigh sings Amhrán 6. 'Sé Dúirt Colm Cille, Amhrán 10. An Mhaighdean Mhara, and Amhrán 45. Na Gamhna Geala. (Anna got the music for An Mhaighdean Mhara from a recording of Pádraig Eoghain Phádraig Mac an Luain in UCCT).

   Anna is from Gaoth Dobhair, and she was brought up in the strong tradition of music and song in that area. As well as being a singer she is an accomplished musician on the tin whistle. She was a member of the well-known group Macalla, which pioneered the way for women in traditional music to bring their music to the stage in Ireland and abroad when there were few opportunities to do so. She was also the first singer to express an interest in being part of this particular project, something which proved greatly encouraging.

3. Máire Ní Choilm sings Amhrán 16. An Droighneán Donn, Amhrán 24. Má Théann tú chun 'Aonaigh, and Amhrán 33. Tiocfaidh an Samhradh.

   Máire is a top-class singer who has won every prize and award in traditional singing. Her style of singing is rooted in the strong tradition of her native place, Gaoth Dobhair, and she has a particular fondness for the songs she heard on Tory Island. She is highly respected in the *sean nós* singing community in Ireland and around the world. She is in constant demand to give concerts and workshops at home in Ireland and on the continent.

4. Brian Ó Domhnaill sings Amhrán 20. Geaftaí an Toigh' Mhóir, Amhrán 46. Ag Éirí Amach Inné domh, and Amhrán 63. Bruach na Finne.

   Brian is from Annagry and he is a singer, an instrumental musician on the concert flute and a well known chef, both in his restaurant in Annagry and on TV. While living in Dublin and working as a schoolteacher, Brian was on the committee of Sean Nós Chois Life, an organisation formed to give recognition and a stage to traditional singing from Irish-speaking Gaeltacht areas. He has a particular interest in unusual versions of local songs, in the song airs which are not heard any more and the forgotten verses.

5. Lillis Ó Laoire sings Amhrán 47. Thiar i gConnachta atá mo Lóistín, Amhrán 48. An Cailín Donn, Amhrán 49. Ailín na Rún, Amhrán 116. Pílí Cat Bán, and Amhrán 117. Caidé a fuair tú ar do Bhricfeasta. (Lillis composed the tune for this last song to ensure a Donegal blas).

Lillis is world renowned both for his *sean nós* singing and for his extensive academic work on the folklore of Donegal, and the singing of Tory Island in particular, which is widely published. He participates frequently in music festivals in America, Canada and on the continent of Europe in addition to his frequent appearances at festivals and concerts in Ireland. He has received every prize and recognition from the likes of Oireachtas na Gaeilge and TG4. He is a native of Gort an Choirce.

6. Doimnic Mac Giolla Bhríde sings Amhrán 53. Ba Mhaith an Fear Fóinte mé, nAmhrán 96. An Droimeann Dubh and Amhrán 118. Peigí Ní Shléibhín. (Doimnic got the air for An Droimeann Dubh in Edward Bunting's collection from the eighteenth century).

Doimnic is a singer and instrumental musician on the accordion and uilleann pipes who has won prizes at Oireachtas na Gaeilge, not only for his singing but for the composition of new songs. In Gaoth

Dobhair he founded the choir Cór Thaobh a' Leithid to bring together some of the area's leading singers. Together with Scottish musicians he has celebrated the common ground between the singing traditions in Gaeilge and Gaidhlig, and as mentioned above, he has a great interest in the Edward Bunting collection from the eighteenth century, both tunes and lyrics.

Brian and Lillis sing verses from Amhrán 121. Cumhdachaí as a duet.

As a parting track, there is a short exceptional track of Anna Nic an Luain herself in conversation with Seán Ó hEochaidh and singing some lines from na Cumhdachaí (CBÉ CT0091 M0405a,b).

The Recorded Songs in order:

1.	Cúirt Raibin Finlay*	Mairéad Ní Mhaonaigh	8:58
2.	'Sé Dúirt Colm Cille*	Anna Ní Mhaonaigh	4:01
3.	Cúl Tiugh na bPéarlaí	Mairéad Ní Mhaonaigh	7:46
4.	An Mhaighdean Mhara*	Anna Ní Mhaonaigh	2:11
5.	An Droighneán Donn*	Máire Ní Choilm	4:35
6.	Geaftaí an Toigh' Mhóir	Brian Ó Domhnaill	4:47
7.	Liostáil mé le Sairsint*	Mairéad Ní Mhaonaigh	1:35
8.	Má Théann tú chun 'Aonaigh*	Máire Ní Choilm	7:56
9.	Tiocfaidh an Samhradh	Máire Ní Choilm	7:18
10.	Na Gamhna Geala	Anna Ní Mhaonaigh	2:16
11.	Ag Éirí amach Inné domh*	Brian Ó Domhnaill	6:14
12.	Thiar i gConnachta atá mo Lóistín*	Lillis Ó Laoire	3:36
13.	An Cailín Donn	Lillis Ó Laoire	3:26
14.	Ailín na Rún	Lillis Ó Laoire	4:13
15.	Ba Mhaith an Fear Fóinte mé*	Doimnic Mac Giolla Bhríde	6:48
16.	Bruach na Finne*	Brian Ó Domhnaill	2:31
17.	An Droimeann Dubh*	Doimnic Mac Giolla Bhríde	2:18
18.	Pílí Cat Bán	Lillis Ó Laoire	1:10
19.	Caidé a Fuair tú ar do Bhricfeasta*	Lillis Ó Laoire	3:08
20.	Peigí Ní Shléibhín	Doimnic Mac Giolla Bhríde	3:03
21.	Cumhdachaí*	Brian & Lillis	1.34
22.	Cumhdachaí*	Anna Nic an Luain & Seán Ó hEochaidh	1:32

*These tracks are on the included CD

All the tracks are available online by scanning this QR code.

Modh Eagarthóireachta

Tá sé mar pholasaí ginearálta san fhoilseachán seo Gaeilge na lámhscríbhinní a chaighdeánú de réir *Foclóir Gaeilge-Béarla*, (Ó Dónaill, 1977) agus *Gramadach na Gaeilge* agus *Litriú na Gaeilge, An Caighdeán Oifigiúil*, (2004). Ach nuair a bhíonn difríocht nó coimhlint idir an fhoirm chaighdeánaithe agus caint na gCruach, mar a scríobh na bailitheoirí í, taobhaítear leis an chanúint. Seo thíos roinnt samplaí den taobhú sin:

1. Baintear úsáid as na "foirmeacha malartacha atá coitianta sa teanga," (Ó Dónaill, 1977, vii). Faightear na foirmeacha malartacha seo san fhoclóir mar cheannfhocail ar leith, mar shampla "rinn = rinne :DÉAN," (Ó Dónaill, 1977, 1001)," nó leis an nod var leo, mar shampla "Sroite2, var. pl. of SRUTH," (Ó Dónaill, 1977, 1156)." Baintear úsáid as fianaise ó fhoinsí eile fosta.

2. Ní athraítear foircinn na mbriathar -eochaidh/-óchaidh (aimsir fháistineach), agus -eochadh-/óchadh (modh coinníollach) mar a fhaightear sna lámhscríbhinní iad, mar a léiríonn na samplaí a leanas: éireochaidh/éalóchaidh, agus a chóireochadh /a sheasóchadh.

3. Nuair a bhíonn 't' táite le deireadh focail sna lámhscríbhinní fágtar gan athrú é, mar a léiríonn na samplaí a leanas: aríst, mur bhfaighimist, éagaoint, agus macasamhailt.

4. Nuair a fhaightear focail Bhéarla sna hamhráin cuirtear i gcló iodálach iad, mar a léiríonn na samplaí a leanas: habit shirt, my dear, parade, agus sweetheart.

Editorial Method

It is the general policy in this publication to standardise the Irish of the manuscripts in accordance with *Foclóir Gaeilge-Béarla*, (Ó Dónaill, 1977) and *Gramadach na Gaeilge* agus *Litriú na Gaeilge, An Caighdeán Oifigiúil*, (2004). However, whenever there is a difference or a conflict between the standardised form and the speech of The Croaghs as written by the collectors, the dialect is favoured. The following are some examples of this practice:

1. Use is made of "foirmeacha malartacha atá coitianta sa teanga," (Ó Dónaill, 1977, vii) (variable forms which are common in the language). These variable forms are found in the dictionary as separate headwords, for example, "*rinn* = *rinne*: DÉAN," (Ó Dónaill, 1977, 1001)," or accompanied by the abbreviation var., for example "*Sroite2*, var. pl. of SRUTH," (Ó Dónaill, 1977, 1156)." Other sources are used also.

2. Changes are not made to the verb endings -*eochaidh*/-*óchaidh* (future tense), and *eochadh*-/*óchadh* (conditional) as they are found in the manuscripts, as per the following examples: *éireochaidh* / *éalóchaidh*, and *chóireochadh* / *a sheasóchadh*.

3. When the letter 't' is joined to the end of a word in the manuscripts, it is left unchanged, as per the following examples: *aríst*, *mur bhfaighimist*, and *éagaoint*.

4. English words which appear in the songs are shown in italics, as per the following examples: habit shirt, my dear, parade, and sweetheart.

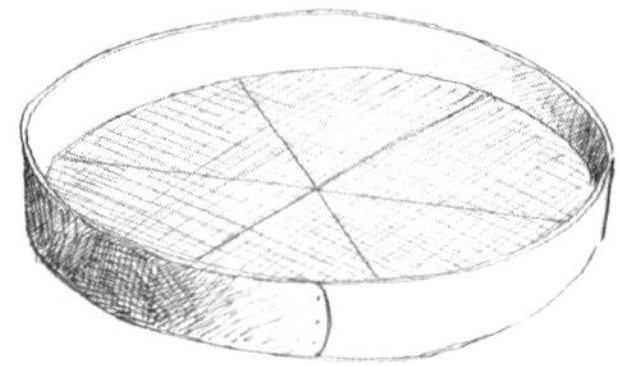

Na hAmhráin

Amhrán 1.

Maidin Fhómhair [1]

I

Maidin fhómhair agus mo thriall go Fochaill,
Cé a tharlaigh sa ród orm ach stór mo chroí,
Ba deirge a gruaidh ná na caorthaí caorthainn,
Ba bhinne a béal ná na ceoltaí sí.

II

Leag mé mo láimh ar a brollach ródheas
D'iarr mé póg uirthi, a stór mo chroí,
'Sé dúirt sí "stop is ná stróic mo chlóca,
Nó tá tú pósta le seal an tsaoil."

III

Seo mo lámh duit nach bhfuil mé pósta,
Ach gur buachaill óg mé a thug cion do mhnaoi,
Dá dtéifeá liomsa thart siar go Fochaill,
Cheannóchainn *room* duit ar bheagán cíos.

IV

Is fada an lá ó mhaidin go faoith',[2]
Mo threabh liom síos ina thrilsí buí,
Mo thriall is mo tharraingt go Cruach an Mhinigh,
Mur bhfuil mo *sweetheart* ann, beidh sí mall.

V

A Rí na gCarad nach an tuirse croí domh,
A bheith ag tiontú aríst leatsa cúl mo chinn,
Le hiarraidh ort siúl, agus eascara a dearn mé i do dhéidh-sa,
Agus faraor géar ní rabh gar domh ann.

VI

Geallúint fhada níl sé maith le déanamh,
'Sé chuala mé ag daoiní dá lua agus dá rá,
Dá bpóstaí mise leis an Eaglais Naofa,
Go mbeinn go fírinneach ina dáil.

VII

Rachaidh peaca go dtí an ceathrú líne,
Níl aon neach saor air a bhfuil le fáil,
Ach dá mbeinnse i mo bhaitsiléir, agus mé a bheith díomhaoin,
Bheadh mo chleamhnas déanta sul má dtigeadh lá.

VIII

Teacht an earraigh, tá mo thriall go hAlbain,
A shearc is a ansacht bí romham sa tslí,
Teacht an tsamhraidh tá mo thriall go Flanders,
Níl ach *chance* agam pilleadh choích'.

IX

A shearc agus 'ansacht dá mbínn ag caint leat,
'Mo sheasamh i gcampaí de lá agus de oích',
Ar uaisle Chonnachta agus bím i mo cheannfort,
Go rachainn i gcleamhnas leat gan bó ná lao.

Amhrán 2.

Cúirt Raibin Finlay

I

Ag cúirt Raibin Finlay tá an t-ór buí ina mholtaí,
Bí sluaiste ann dá thiontú go lonrach le gréin,
Bí síoda ar na crainn ann, is a tortha breátha milse,
Ón chléir go dtiocfadh cuntas timpeall mheán lae.
[Níl créatúr dá mbeadh tinn ann, ó chréachtaibh cheirnimhneacha,
Nach leigheasfaí gan mhoill iad le himpí an Spioraid Naoimh,] [1]
Bí orgáin[2] ann is trumpaí is cláirseach ar urlár,
Is fíor cé gur muirneach a roinnt ar an tsaol.

II

Tá sliabh mór i Málainn, thig féar fada ann is fásach,
Mil a dhul le fánaidh mur bhfaighim í ar drúcht,
Níl buaidh an chnoic ar bhreáichte go fíormhullaigh Theamhrach,
Go géimneach[3] gamhna is go gleanntáin Mhic Smóil.
Ar aontaí gheobhainn pléisiúir, i gcoillte gheobhainn aoibhnis,
Caolmharcaigh caol faoi bhrata is faoi shróil,
Bhí an mhaighdean mhara ag gluaisint faoi dhídeán a sluaite.
Saibhreas agus suairceas in am cruatan go bhfaighinn.

III

Bhí Ó Dubhda ann is Ó Máinle is an Búrcach is áille,
Ina dhúiche is ina státa is a láimh faoina shúl,
Níl long dá dtéid thar sáile nach dtig ar ais gan bháthadh,
Ó thaobh na dtonna bána is an bád ar a stiúir.
Bhí ollphéistí móra ann,[4] agus cabhlaigh go leor ann,
Ó Anntracht go Scoigeadh is go bordaí Dhroim na Naomh,
Is an tráth a thig bádaí thart timpeall ag Málainn,
Is iomaí amharc álainn a gheibh Áille sa Dumhaigh. [5]

IV

A Dhochartaigh na Féile, do chúirt is do theaghlach gléigeal,[6]
Thart go Teampall Réaltach is go taobh bheann ina mbím,
Is droimleach, dosach, féarúil ag bun is ag barr Cró an Locháin,[7]
Thig seamair, duilliúir féile, is géimneach na lao.
Bíonn an chuach ann is an traonach, fiach na mbeann is an chéirseach,
Ag imirt fána scéala cá mbeidh muid anocht 'ár luí,
Le moch na maidne ag éirí, bhí gadhair is con 'ár ndéidh ann,
Is bual binn dá ghéarú ag éadan Chroithlí.[8]

V

Is droimleach, dosach, féarúil ó dheas is ó thuaidh ann,
Maoineach bheirim buaidh duit, gur tú mo leabaidh luí,
Ní fhacthas ariamh gruaim ort, mheallfá daoiní uaisle,
Is mithid do mhart ag gluaisint anuas lenar dtaobh.
Bíonn carria as Tuathfainn, an eilit as Sliabh Luachra,
Bradán an Easa Ruaidh ag sileadh anuas agus aníos,
Bhí cóiste na bprionsaí thar bhóithre dá n-iomlat,
Bí úrchuid don im ann, is is milis bainne bó.

VI

Dá bhfeicfeadh sibhse an Mhaoineach, an abhaill léithi sínte,
Clover[9] ar gach taobh di, agus spíosraí go leor,
Is inti a gheofaí an mianach, a dhéanfadh an t-airgead fíorcheart,
Loingis ar na Ríthe, le fíon fána dhéin.
Níl linbh ar bith ar aoibhneas nach bhfásann chugainn aníos ann,
Bí grásta an Spiorad Naomh againn, ní baol dúinn a bheith gan é,
Is glas na cnoic sna Faoilligh, thig tortha agus sú craobh ann,
Is ann a gheofaí an t-aoibhneas, is fíor sin is ní bréag.

Amhrán 3.

Amhrán Grá[1]

I

Tá mé tinn, bocht is ní léar domh a inse,
I bhfiabhras tintrí mar gheall ar mhná,
Gur ag mo mhuirnín atá an péire cruinnchíoch,
Mar an fhaoileán fhionn gheal ar an loch ag snámh.
'Sé mar a bhíos mo ghrása is í ag siúl na sráide,
Bí aoibh an gháire uirthi le gach aon,
Gur ar a brollach bán deas atá an cúiplín páirteach,[2]
Mar a d'fhuígfeadh an áinleog a nead ina luí.

II

Nach aoibhinn Corrshliabh[3] i dtús an tsamhraidh,[4]
Ní bhíonn leac oighir ann nó sneachta domhain,
Is binn ceol traonach ann, cuach is an lon dubh,
I mbarr crann sa duilliúir úr.
Is binn guth gadhair ann, tóraíocht eilte ann,[5]
Is san am sin, uilig réidh chun siúil,
Ach gurb as go cinnte atá an sruth glan aibhne,
Bíonn an bradán fionngheal, is an breac ar a lúth.

III

Ní i sliabh nó mín leice atá mo mhiansa,
Ach ar an talamh is ísle a bhfuil an meas ag fás,
Bíonn an chuach ag glaoch ann i gcionn gach míosa,
Bíonn cruithneacht bhuí ann, is an coirce bán.
Bíonn an t-uan is an lao ann, bí bric ina scaoite ann,
Bíonn an eala is aoibhne ar an loch ag snámh,
Bíonn beachóg chríonna ann is a fáras déanta,
Is mil á taomadh ag mo mhuirnín bán.

IV

'Sé fáth mo bhuartha nach bhfaighim cead cuairte,
Ins an ghleanntán uaigneach a bhfuil mo ghrá,
Gheobhainn im ar uachtar ann, is mil ar luachair,
Is gur i dtús an fhuaicht a bíos na buaibh á ndáir.
Níl doineann uaire ann, níl sneachta ó thuaidh ann,
Tá talamh cuain ann ag loing is ag bád,
Tá tuilleadh buaidh air, níl dorsa dúnta,
Nó go líontar suas le do mhuirnín bán.

V

Dhéanfainn éagaoin bheag le mo chéad searc,
Dá measfainn fhéin go mbeadh gar domh ann,
Tusa a réab mo chroí ina chéad cuid,
A d'fhág na néaltaí ag gabháil fríd mo chionn.
A chiúin bhean bhéasach na malaíocha caola,[6]
Na gcocán gléigeal a bhí bán deas fionn,
Dá dtigfeá 'mo fhéachaint[7] is mé san éagruth,
Bheadh beannacht Dé agat go buan dá chionn.

Amhrán 4.

Thíos ag Cionn Thráigh Éanach[1]

I

Thíos ag cionn Thráigh Éanach,
Atá an spéirbhean a dtug mé di grá,
Mheall sí mo chéadfaí,
Gan gléas agam ar a fáil.
Dá mbínn i mo Rí ar Éirinn,
Is mo raeghe bean óg sa domhan domh i ndán,
Gur díotsa a dhéanfainn céile,
A chúil craobhach an bhrollaigh bháin.

II

Tá cum cailce ag an spéirmhnaoi,
Is breáichte nó an sneachta ar craoibh,[2]
Tá a dá chíoch corra gléigeal,[3]
Tá a béilín mar na ceoltaí sí.
Tá a gruaidh mar na rósaí,
A chúil feamainneach mar dhealramh an óir,
Má thréigeann tú mé a chéad searc,
I do dhiaidh-sa ní bheidh mé beo.

III

Shiúil mé timpeall Éireanna,
An Éigipt an Fhrainc is an Spáinn,
An Tuirc is an Ghréigis,
Is gach réagún dá bhfuil le fáil.
Ó Bhaile Átha Cliath go Binn Éadain,
Is ó Bhinn Éadain go Contae an Chláir,
Cosúil leat le Venus,[4]
Níor léigh mé sa cheathairdhúil.[5]

IV

A bhfuil ó éirí go luí gréine,
Agus bíodh siad uilig ag scríobh,
A deise agus a breáichte,
Níorbh fhéidir domhsa a inse daoibh.
Saibhreas uilig Rí Dáibhidh,
Agus faighim é mar spré le mnaoi,
Go mb'fhearr liom i mbothán sléibhe,
Ag pógadh a béilín de lá is d'oích'.

V

Is mian liom feasta a fháil míniste,
Críochnú is a maise daoibh,
Banríon óg na scéimhe,
I ngach réagún gur léithi a bhí an chraobh.
A chúil daite mar an ómra,
Dá dtógfása domh do lámh,
A ráidht "a ghrá, is liom fhéin thú,"
Ag Tráigh Éanach a d'fhuígfinn beannacht slán.

Amhrán 5.

A Chonaill 'Sé Mheasaim gan Áibhéil[1]

I

A Chonaill 'sé mheasaim gan áibhéil,
Gur tusa fhéin Rí na Sealg,
Is tú a mhuirfeadh an broc is an mactíre,
An bradán, an faol is an carria.
An t-éan a bheadh ag imeacht le gaoth,
An seabhac, an chearc fhraoigh is an gearria,
'Sí Bounce a sheasóchadh an *siege*,
Gan chuidiú chú chaoil nó *terrier*.

II

A Chonaill seacht n-anam do lámh,
Is tusa a bhí lán den spórt,
Is tú a dhéanfadh an tseilg go sásta,
Ó Ghaoth Beara go barr Ghaoth Dobhair.
Bhí táin do choileáin gach áit,[2]
Gurb í a mhuirfeadh an chráin is a pór,
'Sé Dónall a d'inseochadh an cás,
'Sé d'ith a sháith den fheoil.

III

Ó d'éag sé Bran agus Sceolán,
Is gach coileán dar thóg an dís,
Le taobh aon choileán den phór,
A bhí ag Conall, 'sé stróicfeadh[3] an fia.
Níorbh ionann mar a mhuirfeadh sí leon,
Muc mhara, míol mór is a sréad,[4]
Broic agus toirc agus péistí,
An eilit is an dobharchú thiar.

IV

Ó d'éag sé Conall is Goll,
Diarmad Donn is Lugh Lámh,
Caoilte, Conán is Gunnaí,
Go scarfadh sé an sonn mhac Seán.[5]
A Chonaill is tú an Rí ar an dream,
Is tú a sheasaigh an uile am an bál,
Is tú a mhuirfeadh an broc ins an choill,
Is na toirc a bhí i nGleann Mhic Stá'.

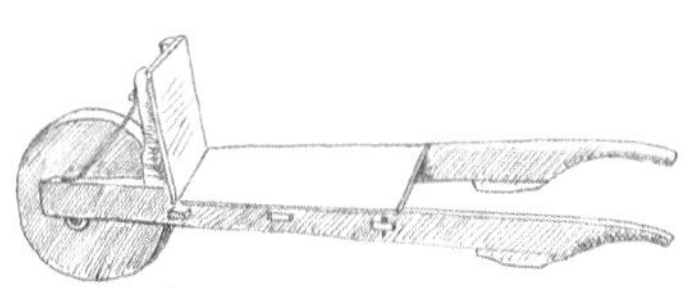

Amhrán 6.

'Sé Dúirt Colm Cille[1]

I

Lá Fhéil' Pádraig níor gnách linn a bheith ag coimheád an chró,
Ach ár lámh leis na cártaí is na gloiní a bheith dá n-ól,
Nuair nach dtearn muid dínáire le meisce nó le póit,
Nár fhágaimid an áit seo gan cárta dí a ól.

II

'Sé dúirt Colm Cille go hIfreann go brách nach dtéid fial,
Lucht an airgid go scarann siad a bpáirt mhór ó Dhia,
Nach mór an tubaiste do dhuine ar bith dá dtearn é ariamh,
Oiread cruinnith' a dhéanamh[2] is a choinneochadh é as Parthas na Naomh.

III

Ní hé barr na giolcaí a bhéarfainn duitse, nó barr bog an fhraoigh,
Deoch de uisce dubh bachta nó portaigh, a mbáfaí ann an lao,
Díoladh ceathrar de arraingeacha, ag gabháil fríd cheartlár mo chroí,
Is a bhodaigh thútaigh is dona a dhiúltaigh tú do dhá sháith de mhnaoi.

IV[3]

Thréig mé lucht Béarla agus buclaí bróg,
Thréig mise an méid sin mar gheall ar mo stór,
Mar i ndúil[4] go mbeinn is í maidin chiúin cheo,
Is sinn ag éisteacht le géimneach ár sealbhán deas bó.

V

Tinneas cinn agus coim', is arraingeacha báis,
Ar lucht inse na cáinte, is go speisialta na mná,
A déarfadh liom go mbeadh imreas ar bith eadar mé is mo ghrá,
Dá mbínn tinn gurb é a himpí a dhéanfadh mé slán.

VI

Tug mo bheannachtsa go Connachta Chill T éibh a bhí thiar,
Ionsar mo Valentine más fada uaim í siar,
Cineál cruinnis a bhíodh againne ar Shliabh Bán Eoghain Ua Dubháin,[5]
Gurb í an tSionainn udaí a choinnigh mé, is í lán go dtí an bruach.

VII

A chéad searc ná lig thusa do chumann le mnaoi,
Nó má ligeann ní bréag é, is sionnach nach í,
Ní luaithe leis an éan atá ar bharraibh na gcraobh,
Nó í a éalú leis an téadaí nach bhfaca sí ariamh.

VIII

Bhí mé lá ag siúl na sráide is ní bhuailfí mé,
Chan amháin gura slán do mo mhuirnín fhéin,
Caidé an mhaith domh a bheith ag trácht air is nach gcluin sí mé,
Grá nach mbíonns í lathair go bhfuaraíonn sé.

IX

Go léighidh mo dhá mhalaí, is ina dhiaidh sin mo cheann,
Chomh geal leis an eala atá ag snámh ar an toinn,
Go dtéighidh mo bhean i dtalamh, is ina dhiaidh sin a clann,
Ní bheidh baint agam do ainnir na gciabhfholt donn.

Amhrán 7.

An Dubh Dhílis[1]

I

'Sé Séamus Ó Duibhir mo shearc rúin,
'Sé Séamus Ó Conaill mo stór,
'Sé Séamus Mac Daeid an barraín,
'Sé shiúlfadh ar thoiseach an róid.
Níl Éamonn dá mbíodh sé inár n-aice,
Ná Maoilín dá mairfeadh sé beo,
Go mbeadh na Séamuis faoi ghéagaibh na n-ailteán,
Ag déanamh meidhg dá gcuid bainne is dá ól.

II

Tá na Séamuis de shíolraibh an ailteáin,[2]
Nach ndéantar a n-iargúil[3] níos mó,
An Dubh Dhílis narbh aoibhinn ar lochtaíl,
'Sí leigheasfadh locht aicíde is bróin.
Na mílte acu is bíodh ann ar maidin,
Gach aon acu is canna ina dhorn,
Nuair a shíl siad don ré braon a bhí ina balláin,
'Siad na Séamuis a gheobhadh bainne go leor.

III

Dá bhfeicfeadh sibh an Dubh Dhílis ar maidin,
Ag tabhairt bainne gan cineál nó cíb,
Gan buarach nó seort ar bith ceangail,
'Sí thógfadh an tuirse dár gcroíth'.
Níl aon bhean díomhaoin nó aon ghasúr,
A bhfaigheadh braon dá cuid bainne le hól,
Nach líonfadh a gcroíthe suas den aigne,
Mar a dhéanfadh na searraigh Féil' Eoin.

IV

A chiacais dhílis nárbh aoibhinn don duine,
A mbeadh Séamus Ó Duibhir dá chóir,
An Dubh Dhílis a bheith líonta go mullach,
De fhíorscoith na braiche ar dóigh.[4]
Níorbh fhírinne duit an Bíobla dá gcreidfeá,
Nach gheofása gloine le hól,
A chuirfeadh aoibhneas ar íochtar do bhonnaí,
Dá mbeadh sneachta ann a d'fholóchadh an mhóin.

V

Dá mbíodh fhios ag Rí mór na Tuirce,
Tréartha na Duibhe seo ar dóigh,
Go mbeadh siad ag réabadh a mbratach,
Is ag imeacht ar loingis faoi sheol.
Níl aon suairceas ó Thuathfainn go Breatain,
Nach mbeadh acu seal ag gabháil cheoil,
Mar bíos an chuach ar uaigneas is í ag seinm,
Faoi bhruach Mhín an tSagairt le neoin.

Amhrán 8.

An Chaora Bheag Dhílis[1]

I

A chaora bheag dhílis, fan suas go cionn míosa,
Ná bí thusa ag ísliú an gheamhair[2] gach lá,
Cuirfear chun 'toighe thú is beidh díobhail an bhidh ort,
Nach trua[3] duit an ní a dhéanamh a chuirfeas thú chun báis.

II

Ní chodlaím trian oíche ach ag osnaíl is ag smaoitiú,
Go bhfuil sí sa phríosún faoi chois is faoi cháin,
Is a chaora bheag dhílis nach trua duit an ní a dhéanamh,
A chuirfeas an snaidhm ar do sceadamán bán.

III

Barraíocht a ghlac mé faraor de mur gcomhairle,
Is ní ghlacfad níos mó de, 'sé dúirt sise liom,
Tá m'uan beag gan dóigh agam, is níl agam deor dó,
Mur bhfaighidh mise cead a bheith fríd a bhfuil ann.

IV

Ná cuirigí chun sonraith' mé anois go dtí an fómhar,
Ní lugha do mur ndornán mo shocsa a bheith ann,
A Cheallaigh, a stóirín, ná ceangail le rópa mé,
Is cuirfidh mé cóta a bheas deas ar do dhroim.

V

A Bhriney Uí Mhiodhacháin má ligeann tú chun na páirce mé,
Bhéarfaidh mé trian duit a bhfuil ar mo dhroim,
Bhéarfaidh mé scríofa i bpeann is ar pháipéar duit,
Nach bhfeiceann tú go brách mé thar an teorann anonn.

VI

Labhair sí le Peadair, ar rómhair tú an garraí,
Nó an bhfuil agat aon ghráinín ag gobadh aníos?
Mo mhallacht go brách don tulaigh a bíos ard,
Ní bhíonn uirthi ach báchrán is tomógaí fraoigh.

VII

A Bhiolaí Uí Chionnaigh mo bheannacht go brách duit,
Tabhair broghaíl na háite seo suas chun 'tSléibh' Ruaidh,[4]
Préata nó gráinín ní thig liom a shábháil,
Mur gceanglaí mé a cnámha nó a cur ins an uaigh.[5]

VIII

Thug sise an rása anuas ó na hairde,
Isteach chun na páirce go dtearn sí a cuairt,
Bhí Micí go fáilí i gcoirnéal an gharraí,
Ag taisbeáint a láimhe ina greim ar a cluais.

Amhrán 9.

Cúl Tiugh na bPéarlaí[1]

I

Taobh thall den trá atá an maighre mná,
'Sí is deise is is fearr a shiúil Éire,
Is gur gile a dhá láimh nó an cúr ar an trá,
Nó an eala atá ag snámh Loch Éirne.
A charaid is a Rí, nárbh aoibheann don té udaí,
A chaithfeadh seal oíche dá bréagadh,
Gach ribe dá dlaoi mar ór an Rí,
Tá fhios ag an tsaol nach bréag sin.

II

Is trua nach bhfuil mé is í ar an oileán,
Mar i ndúil go bhfeicfimist chugainn an t-iasc,
Mur bhfaighimist ach úllaí cumhra ar chrannaibh,
Go mbeannaítear dúinn an pobal cliar.
Tá dlaoi shoineanta ag fás go drithleanta,[2]
Saighde solais in imeall a cinn,
Ag an pháistín mharánta, mhúinte, mhacánta,
Mharascálaí, uasal, áilne, ghrinn.[3]

III

Ar mo shiúl sa lá ní léar domh an ród,
Tráth d'ísligh an ceo agus d'ardaigh an ghaoth,
Tá mo chónaí i scéimh na hóige,
'Sí d'fhág faoi bhrón mé le mo shaol.
Tá com ar a cúl, is glaise súl,[4]
A thug Mac na nIúl ar fad aniar,
Le do gháire ciúin go bhfuair tú an chlú,
Is tusa an chnó a d'apaigh an ghrian.

IV

Tá géag ón chraoibh ag fás ón fhíorcheart,
A com[5] seang, síoda is aoibhne beo,
Na malaíocha caola gur mheall sí an saol,
Ní mó gur chlaonaigh ariamh go fóill.
Má thug díomas nó díth daoiní,[6]
Ar an mhaighdean aoibhinn, gluais chun gleo,
Pilleadh chun na tíre ar ais arís,
A ghrá mo chroí, is gheobhaidh tú póg.

V

Is trua nach bhfuil mé is rúnsearc mo chléibh,
Ag ionsaí Bhinn Éadain maidin chiúin cheo,
Is gan duine ar an tsaol a chluinfeadh mo scéal,
Nár thrua leis mac Gael a bheith i b'pinniún mar atáim.[7]
Ní iarrfainn aon spré léithi, d'earra nó dh'éadach,
Ba, capaill, caoirigh, is doiligh domh a rá,
Binneas a béilín, feabhas a céille,
An cúilín deas craobhach, 'sí chuir mé chun báis.

VI

Fágfaidh mé[8] an baile seo ar maidin amárach,
Cuirigí slán agus céad liom,
Rachaidh mé thar sáile teacht na Féil' Pádraig,
I mo bhuachaill deas álainn aerach.
Dá mbím trí ráithe gan faoiseamh a fháil,
Ach ag mealladh ban óg is dá mbréagadh,
A dh'ainneoin an Phápa is a bhuachaillí bhráithre,[9]
Beidh leabhar in mo lámh is mé dá léamh di.

VII

Nach lúbach, bachallach, d'uallach, uilleannach,
Cuallach, camógach, fáinneach, fionn,
Ar a com fhéin muirneach na gcocán slim,
Is is trua gan mé ag caint le béal gan bhród .
Mur bhfaighinn ach póg óna béal beag ródheas,
Nó na déadaí glé is áilne gnaoi,[10]
Brúite, breoite, tógtha, leonta,
Easbhaidh comhairle atáim a díth.

Amhrán 10.

An Mhaighdean Mhara[1]

I

Shiúil mé an domhan is ní fios domh go bhfaca mé,
A samhailt nó a cosúlacht i gcásaibh,
Ach an mhaighdean mhara a bhí ar láimh le beannaibh,
'Sí bhí ag síorghealladh grá domh.
A dísbhéal tanaí a chuir smúid ar fhearaibh,
Ba deirge í ná an rós i ngarraí,
Is gur chumhra liom d'anál ná na húllaí a bheadh folláin,
Is iad a bheith i dtaiscidh le ráithe.

II

Ba deirge í nó an chorcair, a béal, a taobh is a leacaí,[2]
'Sí is deise dá bhfaca mé de phéarlaí,
Bhí an méire is an lon dubh ag triall fána coinne,
Le feabhas mar a chuala siad táin[3] mhaith.
Bhí céad míle eochair i gcuantaí a huchtaí,[4]
'Sí scaoilfeadh glais as gach geibheann,
Osna gan sochar ag méadú mo dhochair,
Tráth a smaoitím ar fhocal dá béal binn.

III

[Nach doiligh domh trácht ar aicíd an ghrá,
Is leannán domh é nach scaoiltear,
Is níl duine ins an áit dá bhfeiceadh mo chás,
Nach gcuirfeadh i gcois aird mo chaoineadh.] [5]
Is doiligh domh an pháirc sin a adhradh go brách,
Ar ainnir na séad nár saolaíodh,
Is dá dtógfá do lámh is mo thabhairt ón bhás,
Do mhalairt is go brách is cha dhéanfainn.

Amhrán 11.

Bó Pharthláin Ruaidh[1]

I

An gcuala sibh a chairde, is éistígí mo scéal,
An gcuala sibh an t-ármhach a rinn Bó Mhín an Fhia.[2]
Bhí sí lúfar láidir, is ba róbheag a ciall,
Gur bhuail sí an boc báire sin, ar Bhó Pharthláin Ruaidh.

II

Nár mhór an truaighe Parthlán, is gan aige ach aon bhó amháin,
Bhí ceithre croibh in airde, is iad dá gcoscairt leis an tuaigh.[3]
Tá daoiní dá shíor-rá, is creidim ó seo suas,
Gur iomchair siad a cnámha thart siar thaire an Chruaich.

III

Le truaigh do Pharthlán a d'fhág mé an bhó bhán,
Le braon a thabhairt dón Phápa leis an tae a dhéanamh bán.
Tá dúil as Rí na nGrásta agam nuair a phósfar Padaí Bán,
Go bhfaighidh mé dornán páipéar a dhéanfas mo chroí slán.

IV

Dá bhfeicfeadh sibhse Parthlán is na deora leis anuas,
Ag caoineadh is ag gártha, "A Tharlaigh[4] díol a luach."
Dara leoga fhéin a Pharthláin, tá sinn fhéin go suairc,
Mé fágáil na bó báine, is cé a d'iarrfadh orm a luach.

V

Tá mise ag imeacht, is féadaim a bheith ag caí,
Ag tarraingt go Cill an Máird, ionsar mo ghrá bean an toigh'.
'Sí Ailís Bhán ab fhearr liom, dá bhfaca mé faoin Rí,
Mé fágáil na bó báine is nach bhfaighim párdún inti a choích'.

Amhrán 12.

Go Béal Leice Cha dTéim níos mó

I

Go Béal Leice suas, 'sé monuar nach dtéim a choích',
Ó d'imigh mo shuairceas, tá mé i gcruachás i mo luí,
Ag smaoitiú ar an uair udaí a bhí mé is stuabhean an Ailt Bhuí,[1]
A chois coilleadh go huaigneach ins an luachair 'ár luí.

II

Dá mbíodh fhios ag mo mhuintir go cinnte mar atá,
Nó ag cailíní na hinse seo nach binn leofa mo chás,
Bheadh na céadta is na mílte acu fána gcuid maolchocán bán,
Ag tarraingt chun na tíre seo ag caoineadh mo bháis.

III

Tá oileán beag in Éirinn a dtig féar air go húr,
Giolcach is fraochlach agus luachair bhog óg,
A chúilfhionn is duit a bhéarfainnse céad agus míle póg,
Is a phlanda an duail chraobhaigh[2] is leat go léifinn mo bhrón.

IV

Dá nglacfaí mo dhá lámhleabhair bhán is ní bréag,
Dá mbínn ag gabháil chun báis, níorbh í an áit seo mo rogha,
A bheith dá m'aistear ins na ciantaí, fán tír udaí a mbínn i ngrá,[3]
A chois Finne nó Daoile is nár shíntear mé chun báis.

V

Cúige Uladh is ní thréigfidh mé go dtéighidh mé faoin fhód,
Cúige Connachta na pléide, is ní shiúlfaidh mé níos mó,[4]
Fuígfidh mé an tír seo le béilín na bpóg,
Go gcuiridh an Rí an t-ádh ort, is tú grá na mban óg.[5]

VI

Codladh na hoíche seo sílim ní fhaighim,
Ach ag osnaíl is ag smaoitiú fán ní a bhí domh i ndán,
Muinntir Chinnigh Dubh an Bheárnais, nár fhága siad an saol,
Go n-ólaimid an tsláinte leis an tsármhac sin Néill.[6]

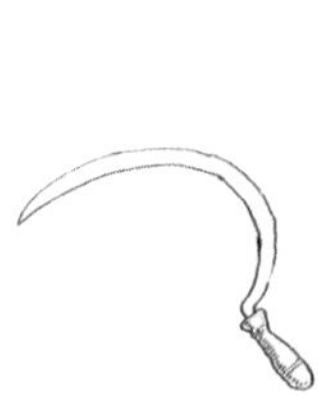

Amhrán 13.

Iolar Mór na Spáige

I[1]

Mise Seán Mac Síoda Mac Silidín na nGamhna,
[Tháinig mé chun an toighe seo anocht a dhéanamh cleamhnais,][2]
Tá agam ba is caoirigh, is caoi mhaith chun bainise,
Mur dtugaidh tú do níon domh, buailfidh mé ort le clampar,
Is ní ólfaidh mé sláinte na n-éanach.

II

Ag éirí amach ar maidin domh mo *spats* orm cóirithe,
Chuaigh mé siar an casán go rabh mé ag claí na teoranna,
Casadh Seónaigh Dearg domh is d'iarr mé air cúnamh comhairle,
'Sé dúirt sé gabh abhaile, ná spáráil cuid na comharsana,
Is ólfaimid sláinte na n-éanach.

III

Tháinig an t-iolar mór thart, a chruinniú cuid na Cásca,
Thug sé rabhadh don phobal iad a bheith ar a ngarda,
Nach bhfuígfí cearc nó lach acu nach dtabharfaí go Dún Pádraig,
Le féasta a thabhairt don tseabhac, dara leoga ní le grá air,
Is ólaimid sláinte na n-éanach.

IV

Níor bhain an dreolán a hata de nuair a tháinig sé i láthair,
Bhuail an t-iolar spor air is chaith sé thaire an bhábhún é,
"Nach rabh míle maith agat, a iolair mhóir na spáige,
Ba bheag ar thóin do phutóige mise is clann mo mháthara,"
Is ní ólfaidh mé sláinte na n-éanach.

V

Gheall an t-iolar hata domh, a mbeadh leithead mo bhoise lása air,
Bonn garbh airgid dá n-ólainn a shláinte,
Stocaí míne geala agus bróga leathair Spáinneach,
Dá mbíodh aon deor ag Cormac nó ag Liam an phaidrín pháirtigh,
        Go n-ólaimid sláinte na n-éanach.

VI

Casadh muineál fada orm arbh ainm di corr mhóna,
Bhí naoi nduisín eascon léithi á dtarraingt ina cóiste,
Bhí sponc is teinidh chneasta léithi, barrach ina póca,
B'eol uaithi cearc a chur amach ar bior a rósadh,
        Is ólaimid sláinte na n-éanach.

VII

Casadh an fheannóg chorrach domh le salann chun 'fhéasta,
"Go mbeannaí an Rí is mise díbh," arsa sise leis an éanlaith,
"Mur dtugaidh sibhse domhsa cupla lán mo stéice,
Rachaidh mé go hIorras mar a bheadh bochta ag iarraidh déirce,"
        Is ní ólfaidh mé sláinte na n-éanach.

VIII

Tháinig an eala bhán anall as an Tuathfainn,
Ba mhaith is ba bhinn an mhaise di é, níor mhinic a bhí sí gruama,
Sheinfeadh sí na coirealláin ba bhinne nó na cuacha,
D'ólfadh gloine leanna chomh maith le Mac Uí Thuathaláin,
        Is ólaimid sláinte na n-éanach.

IX

Tá soiléar ag an iolar chomh deas is gheofaí i bhFlanders,
Tá fíon is uisce beatha aige ann, mil is siúcra candaí,
Tá achan seort ag teacht ó neamh chuige anall ó Rí na Fraince,
Tá an crotach mara ag seinm aige is an míol mara ag damhsa[3],
Is ólaimid sláinte na n-éanach.

X

[Dá bhfeicfeadh sibhse an coinín is an luchóg istigh sa mhála aige,][4]
Tá nead ag an dreolán i bhféasóig an ghandail,
Tá an chearc uisce agus an spideog ag gabháil amhráin ar thrumpaí,
An madadh rua is an fhaoileán go fíneálta ag damhsa,
Is ólaimid sláinte na n-éanach.

XI

Arsa an chearc a ba sine acu, ina seasamh ar chlaí an gharraí,
Is trua nár ith an sionnach mé nó iolar mór na spáige,
Nuair nach bhfuair mé *liberty* ar bith le dhul amach chun na sráide,
Le mo ghráinín beag a phiocadh ó Iorras go Dún Pádraig,
Is ní ólfaidh mé sláinte na n-éanach.

Amhrán 14.

Gráinne Fhánad[1]

I

'Sé mo léan millidh 'Ghráinne[2] gan mé is tú i nGáigín,
Faoi shléibhte dubh Bhéarnais nó i gcoillidh Loch Iasc,
Gan fios a bheith ag aon neach cá ndéanfaimist fáras,
Nó scéala ag ár gcairde cá gcaithfimist bliain.
Is measa mar atá mé, níl m'fhortúnsa déanta,
Le go bhfaighinn cead mo lámh a chur tharat aniar,
Ach ó b'eigean domh a rá leat mo chúig bheannacht slán leat,
Gur siocair mhór bháis a bhí domh d'fheiceáil ariamh.

II

Ar an íochtar seo Fhánaid tá an aoibh-bhean is áilne,[3]
Dar shiúil mé ariamh sráid léithi nó go Droichead Átha Cliath,
Ó Dhoire go Málainn is go Corcaigh ina dhiaidh sin,
Macasamhailt Ghráinne níl thall, thoir nó thiar.
Níl sé le fáil ins an Fhrainc nó sa Spáinn,
Nach uirthi a bhí trácht le maise ar a scéimh,
Gur róghil a bráid[4] nó an fhaoileán a shnámhas,
Ó chorca an Rí Teamhrach[5] is tú scanraigh mo chiall.

III

Dá mbeadh scéala ins na réagún gur i bhFánaid a bheadh sí,
Go dtiocfadh seacht gcéad fear ar loingis faoi sheol,
Go mbeadh siad in éineacht ag iomrá le chéile,
Féacháilt cén t-aon acu a gheobhadh blaiseadh dá póig.
A chiúin bhruinneall bhéasach a thug an t-ór ó láimh Venus,
Níorbh fhiú biorán Deirdre i bhfárais níos mó,[6]
Is leat go siúlfainn gan éadach cúig chúige na hÉireann,
A chiúin bhruinneall bhéasach féach orm le póig.

IV

Tá cruinnchéacha gléigeala nár milleadh le sméarthacht,
Ar bharr uchta céim ina seasamh gan chló,
Ní dalcanta an méid sin daoithe, gach aon bhall di ag cur le chéile,
'Sí banríon na scéimhe í, creidigh mo ghlór.
Mar eala lá gréine ba ghile í nó na sméara,
Le feiscint gach aon bhall dá craiceann go bróig,
Níor mhór liomsa an mhéid sin a fháil duitse mar fhéirín,
Seo ard chraobh na hÉireann is glac é in do dhorn.

V

Is a rúnghrá dílis, gan mé agus tú in éineacht,
Ag éalú i gcois íseal faoi shléibhte Dhroim Bó,
[Is gan romhainn ach na caoirigh is na cearca fraoigh ag éirí,
Ins na gleanntáin a mbeadh muist i gcuideachta gach neoin.][7]
Gan fios a bheith ag aon neach, cá ndéanfaimist lóistín,
Leabaidh chúng chaonaigh faoi bhrataibh an tsluaigh,
Sinne a bheith sínte is ár léinte linn scaoilte,
Mé ag pógadh do chaoinbhéil is an oíche uilig romhainn.

Amhrán 15.

Casadh Bean Sí domh[1]

I

Ag éirí domh aréir is mé ag cuartú na gcapall fán choill,
Tharlaigh domh an spéirbhean ar thaobh an liosa ina suí,
Dhruid mise léithi, ba ghéar a ghoin sí mo chroí,
Is gur duine gan chéill a dhéanfadh éad fá shamhailt de mhnaoi.[2]

II

Casadh bean sí domh thíos ag Lios Bhéal an Átha,
D'fhiafraigh mé di an scaoilfeadh glais ar bith grá,
Labhair sí go caoithiúil, aoibhiúil, macánta ar mhná,
Má théid sé fán chroí nach scaoiltear as é go brách.

III

Tá mé i mo shuí ó d'éirigh an ghealach aréir,
Ag cur teineadh síos a bhím is dá fadú go géar,
Tá bunadh an toighe ina luí is tá mé liom fhéin,
Tá na coiligh ag glaoch is tá an tír ina gcodladh ach mé.

IV[3]

A Rí gurb é an t-ól bhí cóta maith ar mo dhroim,
Stocaí is bróga, is cró maith seascair chun clainn',
'Siad na mná óga a threoraigh an t-olc in mo chionn,
Dá ligfinn fhéin dóibh ní dóigh go mbainfeadh siad liom.

V

Déanaimid go toigh an óil nó go n-ólaimid buidéal den dram,
Is a bhfuil de mhná óga gan phósadh dá siúlfadh siad linn,
Níl an eaglais dár gcóir, is níl i nglórthaí magaidh ach greann,
Is go ndéanfad teach mór má bhím beo ar a mhalaí ud thall.

Amhrán 16.

An Droighneán Donn[1]

I

Má thig tú a choíche tar aníos chugam i gcúl an chlaí,
Maidin is tráthnóna nuair a bíos an drúcht ina luí,
Cé nach labhairim, bím ag meabhrú go mór fá mo chroí,
Gur tú mo chéad searc is dóigh nach bhféadaim do chumaidh a chur díom.[2]

II

Fear gan chéill a bheadh ag dréim leis an chlaí atá ard,
Is an claí beag íseal ag a thaobh[3] sin, is air a leagaim mo lámh,
Cé gurb ard an crann caorthann, bíonn sé searbh as a bharr,
Fásaidh sméara agus bláth sú craobh ar an chrann is ísle bláth.

III

Sílidh céad bean gur leo fhéin mé nuair a ólaim dram,
Bí dhá dtrian síos díom nuair a smaoitím ar a gcomhrá liom,
Tá sneachta á shíobadh is dá shíorchur ar Shliabh Uí Fhloinn,
Níl mo ghrása ach mar bhláth na n-áirní atá ar an Droighneán Donn.

IV

[Dá mbeinn i mo bhádóir ba deas a shnámhfainn an fharraige seo anonn,
Is go scríobhfainn páipéar go snuadheas le rinnghoib mo phinn,] [4]
'Sé monuar nach bhfuil mé agus an bhean a chráigh mo chroí,
I ngleanntán sléibhe nó i bhfad ó dhaoiní is an drúcht ina luí.

Amhrán 17.

Is Fada mo Chosa gan Bhróga[1]

I

Is fada mo chosa gan bhróga,
Is is faide mo phócaí gan phínn,
Is faide mé ag ól le mná óga,
Is níor ól mé aon deor go fóill le mo mhian.
Is cosúil gur marbh a bhí m'athair,
Nuair a lig sé mé go harm an Rí,
Is an uaigh mo chruaidh leabaidh feasta,
Is a chéad searc nach trua leat mo luí.

II

Ag gabháil síos ag An Deargán Mhór domh,
Bhí mé chomh ceolmhar le héan,
Bhí buclaí a bhí deas ina bróga,
Is bhí loinnir an óir ina gruaidh.
Bhí bearad de dheilg go neoin uirthi,
Is cóta ba ghlaise ná an féar,
Bhí *ruffles* go barr a cuid ordóg,
Is a naprún geal cóirithe le gréin.

III

Tá mo thuama ag cléirigh dá tharraingt,
Is mo chomhra dá déanamh ag saor,
Fán iomata spéis' a chuir mé i gcailín,
Atá ina cónaí ag taobh Chontae an Dúin.
Dá mbeinnse seacht mbliana gan d'fheiceáil,
I bhfiabhras na leapa i mo luí,
Mo chéad searc dá dtigeadh chun m'fhiafraigh,
Is deas a d'éireochainn fhéin suas i mo shuí.

IV

A Rí caidé a dhéanfas mé amárach,
Mé ag amharc ar mo ghrá ag gabháil aniar,
Nach dtig liom a dhul ina láthair,
Le mhéid is a bhí eadrainn le bliain.
Nuair a d'amharc mé ar a haoibh is ar a gáire,
Is ar chionn a dhá láimh a bhí fial,
Thit mise chun lionn dubh is chun dóláis,
Agus beo is ní bheidh mise bliain.

V

Ag éirí domh ar maidin Dé hAoine,
Níor choisric mé m'éadan faraor,
Ach rug mé ar an arm a ba ghéire,
Agus chuir mise a bhéal le cloch líof'.
Chaith mise díom mo chuid éadaigh,
Mo chiall mhaith gur lig mé le gaoth,
Nuair a chualaigh mé iomrá ar mo chéad searc,
Gur chaith mé an chorrmhéar ón alt díom.

VI

Ní dhéanfaidh mé cruinniú nó carnán,
Go háirid ní bhainfidh mé móin,
Ní fheicfear mo thoiseach lá an earraigh,
Nó na gardaí ag gabháil tharainn sa mhóin.
Cuirfidh mé púdar in mo chúl ins an fhaisiún,
Carbhata[2] dheas gheal fá mo scóig,
Aghaidh na gcúig gcontae in mo hata,
Nó go stróicfidh mé isteach go Tír Eoghain.[3]

Amhrán 18.

Mall Dubh an Ghleanna[1]

I

Ag Mall Dubh an Ghleanna atá mo chroí istigh i dtaiscidh,
'Sé nach bhfuair guth nó náire,
Nach lách agus nach geanúil, a dúirt sí liom ar maidin,
Imigh agus ná pill níos mó orm.
Níl siúd mac marcaigh ó Bhaile Átha Cliath go Corcaigh,
Nó ó sin ar ais go hUain Uí bhFáighle,
Nach bhfuil a dtriall agus a dtarraingt le heachraí óga sleamhna,
Ag dúil leis an bhean dubh báire a fháil.

II

Éirigh a *sweetheart*, gluais is bí ag teacht,
Is fuígfimid amach an áit seo,
Rachaimid amach ins na coillte atá glas,
Mur bhfaighimist ach cnó is úllaí.
Gheobhfar duit an breac, an lon dubh ar a nead,
An smólach is í ag seinm ceoil dúinn,
Beidh luachair bheag ghlas, ag gabháil romhainn ar na bealaí,
Is fásach go dtí ár nglúine.

III

Dá bhfaighinnse bean ón phrionsa,[2] agus bean ó Rí na Fraince,
Agus bean eile a fháil as Laighin Uí Adhra,
[Bean na n-órfhoilt buí a bheith agamsa mar mhnaoi,
Nó bean eile agus na mílte bó léi.] [3]
Níon óg an iarla, is bíodh sí do mo iarraidh,[4]
Nó í ag dúil le mo fháil le pósadh,
Faighim-sa mo roghain ar mhná deasa an domhain,
Is le Mall Dubh go cinnte a ghabhfainn.

IV[5]

Siúd í mo theach, níl díon air nó scraith,
'Sé déanta ar thaobh an bhóthair,
[Is más é díobháil na mban a d'fhág mé ar lear,
Cuirim feasta mo bheannacht leofa.] [6]
Mise a bheith liom fhéin feasta choíche ní bheidh,
Is Mall Dubh i dtús a hóige,
Nó nuair a chríonaíos an tslat ní bhíonn uirthi meas,
Mar a bhíonn ar na crannaibh óga.

V

Cé siúd amuigh ag fuinneogaí mo thoigh',
Tá síorchur mo chodladh in iúl domh,
Mise Mall Dubh an Ghleanna dá ligfeá mé isteach,
Go ndéanfaimis tamall comhrá.
Dá ligfinn thú isteach caidé a dhéanfainn leat,
Mur dtógfainn suas binn do ghúnaí,
Go mbeadh púdar beag dubh á scaoileadh linn go tiugh,
Agus b'fhéidir go ndéanfaí ár bplúchú.

VI

Is iomaí siúd cleas, lúb agus cor,
A bhíos leis an bhean a bhréagadh,
Ceol, spórt is aiteas, agus ól go dtí an mhaidin,
Agus do chomhrá mín blasta a dhéanamh.
[Bhínn dá gcuartú go mór is á bpógadh gan stad,][7]
Is mór mór mo chuid den tsaol díot,
Mur bhfaighidh tú mar sin í, gheobhaidh tú mar seo í,
A comhairle agus a toil a dhéanamh.

Amhrán 19.

Bean an Fhir Ruaidh

I

Nár fhaighidh mise bás go brách, is nár chaillidh mé an greann,
Nó go rabh mé agus í faoi bhruach na coilleadh ud thall,
Gan aon neach a bheith ar ár ngaobhar, ach Bríd agus duilliúr na gcrann,
An fear rua a bheith sa díogaí sínte, agus leac os a chionn.

II

Táilliúir óg aerach mé a chuaigh a dhéanamh éadaí go teach an fhir ruaidh,
Thug mo chroí spéis dá béilín meala gan ghruaim,
Thug mo chroí spéis dá béilín a ba bhinne ná an chuach,
Is a charaid mo chléibh, dá n-éalóchfá liom ón fhear rua.[1]

III

A ógánaigh bháin a bhfuil an dealramh ródheas in do ghruaidh,
An feasach tú ní ar bith a chloífeadh aigne an fhir ruaidh,
A mhór chead don Rí[2] is faighim go dtabharfainn í uaim,
Ar éacht síneadh síos seal oíche le bean an fhir ruaidh.

IV

Tá crann ins an gharraí a bhfásann air an bláth buí,
Nuair a leagaim mo lámh air, is láidir nach mbristear mo chroí,
Ní iarrfainn de spré in aon Éirinn, ó Ard Rí na bhflaitheas anuas,
Ach an aon phóg amháin, is a fáil ó bhean an fhir ruaidh.

V

Dá mbínnse thart síos i bpríosún ceangailte cruaidh,
Boltaí a bheith ar mo chaoil agus na mílte glas ó sin suas,
D'éireochainn an *sweep* sin mar a d'éireochadh an eala den chuan,
Go sínfinn mo thaobh gheal síos le bean an fhir ruaidh.

VI

Dá mbínnse thart suas fá uachtar Chontae na Mí,
Agus cluinim an fear rua a bheith dá lua le grá geal mo chroí,
Suaimhneas ní fhaighim nó támh ar bith de chodladh na hoích',
Fá bhean an fhir ruaidh a rinn gual díom fríd cheartlár mo chroí.

Amhrán 20.

Geaftaí an Toigh' Mhóir[1]

I

Gluais a mhíle ansacht, 'sé an samhradh é, is déanfaimid chun siúil,
Thart siar fá na Gleanntaí tiocfaidh am orainn, is ní bheidh orainn cumhaidh,
Ní ba, caoirigh nó gamhna, a shantóchainnse leatsa mar spré,
Mo láimh a fháil faoi do chionn,[2] is cead cainte nó go mbuaileadh a dó dhéag.

II

Ag geaftaí an toigh' mhóir, a chónaíos is a chodlaíos mo ghrá,
Arb ainm di an realt eolais, atá ina cónaí ar mhalaidh an tSléibh' Báin,[3]
Gur mhilse liom do phóg, nó na rósaí a dtig mil orthu is bláth,
Tá cumhaidh mhór orm i ndiaidh mo stóirín, is ní dóigh nó go bhfuil mo chroí slán.

III

Bliain is an oíche aréir, 'sé mo léan nach anocht í ina tús,
Le hairigh gach[4] ógánach spéiriúil, a bhréagfadh *sweetheart* ar a ghlún,
Go dtáinig an té udaí, a rabh a béilín chomh binn leis an chuaich,
Má thug mé mo ghrá go léir di, ina diaidh sin is dona a d'éalaigh sin uaim.

IV

Tá long ag an ché, is bhéarfaidh sí mise chun na Spáinne,
Ní phillfidh mé ar ais go hÉirinn, go rabh féirín liom ionsar mo ghrá,
Níl cuan ar bith i nÉirinn, in do léinidh nach n-aithneochainn thú,
Dá bpostaí gan spré sinn, is deas a d'éalóchainn leat chun 'Oileain Úir.

V

'Sé Seán Bán mo ghrása achan lá breá dá dtig as an spéir,
D'fhág sé osna in mo lár, agus chráigh sé mo bhuille ar an tsaol,
Spleoid ar lucht na mbréag, ach gurb é méad a mbíonn acu le rá,
Is deas a nífinnse do léinidh, is bheinn ar do bhainis a Sheáin.

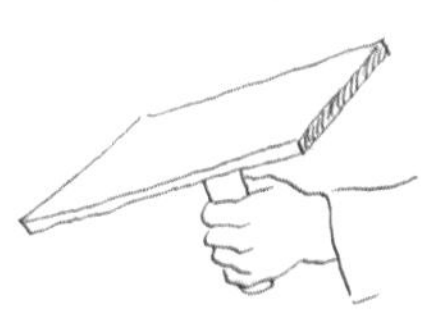

Amhrán 21.

An Ghiobóg

I

Bliain agus an taca seo, ba deas mo chulaith éadaigh,
Ba lúfar éadrom aigeantach, a dhéanfainn bean a bhréagadh,
Shantaigh mise an ghiobóg, mar bhí bó nó dhó mar spré aici,
Is d'fhág sí ar an ainnise mé, gan tointe orm san oíche.[1]

II

Má bhí sin culaith ortsa, 'sé is dóiche liom nach leat fhéin í,
Ní rabh sí ar do chraiceann, go rabh fear an tsiopa ag éileamh,
Dhíol tú mo chuid eallaí-sa, leis sin is tuilleadh a réitiú,[2]
Is níor fhág tú caoi nó deis orm, a ndéanfainn geal do léinidh.

III

Nuair a théim-sa ar maidin, a dh'obair mar is cóir domh,
Aríst a philleadh abhaile domh, ní fhaighim mo leabaidh cóirith',
Tá ní níos mó nó sin orm ag méadú mo dhóláis,
Tá an leanbh bán ag gol agam is an ghiobóg ag an chomharsain.

IV

Nuair a théid tú amach ar maidin, a dh'obair mar is cóir duit,
In áit a dhul a dh'obair, bheir tú ruaig ar do chomharsain,
Ar philleadh arís abhaile duit, le linn an tráthnóna,
An léinidh a chuir mé glan ort, gur fhág tú i dtoigh an óil í.

V[3]

An gcluin sibh mise a bhuachaillí, an mhéid agaibh atá gan phósadh,
Ná santaígí sibhse aon ghiobóg acu, mar gheall ar bheagán bólacht,

B'fhearr díbh cailín tapaidh agaibh, maidin is tráthnóna,
Nó luaith bhuí na seachtaine, a bheith le cur amach Dé Domhnaigh.

VI

An gcluin sibh mise a chailíní, an mhéid agaibh atá gan phósadh,
Ná santaígí sibhse aon scraiste acu, ar fheabhas mar a bheas sé cóirith',
B'fhearr díbh buachaill tapaidh agaibh, a dhéanfadh cur is treabhadh díbh,
Nó scraiste buí na pótaireachta, nach dtiocfadh as toigh an óil libh.

VII

Níor chuir mé mo chulaith gheal orm, ariamh ó rinn mé an pósadh,
Nó mo bhróga dubha daite, ag gabháil chun 'Aifrinn domh Dé Domhnaigh,
Nuair a chastar scaifte cailín domh, ina seasamh ar an bhóthar,
Nár aifrí an Rí mo pheaca orm, 'sé mian mo chroí a bheith leofa.

VIII

Thug tú neach amuigh is istigh domh, is sháraigh tú na bréaga,
Níor fhág tú caoi nó deis orm, a ndéanfainn geal do léinidh,
Ag reathaidh mar a bheadh bacach ann, i ndoras achan aon toighe,
Ag fiafraigh do na cailleachaí, an bhfuil acu dúdóg réitith'.[4]

Amhrán 22.

Liostáil mé le Sáirsint

I

Liostáil mé le Sáirsint, mar bhí mé beag óg,
Chuaigh mé leis thar sáile, mo chreach agus mo bhrón,
Fuair mé gunna sásta, is claíomh ghéar a rabh barr air,
Shíl mé go mb'fhearr sin nó Contae Mhaigh Eo.

II

Is buartha, buartha m'intinn gan mo mhuintir de mo chóir,
Bunadh na tíre ag fanóid orm, is beidh lena ló,
Go bhfásaidh úllaí milse ar bharraibh crannra fuinseoige,
Ní phillfidh mé go héag ar Chontae Mhaigh Eo.

III

Má tá tú ag gabháil go Connachta, tabhair ruaig chun 'Fháil Mhóir,
Inis do mo mhuintir go bhfuil mé faoi bhrón,
Go bhfuil mé tinn, tréithlag gan duine ar bith le héagaoint domh,
Is mé ag smaoitiú fríd mo néaltaí ar Chontae Mhaigh Eo.

IV

Go dtigidh Cnoc na Cruaiche ar cuairt chun 'Fháil Mhóir,
Go dtigidh Cnoc na Luachra a bhuachailleacht na mbó,
Go dtigidh Cnoc Bhéal Séad ar bhád go Loch Éirne,
Mo chumhaidh ní scarfaidh go héag uait a Chontae Mhaigh Eo.[1]

Amhrán 23.

Siubhán Nig Uidhir

I

A Shiubhán Nig Uidhir is tú bun agus barr mo scéil,
Ar mhná do chinidh go dtug tú an *sway* go léir,
Le gile, le finne, le maise is le glór do bhéil,
Nach mise an trua Mhuire is mé ag scarúint amárach léi.

II

Gan bó, gan gamhain, i mo[1] leanbh gur fágadh mé,
Má bhí spré acu ní agam a d'fhág siad é,
Ag gabháil siar a chois chladaigh domh b'aigeantach ard mo léim,
Beidh bean agam nó ceathrar más áin liom é.

III

Saighdiúir singil mé a briseadh as garda an Rí,
Don ré pínn agam[2] a bhéarfainn ar chárta dí,
Bhuailfinn an droma, agus sheinnfinn ar chláirsigh chaoin,
Gur ag Currach Chill Dara a scar mé le grá mo chroí.

IV

A Rí na gCarad nár dheas an rud pílí mná,
Sínte ar leabaidh leat eadar meán oíche is lá,
'Sí chuirfeadh lámh tharat a chealgfadh an croí in do lár,
'Sí bhréagfadh an babaí bán deas, is a shníomhfadh an snáth.

V

I gcúrsaí ban talaimh de is beag de mhaith iad le fáil,
Ag buachaillí scaite nach mbíonn acu talamh nó tráigh,
Spleoid ar an fholaimh is mairg a mbíonn sí dó i ndán,
Ó bhréagfas bean leanbh gur beag uirthi sníomh an tsnáth.

VI

Dá mbíodh fhios agam aréir go rabh tusa ag teacht,
D'fhosclóchainn an doras is ligfinn tú fhéin isteach,
Bhéarfainn póg mhilis do imeall do bhéilín deas,
Chóireochainn leabaidh is luífinn gan leinidh leat.

VII

Míle slán folláin do theacht ins an oíche aréir,
Mé suite ar leabaidh le cailín a bhí ag inse an scéil,
Bhreoigh sí, mhearaigh sí, lagaigh sí m'intinn fhéin,
'Sí mo ghrá folaith' í, is doiligh domh scarúint léi.

VIII

A Shiubhán Nig Uidhir ar mhiste leat mé a bheith tinn,
Mo bhrón más miste liom thusa a bheith sínte i gcill,
Bróinte is muilte a bheith scilleadh ar thaobh do chinn,
Cead a bheith in Iorras go dtigidh Síol Éabha chun cinn.

IX

Dá bhfeicfeadh sibh an ghiorsach ina seasamh ar shráid an Rí,
Bhí gúna breac uirthi folaith' de thrilsí buí,
An ghrian is an ghealach le maise gur athraigh siad,
Nárbh aoibhinn m'aigne ag síneadh le grá mo chroí.

X

Fágaim ar m'fhallaing nach bpósaim bean ghránna ar bith,
Mar gheall ar mhaoin eallaí nach maireann ach ráithe domh,
Mur bhfaighidh mise bannaí gan sneachta a bheith ar m'fhónamh amuigh,
Gan poll, gan abar, gan gadaí ná tóir ar bith.

XI

Bhí mé lá fada is mé ag tarraingt chun 'aonaigh mhóir,
A dhíol is a cheannacht mar a tháinig mo dhaoiní romham,
Bhuail tart ar an bhealach mé is shuigh mise síos a dh'ól,
Gur le Siubhán Nig Uidhir a d'ól mise luach mo bhróg.

XII[3]

Thiar in Iorras tá teach ag mo ghrá geal fhéin,
Planda an linbh a d'eitigh mé a phósadh aréir,
Tá ceist agam uirthi gur minic a phóg mé a béal,
Mur bpósfaidh sí anois mé, beidh sí gan mórán spré.

XIII

Cheannóchainn gearrán go luath ar maidin Dé Luain,
Dhéanfainnse coite a mhairfidh le saol na bhfear,
Dá mbáfaí mise gan coite nár mhór an scéal,
Go mbeadh an chuid eile acu ag sileadh na súl i mo dhiaidh.

XIV

A chuach na finne má d'imigh tú a dhéanamh nead,
Siar go hIorras an áit a gcodlaíonn an éanlaith seal,
A ghiorrsach bheag bheadaí a bhíodh ag reathaidh i ndiaidh na bhfear,
Scríobh chugam go tapaidh an cosúil liom fhéin mo mhac.

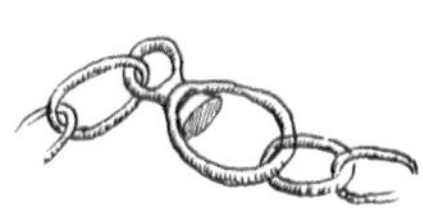

Amhrán 24.

Má Théann[1] tú chun 'Aonaigh

I

Má théann tú chun 'aonaigh, bíodh an chaora leat, a holann is a huan,
Má théann tú chun pléisiúir, bíodh do chéile leat ar thoiseach an tsaoil úir,
Bíodh sí críonna, lách, aoibhiúil, is molfar as sin thú,[2]
An mhaoin a choíche ná santaigh is ná mealltar léithi thú.

II

Tá grá agam ar Mháire Bhán le fada, fada ariamh,
Níor lig an náire domh trácht air go dtí anois le bliain,
A chúil na bhfáinní is tú is áilne nó an ghealach is an ghrian,
Nár chloíte an bás a bhí i ndán domh dá mbeinnse beo i do dhiaidh.

III

Tógfaimid ár seóltaí agus rachaidh thar an tsliabh,
Beidh ár gcomharsanaí uilig buartha go bpillimid aríst,
Nár dheas an rud an óige dá teannadh le do chroí,
A stór mo chroí ar chionn boird agam, is mé ag ól a cuid den tsaol.

IV

Dá mbíodh lán an Fháil Bháin agam de dh'eallach is de mhaoin,
Is a lán sin eile phláta de ghiníacha buí,
Is mór is fearr liom mar atá mé gan chiste ar bith nó maoin,
Ach an cárta a bheith i ngach lámh liom, is mé ag ól mo chupáin siar.

V

Má phósann tú an t-ógfhear arb ainm dó Brian,
Má phósann, 'sé is dóigh liom gur chaill tú do chiall,
Pionann eorna lá fómhair is níor cheangal sé ariamh,
Chun na móna níor sheol sé a chuid eallaí le bliain.

VI

Is fada salach an bealach ó seo siar go dtí an Bhóinn,
'Sé thug mo sháith domh gach maidin is gach neoin,
Guím-sa Peadair atá sa chathaoir, agus a bheas lena ló,
Ar chasán do leasa a choích', nár chuiridh sé thú a ógánaigh óig.

VII

Ar chois choilleadh má chastar duit buachaill deas óg,
Pearsa eaglaise nó duine ar bith, is ní áirím buachaill bó,
A Rí na gCarad caidé an dolaidh atá domh a bheith ag comhrá leo,
Gurb é an fear udaí eile a lagaigh mé is a d'fhág mé faoi bhrón.

VIII

Deir cuid acu is cuid eile acu nach bhfaighim-sa a dhul anonn,
Deir cuid eile acu nach dtig fá mo dhéin coite, bád nó long,
Dá mbeinn díomhaoin go dtigeadh an díle, is gan díon a bheith os mo chionn,
A chiacais dhílis nárbh aoibhinn domh ach grá mo chroí a bheith liom.

IX[3]

A ansacht cérbh ansa leat fear eile ná mé fhéin,
Gur tú an planda udaí a shantaigh mé i dtoiseach de mo shaol,
Thug mé *fancy* duit gan amhras, mar bhí mé óg gan chéill,
Focal cáinte nach rabh os a chionn ag an té a mholfadh duit ach mé.

X

Teacht an earraigh glac an talamh is dhéanfad fáras dúinn fhéin,
Beidh ár mbunadh uilig ag moladh linn gur maith a dhéanfainn é,
Níl an togha ar mhná an domhain, is beidh mo roghain agam fhéin,
Ní ins an chruth a bíos an margadh, ach fáil amach a méin.

XI[4]

A chéad searc ní féidir go gcodlaíonn tú an oích',
Nó nach léar duit na saighde ag gabháil fríd cheartlár mo chroí,
Tá mé i bpéin ag an Éirne, is tá an arraing do mo chloí,[5]
Bím ag éisteacht le héanacha na coilleadh ag gabháil a luí.

Amhrán 25.

Ceithre Ráithe na Bliana

I[1]

Tá an t-earrach ag saothrú is ag síorchur an tsíl,
Agus sílidh sé fhéin gurb aige a bheas buaidh,
An samhradh ina dhiaidh sin ag borradh is a líonadh,
Is an fómhar go faobhrach ag gearradh anuas.
Is fada mé fhéin agus mo dhá chluais ag éisteacht,
Le ceithre ráithe na bliana a bheith in imreas go cruaidh,
Bhí an urraim dá héileamh le tabhairt don té,
Ní bhfuair ariamh aon acu an *gift* a thabhairt uaigh.

II

A chraosaire bhréagaigh a bhain an lasadh as m'éadan,
Le loime, le géire, le fearthainn is le fuacht,
An áit a mbíonn dídean is fáras ag éanlaith,
Is ar áilne na gréine go gcuirfeá drochshnua.
A sheascaire éagóir[2] ní thaobhfaidh mé fhéin leat,
Gur faoi imeall mo ghéagsa a sheinneas an chuach,
Mise a bhí tréarthach, cuirim fórsa ionsar ghéagaibh,
Le mo linn go dtig féar agus bainne ionsar bhuaibh.

III

Arsa an geimhreadh go hacmhainneach, is mé is féile dá bhfaca sibh,
Is agam atá an urraim, agus umhlaigí in am,
A dteárn sibhse a sholáthar ariamh ó le fada,
Le féile go flaithiúil go scabtar gan mhoill.
Ní rabh mise agaibh in aimsir na ró samh,[3]
Nó in aimsir na brota, a bhí gortach gach am,
Ach ag síorchruinniú leasa, a chuirfeadh daor ar na measaibh,
Sméara is sú craobh, is gach a mbíonn ann.

Amhrán 26.

Nansaí Tomás[1]

I

A Nansaí a ghrá déan lá liom fhéin gan mhoill,
Ná lig mo bhás, tarrtháil mé ón chill,
Ní iarrfainn go brách ní b'fhearr ná í a bheith liom,
Dá bhfaighinnse páipéar láidir scríofa ón pheann.

II

A Nansaí Thomáis a dheabhean uasal ann,
Tar chugam ar cuairt anuas faoi bhruach an ailt,
Mur bhfaighidh tú suairceas fá bharr na míne is greann,
Bain thusa an chluas anuas de thaobh mo chinn.

III

Shíl mé nár fhás aon phlanda aníos as coill,
Nó ní ar bith eile a ba deise nó mo chailín deas donn,
Mur bhfaighidh mé sásamh, lámh a fháil faoina cionn,
Beidh mé ins na gárthacha an lá sin ag síneadh liom.

IV

Ag an phobal Dé Domhnaigh, a Rí nár aifrí tú an smaoitiú mall,
Bím do do choimheád[2] i ngan fhios uaim suas faoi choim,
Ag smaoitiú nach bhfacthas do leithéid ó Dhoire chun na gCeall,[3]
Is trua gan mo leiceann sínte leat seal oíche ar faill.

Amhrán 27.

An tSeanbhean Aosta

I

A sheanbhean aosta mo mhíle milleadh ort,
Ag luí san oíche is ag éirí ar maidin duit,
Do chos go leontar is do lámh[1] go mbristear,
Is a sheanbhean aosta mo mhíle deacair ort.

II

Gheall an tseanbhean mo phlanda a chealgadh,
Gan gráinín arbhair nó gráinín eorna,
Ach le sú craobh is le sú talún,[2]
Le húllaí garraí is le bric mhalacha.

III

Gheall an tseanbhean airgead is ór domh,
Gheall an tseanbhean gach uile sheort domh,
Gheall sí go ndíolfadh sí an phínn a d'ólfainn,
'Sí grá mo chroí go síoraí an óige.

IV

Gheall an tseanbhean ní ba doiligh di,
Loingis óir a chur faoi sheoltaí airgid,
Dhá bhaile dhéag a thabhairt domh de bhailte margaidh,
Is baile cuain acu a chois na farraige.

V

Gheall an tseanbhean, is rinn sí bréag liom,
Go gcuirfeadh sí lámha de chraiceann gé orm,
Go gcuirfeadh sí bróga de chraiceann éisc orm,
Is gúna cuileogach ar dhath na spéire.

VI

Ag éirí amach domhsa go cúl an gharaí,
Casadh an tseanbhean domh is í marbh báite,
Lig mise orm fhéin gur mé a bhí cráite,
Is chualaigh an saol mór mo chroí-sa ag gáirí.

VII[3]

Nuair a théim-sa go hAifreann Dé Domhnaigh,
Agus amharcaim uaim ar na cailíní óga,
Bí mo chroí agam go dtigidh an tráthnóna,
Is go n-amharcaim suas ins an stuaic ar an chailligh.

Amhrán 28.

Sráid an Bhuachaill Ruaidh

I

Bhí mé lá gan amhras, ag siúl Sráid an Bhuachaill Ruaidh,
Maidin chiúin sa tsamhradh, dar liom bhí an drúcht ina luí,
Tharlaigh domhsa an planda, a ba deise is ab áilne gnaoi,
'Sé mo léan dubh géar is m'aimhleas, 'sí an ainnir í a chráigh mo chroí.

II

Is mithid liom feasta trácht, ar an ghrá udaí a thug mé uaim,
Do chailín óg san áit seo, 'sí d'fhág mo chroí ina ghual,
Mur bhfaighidh mé póg is fáilte, in áit a dtug mé uaim,
Buachaill bocht gan fáras mé, ag siúl Sráid an Bhuachaill Ruaidh.

III

Shiúlfainn fál fá Éirinn léithi, is dhá dtrian na Gréige thall,
Rachainn ar an Éirne léithi, dá mb'fhéidir domh fáil ann,
Bhéarfainn briathra béil daoithe, ach mo lámh a fháil faoina cionn,
Is ní iarrfainn bó mar spré léithi, ach cead síneadh lena com.

IV

Drochmhúineadh ar an tseanduine, nár cheannaigh tuilleadh bó,
Bheadh sléibhte fada fairsing aige,[1] is innilt mhaith go leor,
Dá mba liomsa Dúiche Chonghaile, is páirt den Mhullach Mhór,
Go dtréigfinn fhéin an seanduine, is go leanfainn an buachaill óg.

V

Dá mbeadh bó nó dhó ag mo stórsa, is deas a sheolfainn iad ar faill,
Níorbh fhearr liom ag gabháil á seoladh, nó seal ag déanamh grinn,
Nuair a théim go toigh an óil, is mall a smaoitím ar an chlann,
Ná go dtabharfainn a gcroí tráthnóna daofa, le stróic den bhata chall.

VI

Dá gcastaí cailín barúil domh, a mbeadh lasadh ina gruaidh,
Dá mbeadh aici ór is airgead, le scabadh ar an tsluaigh,
Bhéarfainn comhrá blasta daoithe, a thaiteanfadh lena croí,
Fuagraigí fear eile uirthi, is ná samhlaigí domh í.

VII

'Sé Johnny Bán an t-ógánach, le spórt agus le greann,
'Sé bhréagfadh na mná óga, le glórthaí deas a chinn,
Thug sé an *sway* ón Bhóinn leis, ó sin ar ais go Gleann,
Is go mb'fhearr liom seal ag ól leis, ná i gcóistí Thiarna Cinn.

Amhrán 29.

Risteard Ó Bruithne

I

Mora na maidine duit ar maidin, a spéirbhean chiúin,
Níor shocair mo chodladh is mé i gCúige Mumhan,
Más den chine nó den fhortún, a gheall an Rí domh thú,
Deasaigh a ghrá go deas orm, nó go dtéighidh mé chun siúil.

II

Sula ndeasaigh mé go deas ort, nó go dtéighidh mé chun siúil,
Tabhair d'ainm[1] is do shloinne domh fhéin ar tús,
Mise Risteard Ó Bruithne as Cúige Mumhan,
A bhfuil caisleáin fhada gheala agam, agus iarlaí ag gabháil fúm.

III

A stáidbhean ná bíodh cás ort, nó gheobhaidh tú go fóill,
Beidh síoda go hard ort, is muislín go leor,
Beidh grúraí[2] arda faoi do shála, is iad snoite le hór,
Ar sráidbhaile ná bíodh cás ort, nó is mise do stór.

IV

Sin rud is níor chleacht mise ariamh go fóill,
Gúnaí geala nó rubaill bhreaca nó síoda nó sról,
Ach an hata a bheith san fhaisiún, is buclaí a bheith i mbróig,
An dubh is an dearg, sin an onóir a bhí mór go leor.

V

Tá céad bean in Éirinn níos fearr nó thú,
A tógadh go haerach ar chlár na Mumhan,
Is beag an spéis a chuir mé ariamh in do cháilíocht chiúin,
Gur as meadhg bainne caorach a fáisceadh thú.

Amhrán 30.

Ciotaí as Árainn Mhóir[1]

I

Nuair a éirím go luath bíonn tuaim na meisce in mo chionn,
Amharcaim uaim faoi bhruach na coilleadh ud thall,
Titfidh an ghruaig anuas ina sruth le mo chionn,
Is leabaidh domh an uaigh nuair a scarfas sí liom.

II

Go dtigidh an Cháisc i lár an fhómhair bhuí,
Is go dtigidh an Fhéil' Pádraig lá nó dhó ina dhiaidh,
Go bhfásaidh an bláth bán fríd lár mo chomhrach aníos,
Cumhaidh mo mhná go brách is ní chuirfidh mé díom.

III

Tá mise ag imeacht is níl duine nó créatúr liom,
A Eoin cé gur geanúil thú ní fhanfaidh tú an oíche agam ann,
Nach trua mo chuid leanbh, is go mbeidh bean eile os a gcionn,
Is nach dall mur dtuigse nó beidh mise buartha i gcill.

IV

A dhearthháir dhílis dá bhfeicfeá sa teampall í,
Bhí ribíní uaisle anuas fán cheann uirthi,
Bhí gach dlaoi dá gruaig ina duail is ina trilsí buí,
'Sé mo scéal trua, ní bhfuair mé caint aici.

V

'Sé do bheatha chun an bhaile seo, a Chiotaí as Árainn Mhóir,
Bean ar do chine a chaith seal ins an áit seo romhat,
A mbéarfaidh do dhá láimh air, ná déan de ciste nó stór,
Bí i do chionn do na leinbh, is déan áit na máthara dóibh.

Amhrán 31.

Ansacht na nAnsacht

I

A ansacht na n-ansacht a dtug mé m'ansacht uilig go léir duit,
Nár leor duitse mo mhealladh is gan fealladh ar ais ina dhiaidh sin,
Anois ó tá mé folamh is m'intinn lán bhuartha,
Is mé ag amharc ar mo leannán ag an fhear eile dá bréagadh.

II

Éireochaidh mé amárach le bánú an lae ghil,
Fuígfidh mé mo bheannacht ag cailíní an taobh seo,
Bhéarfaidh mé an ruaig sin thart suas go Gleann Éinnigh,[1]
Don ré go bpillfidh anuas díom,[2] go ngoiridh an chuach i ngach uile réagún.

III

Mar bhláth bán na n-áirní a fhásas i dtús an tsamhraidh,
Nó mar a bhíos an eala bhán, a bhíos ag snámh ar na leanntraí,[3]
Mar ghrian os cionn an tsáile, nó mar dhealramh ag gabháil timpeall,
Siúd mar a bhíos mo ghrása ag déanamh rámhailligh ina hintinn.

IV

Gluaisigí chun mo thórraimh tráthnóna Dé hAoine,
Nó go luath, luath Dé Domhnaigh fá na bóithre mar is mian libh,
Bíodh Neilí Bán mo stór libh agus ógmhná uilig na tíre,
Go mbeidh mé ag éisteacht le bhur nglórthaí faoin fhód is mé sínte.

Amhrán 32.

Níl sé 'na Lá

I

Chuaigh mé isteach i dteach aréir,
D'iarr mé cárta ar mhnaoi an leanna,
'Sé dúirt sí liom, "don ré deor,
Buail a bóthar is gabh abhaile."
Curfá: Níl sé 'na lá ná 'na lá,
Níl sé 'na lá ná 'na mhaidin,
Níl sé 'na lá ná fá leathuair dó,
Nó ní mó ná uair ó d'éirigh an ghealach.

II

Chuir mé mo lámh in mo phóca,
Is d'iarr mé uirthi briseadh coróin,
'Sé dúirt sí liom, "bí i do shuí,
Gheobhaidh tú ón chárta go dtí an galún."
Curfá:

III

Nár mhór an mheisce a bhí ar an mhnaoi sin,
Nuair a shíl sí gurbh í an mhaidin,
Mo fhocal díbh a chairde gaoil,
Nach bhfuil sé ach uair ó d'éirigh an ghealach.
Curfá:

IV

Éirigh i do shuí a fhir an toigh',
Cuir ort do bhriste agus do chasóg,
Go gcoinnidh tú ceol leis a duine chóir,
A bheas ag ól anseo go maidin.
Curfá:

V

Ná héirigh i do shuí a fhir an toigh',
Ná cuir ort do bhríste nó do chasóg,
Ná don ré deor a théid in do scóig,
Dá mbeinnse ag ól anseo go maidin.
Curfá:

VI

Tráth a théim síos, tráth a théim suas,
Tráth a théim ar cuairt go Cor Abair,[1]
Tráth a théid bean an toighe chun suain,
Sínim suas lena cailín.
Curfá:

VII

Tá na caoirigh leis na maoraí,
Tá na gamhna ag ól an bhainne,
Tá mo bhean le fir na tíre,[2]
Is mithid domh éirí is a dhul abhaile.
Curfá:

VIII

Nach mór an croí a fuair Éamonn Creepy,
Síneadh síos le Siubhán Bhacaigh,[3]
Ag iarraidh uirthi a bheith ina suí,
Go rabh fir na tíre ag baint an mbataí.
Curfá:

Amhrán 33.

Tiocfaidh an Samhradh

I

Dá mbeadh ceathrar agus fiche acu ar aon bhaile amháin,
Is ar an bhean a ba deise acu a leagfainn lámh,
Bí blas na meala uirthi agus boladh breá,
Nach í an *posy* álainn í atá doiligh a fháil.

II

Shiúil mé thoir agus shiúil mé thiar,
Shiúil mé Connachta agus Baile Átha Cliath,
Shiúil mé an baile seo fá dhó le bliain,
Ag iarraidh an chailín a bhain díom mo chiall.

III

Scairt mé aréir ag an doras thall,
Scairt mé arís ar mo mhíle geall,
'Sé dúirt a deadaí liom nach rabh sí ann,
Nó gur éalaigh sí aréir leis an bhuachaill donn.

IV

Tiocfaidh an samhradh agus fásfaigh an féar,
Tiocfaidh duilliúr glas ar bharr na gcraobh,
Tiocfaidh mo ghrása le fáinne an lae,
Éalóchaidh mise léithi más áin liom é.

V

Tá an oíche seo dorcha agus beidh go lá,
Tá agam fhéin le dhul a dh'iarraidh mná,
Ionsar Mhac Fhionlaoich a bhfuil aige a sháith,
Go bhfaighidh mé Máire uaidh ná faoina láimh.

VI

Is trua nach bhfuil mé is mo fhaoileán bhán,
San áit nárbh eagal dúinn a choíche an bás,
I gCuige Laighin nó ag Béal an Átha,
Nó ar bord loinge ag triall go Meiriceá.

VII

Brón ar an fharraige seo, is í atá mór,
'Sí chuaigh eadar mé agus mo mhíle stór,
'Sí d'fhág ar an bhaile seo mé ag déanamh bróin,
Tá mo chulaith gheal orm, is mé réidh chun siúil.

VIII

Cuirim pleoid ar do chumann gearr,
Pleoid i bhfad uaim ort a mhíle grá,
Dá dtugfá do gheallstan mar a bhí tú a ráidht,
Go mbeadh teach mór againn faoi bhruach na trá.

IX

Cuirim mo bheannacht chun na tíre ud siar,
Ionsar mo bhunadh, má tá siad ann,
Go mbeidh mé sa bhaile acu go luath Dé Luain,
Mo chulaith gheal orm is mé réidh chun siúil.

X

Is óg agus is óg a chuir mé dúil i ngreann,
Dhéanfainn súgradh le mo rún ar faill,
Níl baile cuain ar bith dá ngluaisinn ann,
Nach bhfaighinn maighdean óg ann ar bhuidéal dram.

Amhrán 34.

Máire Bhruinneall [1][1]

I

Is trua nach bhfuil mé agus planda an leinbh,
Taobh thiar de Inis Chúl Fhánaid,[2]
Ag béal na binne le bruach na toinne,
Is sinn ag dúil le loingis thar sáile.
Ar mhéad ár gcumann gan aon rún orainn,
Ach géag den duilliúr ár sábháil,
Gurb é a déarfadh gach duine gur lách ár n-imeacht,
Mar a d'éalaigh Diarmaid is Gráinne.

II

Tá planda geanúil san áit seo a bhfuil mé,
Ar ndóiche thug mise grá di,
Grá go dtug mé do bhláth na gile,
Is go brách nach dtig liomsa a réiteach.
'Sé fáth mo thuirse nach bhfaighim cead fuireacht,
San áit a gcluinfinn na scéala,
Go mb'fhearr liom tamallt de lá os a coinne,
Ná ar fhás de chruithneacht in Éirinn.

III

A Mháire bhruinneall, bhí lá is ní chuirfeá,
Mo tháin ó Dhoire go hÉirne,
Gurb é an stá a bhíodh orainn, bróga ard is buclaí,
Is ní áirím culaith mhaith éadaigh.
Sháraigh sin orm, bhí grá gach duine agam,
Is mná na cruinne gur thréig mé,
Is trua nach bhfuil mé sa teampall curtha,
Mo chairde uilig ag pilleadh is iad buartha.

IV

Tá a píob is a brollach ar shlí na heala,
Nár smaoitigh ariamh mailís a dhéanamh,
Tá dhá chíoch gainimh airíst ina brollach,[3]
Mar a bheadh siad sneachta na haon oíche.
Tháinig sí an chaoinbhean go colbha mo leapa,
Is chuaigh sí a dh'amharc ar mo léinidh,
Nárbh aoibhinn m'aigne dá mbíodh sí in m'aice agam,
Is mé a bheith gan bhacaíl gan léithi.

V

Tá géag nár fionnaíodh ar thaobh na toinne,
An taobh seo a bhfuil sí de Gháigín,[4]
Tá méid mar dhuine inti, scéimh agus sonas,
Ní áirím miotal is áilne.
Tá déad is gile aici, a méin is a maise,
Nach í a chuir maise ar na mná uilig,
Nár mhéanra don fhear udaí a bheadh ag fuireacht,
Lena scéimh a phronnadh ar Mháire.

Amhrán 35.

Connlach Ghlas an Fhómhair

I

Ar chonnlach ghlas an fhómhair, a stóirín tráth dearcaim uaim,
Ba deas do chos i mbróig, is ba ródheas do leagan siúil,
Do ghruaidh mar na rósaí, is do choirnín trom fite dlúith,
Is trua gan sinn dár bpósadh, nó ar bord loinge ag triall chun siúil.

II

Gura slán don bhliain anuraidh, ní rabh tuirse orainn nó mórán cumhaidh,
Bhí cuach as Contae Shligigh againn, agus cuach bheag eile as Contae an Dúin,
Níor ordaigh an Rí nó duine domh, fideal a fháil nó cláirseach cheoil,
Ach d'ordaigh sé bean domh, a chuideochadh mo shláinte a ól.

III

Tá buachaillí na háite seo, ag athrú is ag éirí teann,
Lucht na hataí arda, ag déanamh fárais do mo chailín donn,
Go ngluaisfidh Rí na Spáinne iad, thar sáile is a chabhlaigh cruinn,
Go mbrúfainn féar is fásach, is bheinn ar láimh le mo chailín donn.

IV

Chuir mé litir scríofa, ionsar mo ghrá geal is cuntas géar,
Chuir sí chugam arís, go rabh a croí istigh i lár mo chléibh,
A choim[1] is gile mhíne, nó an síoda ná clúimh na n-éan,
Is trom an osna a ním-sa,[2] nuair a smaoitím ar scarúint léi.

Amhrán 36.

Máire Nic Comhaill[1]

I

Má théim-sa a dh'ól sáile na háite níos mó,
Ní bheidh seachrán ar m'fháras, tá fáilte ansin romham,
Ar an taobh abhus den Fhearthainn ar ardú an róid,
Tá banríon na háite sin, Máire Nic Comhaill.

II

Shiúil mise a lán ón tSrath Bán go Tír Eoghain,
Ó Dhoire go Málainn is go Béal an Átha Mhóir,
Is a bhfaca mé de mhná deasa ar an fhad sin le feabhas,
Gurb í a thug an bál orthu, Máire Nic Comhaill.

III

Pleoid ort a Mháire is tú a d'fhág mé gan dóigh,
Imeacht Dé Máirt uaim is mé a fhágáil faoi bhrón,
Níor fhan beo díomsa ach mo scáile, is d'athraigh mo ghlór,
Le cumhaidh i ndiaidh na háite sin, Máire Nic Comhaill.

IV

Anois ó tá mé sáraith', is ní dhéanfad níos mó,
Ní bréag ar bith nó áibhéil a dtearn mé go fóill,
Guímse Naomh Pádraig atá go hard ins an ghlóir,
Go ndéanaidh sé dídean i bParthas do Mháire Nic Comhaill.

Amhrán 37.

Tuirne Mháire

I

'Sé tuirne Mháire an tuirne sásta,
Shiúil sé[1] páirt mhór d'Éirinn,
Níl clúid nó cearn a rabh san áit,
Nach rabh sé seal dá fhéachaint.
Bhí sé lá in Abhaill Uí Mháille, [2]
I mullaigh gach ardán sléibhe,
Is gur as Béal an Átha a bhí an tsiofróg mhná,
A shníomhadh leis ábhar léineadh.

II

A Mháire a rún, tá an Nollaig ar tús,
Anois le cúnamh an áirneáil,
Tiocfaidh do thuirne abhaile Dé Luain,
Beidh trí cosa úr ón Spáinn ann.
Beidh rotha as Sligeach ann, fearsaid as Luimneach,
Eiteán as Abhaill Uí Mháille,
Sreang den tsíoda ab fhearr a shníomhfadh,
A chailíní an bhfuil sibh sásta.

III

Nach é sin an tuirne a bhí doiligh a *humouráil*
Le ráfla, lúta is mársáil,
Marcaigh chiúine ag siúl go dlúth,
I mbotháin chúnga ag áirneáil.
Dara bpointe siúlach nuair a fuair sé an úim,
Ag freastal triúr ag cárdáil,
M'fhearsaid úr gur cham is gur lúb,
Is ní rabh sé in mo chumhacht a tarrtháil.

IV

Ar shagart na paráiste a d'fhuígfinnse an damáiste,
Nár chaith bunáite an lae leis,
Má bhí sé ina chumhacht an Oifige a dhéanamh,
Nó an drong seo a dhíbirt uainne.
Is aige atá an órtha atá doiligh a fhoghlaim,
Is bainidh sí den ócáid chéanna,
Más fíor don eolaí beidh na spócaí,
Ins na spéarthaí ag léimní.

V

Gur i gclúid sin Mháire, a bhí an tús pléaráca,
Ar uaigneas lár na hoíche,
Bhí graepaí is spádaí, pící is rácaí,
Ag rúscadh cnámha daoiní.
Bhí Aodh agus Máire ann, Feargal Gearr,
Is Méabha i lár na gríosadh,
Go dtógadh Pádraic Eoghan Ó Hárai,
I gcónaí a dhéanamh síocháin.[3]

Amhrán 38.

Fóill, Fóill a Róise

I[1]

Thiar i mbruach an tsléibhe atá an ainnir mhaiseach bhéasach,
A dtug mo chroí-sa spéis di dá mb'fhéidir domh a fáil,
Tá cúl buí casta craobhach fite síos go féar léithi,
Is a dhá chíoch corra gléigeal mar an fhaoileán ar an trá.

II

Tá go maith a Róise go n-ólaidh an dall do chlóca,[2]
Ní fhuígfidh sé in do phóca-sa feoirlín nó pínn,
Beidh tú gach oíche Dhomhnaigh is binn den bhrat mar sheol ort,
Ag súil le do chomharsanaí, ag tógáil do chís.

III

Fóill, fóill a Róise ná creid thusa na bréaga,
Cuirfidh siad i gcéill duit an méid is féidir dófa a rá,
Má chaill mise an radharc níor chaill mé luth na méar,
Bhéarfaidh ól ar aontaí duit is pléisiúr do sháith.

IV

Nuair a bheas scafairí gan chéill acu ar shiúl ag iarraidh déirce,
Is a mbaineann ar an tsaol dóibh ní bheidh acu pínn,
Beidh mise agus mo chéad searc, agus ór againn ina chéadtaí,
Leapacha clúimh éan againn in éadan ár dtoigh.

V

D'éirigh an níon go dána agus labhair sí lena hathair,
A Dheaidí ná bíodh cás ort fán rud sin atá mé a thriall,
An fear a bhí tú a rá liom ní phósfaidh mé go brách é,
Go dtigidh Rí na Spáinne is na Francaigh ina dhiaidh.

VI

A níon óg na páirte an rud a ba doiligh liom a rá leat,
'Sé mheasaim ar an lá seo gur chaill tú do chiall,
Ach ós ní é a bheas déanta, is gan gar dúinn a bheith ag trácht air,
Cuir rópa fána lár air, agus bí a *hauláil* i do dhiaidh.[3]

VII

Nach mise a bheas brónach ag amharc ar mo stóirín,
Gan uirthi fiú na bróga nó aon chóta lena saol,
Dá nglacfadh sí mo chomhairle is an buachaill óg a phósadh,
Go mbeadh sí go deo, deo ag ól a cuid fíon.

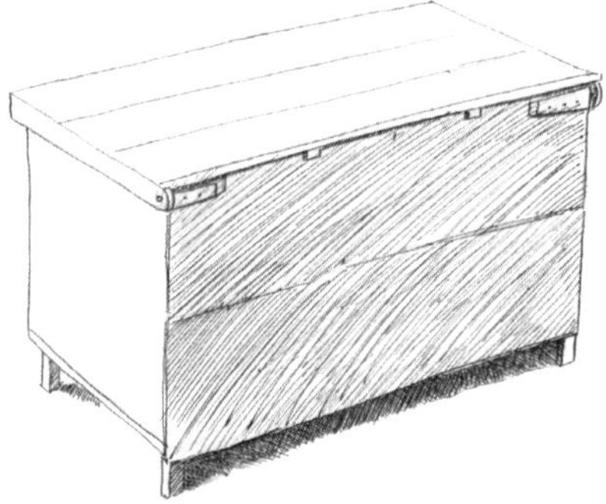

Amhrán 39.

Malaidh an tSléibh' Báin

I

Rachaidh mé chun 'Aifrinn amárach, go bhfeicidh mé bláth na gcraobh,
Nó go n-insidh mé i gcogar dá máthairín, go dteachaidh a grá in mo chroí.
Nuair nach thusa a bhí i ndán domh, gur thréig mé mo chairde gaoil,
Scaoilfidh mé súgradh le fánaidh, is mo bheannacht le mná an tsaoil.

II

Is trua nach in Inis Bó Báine, atá teach ag mo chairde gaoil,
Molly a bheith amuigh ar an trá, nó go gcuirinn an bád ina diaidh.
Choinneochainn amuigh naoi lá í,[1] ag gol is ag gártha i bpéin,
Mar a d'fhág Molly mise do mo shárú,[2] ar mhalaidh an tSléibh' Báin aréir.

III

Dá mbíodh fhios ag d'athair, a Sheáin, go rabh tú ar an tsnámh aréir,
I do dhiaidh-sa go gcuirfeadh sé an bád, agus foireann mhaith shásta léi.
Cead pilleadh abhaile dá mba é ab fhearr leat, is go bhfaighfeá táinte an tsaol,
Cúig phunta den airgead bhán, agus cead codladh le bláth na gcraobh.

IV[3]

Nach mór ar a phobal seo a d'fhág sí, níl aon bhean bhreá ina déidh,
Le gile, le fine, le báine, ba deise í ná bláth na gcraobh.
Ba rógheall a brollach is a bráid, níorbh ionann í is na cathail bhuí,
Bhí chuid eile de na cailíní bána, ag tabhairt solais frid lár an toighe.

V

Cé a chuaigh tharam sa ród, ach siolladh nó dhó de mhnaoi,
Ba ghile í nó an eala ar mhónaidh, bhí dealramh den ór ina dlaoi.
Bhí dhá chíoch uirthi is níor mhór, ina seasamh ar chórthaí croí,
Gur mhilse liom blaiseadh dá póig, nó mil bheach ar bhordaí an Rí.

VI

'Sé mo léan millidh is mo chrá, nach bhfeicim-sa a scáile ag triall,
Anuas le malaidh an tSléibh' Báin, nó aicearra ag an Mhám seo thiar.
'Sé mo chroí atá lag in mo lár, is níor chodlaigh mé aon támh le bliain,
Is a Mholly mur bpillidh gan spás, go mbeidh mé faoi chlár i do dhiaidh.

VII

Rachaidh mé síos chun na Claidí, nó aníos chun 'tSrath Bán aríst,
Nach ródheas a d'ólfainn do shláinte-sa, mur bhfaigheann ach an cárta dí.
Go Gleann Fhinne go bpillidh mé slán, is ann a gheobhainn fáilte mí,
Nach í an ainnir í a thabhaigh[4] domh an grá, a d'fhág ceangailte mé i mBeárn Chró Shlí.

VIII

Seo aisling a chonaic mé aréir, ar leabaidh agus mé i mo luí,
Tháinig sí chugam do mo fhéachaint,[5] ainnir an chraobh fhoilt bhuí.
Mo shnua go rabh uirthi is mo ghné,[6] is a leithéid ní fhacas le bliain,
Is buan mo mhallacht go deo, do dh'aon fhear a bhéarfadh spéis do mhnaoi.

Amhrán 40.

An tOileán Úr

I

Rinn mé smaoitiú in m'intinn, agus lean mé dó go cinnte,
Go leanfaidh mé mo mhuintir, anonn chun 'Oileáin Úir,
Tá mé ag iarraidh impí, ar an Ard Rí atá os mo chionn,
Le mo shábháilt ar gach contúirt, go gcríochnaí mé mo shiúl.

II

Shiúil mé fiche míle, is níor casadh orm Críostaí,
Capall, bó nó caora, a dhéanfadh innilt ar an fhéar,
Ach coillte dlútha is gleanntáin, agus buirfeach beathaigh allta,
Fir agus mná gan snáithe orthu, a chasfainn fá mo mhéar.

III

Tharlaigh isteach chun toighe mé, agus casadh orm daoiní,
Labhair siad i gcois íseal, cén taobh a dtáinig mé,
Labhair siad i mBéarla, agus d'fhreagair mise iad i nGaeilic,[1]
Gur lámh le bruach Loch Éirne, a tógadh mise i dtús mo shaoil.

IV

Bhí cailleach ins an chlúid ann, agus stócaí ar a glúine,
D'éirigh sí go lúfar, agus chraith sí liom lámh,
Seacht n-anam fear mo thíre, os cionn a bhfaca mé ariamh de dhaoiní,
Gur tógadh i dtús mo shaoil mé, ins an bhaile le do thaobh.

V

An grá udaí a bhreoigh is a mhill mé, is iomaí fear óg a chloí sé,
Tá daoiní ag cur in iúl domh, gur ní é nach bhfuil ann,
Is fada mé dá inse, is mé ag titim i lionn dubh,
Gur cailín óg a d'fheall orm, is nach bhfaighim í níos mó.

VI

Rachaidh mé go Flanders, agus tréigfidh mé mo mhuintir,
Nó chun 'Oileáin Úir go cinnte, an áit a bhfeicfidh mé mo ghrá,
Ar philleadh domh go hÉirinn, is mé a fhiafraigh fá mo chéad searc,
Nó go bhfaighim fear eile pósta, ar mo réalt deas mná.

VII

A ógánaigh bháin na bpleideann, nach deas a chuir tú i gcéill domh,
Nach lasadh grian ar fhéar a choíche, dá mbeinnse gan d'fháil,
Go dtreabhaí na caoirigh maola, ar chúl a gcinn sna sléibhte,
Do mhalairt-sa cha ndéanfainn, ar dhá mhíle bó.

VIII

Dá bhfeicfeadh sibhse Máire, ina seasamh fá na hardaibh,
Ba chosúil le mo ghrása í, nó le bláth bán na n-úll,
Ba chosúil ins an oíche í, le réalt na maidne ag éirí,
Is a phlanda an urla chraobhaigh, is deas do shiúl.

Amhrán 41.

Dónall Óg

I

A Dhónaill Óig a phóir[1] na ngaiscí,
A chúil droim duallach na gruaige daite,
Is iomaí lúb in do chúl is casadh,
Tá grá ban óg in do chórtha i dtaiscidh.

II

A Dhónaill Óig an tsróil is an tsíoda,
Gur tú ba deise dá mbeadh ar aonach,
Go mb'fhearr liom uair a bheith ar d'uaigh ag caoineadh,
Nó bheith do mo chóiriú[2] i gclócaí síoda.

III

Tá mo chroí-sa brúite briste,
Mar leac oighir a bheadh ar uachtar uisce,
Mar chnuasach cnó a bheadh i ndiaidh a bhriste,
Nó mar mhaighdean óg a bheadh i ndiaidh a cliste.

IV

Nuair a théim-sa go hArd an Uabhair,
Ní léar domh duine is ní fhanaim uair ann,
Macasamhailt mo ghaiscigh ní fheicim uaim ann,
Is loinnir an óir bhuí i mbarr a ghruaige.

V

Bheirim mo mhallacht do bhean na táibhirne,
Chuir sí amach thú agus é ag cur báistí,
Chuaigh tú ar seachrán, ní bhfuair tú an t-eolas,
Is tá do chroí brúite i ndiaidh shiúl na mónadh.

VI

Dá dtéinnse go Béal an Átha sin,
Chaithfinn díom agus dhéanfainn snámh ann,
D'ólfainn deoch ann faoi thuairim do shláinte,
Agus bheinn dá thaomadh go ndéanainn tráigh ann.

Amhrán 42.

Dónall Ó Maoláine[1]

I

Eadar an Caiseal agus an Úr Choill a casadh orm an chúilfhionn,
Í ag siúl go róchúisiúil ag gabháil tharam ins an ród,
Rug mé greim chúil uirthi, agus leag mé ar an drúcht í,
D'fhág mé croí dúnta aici, ag sileadh na ndeor.

II

Trí seachtainí ón lá sin cé chas orm ach an stáidbhean,
Í ag siúl go róstátúil ag gabháil tharam ins an ród,
Rug sí greim láimhe orm, is chuir sí romham fáilte,
Caidé mar atá do shláinte, a ógánaigh óig.

III

Seo litir ó m'athair, agus focal ó mo mhathairín,
Bí ag triall liom chun na háite sin, a ógánaigh óig,
Nó gheobhaidh tú na táinte, agus maoinchruth gan áireamh,
Agus mise a bheith i mo bhanríon ar a bhfaighidh tú go deo.

IV

Dar an leabhra fhéin a pháiste, is rólách a bhfuil tú a rá liom,
Is ní dhéanfainnse d'athrú ar dhá mhíle bó,
Ach gurb é go bhfuil mé dáltach le bliain is trí ráithe,
Leis an níon sin Sheóin Dáibhidh atá i gContae Mhaigh Eo.

V

Nach é sin an scéal cráite ag gabháil abhaile ionsar mo mháthairín,
Babaí a bheith ar mo láimh liom, is gan a hathair le fáil,
Mise Dónall Ó Maoláine, is ná ceil ar fhearaibh Fáil é,
Is gheobhaidh tú mé ar an tSliabh Bán atá i gContae Mhaigh Eo.

VI

Imigh agus déan sin, cér mhiste liom fhéin é,
Ní folamh atá Éire, tá fear eile le fáil,
Tá fhios agam céile nach iarrfadh aon phínn spré liom,
A phósfadh mé[2] in mo léinidh cé nach folamh atáim.

VII

Ar an bhaile seo atá an chúilfhionn, 'sí is deise is is múinte,
'Sí an buinneán í ba úire dá bhfaca mé de mhnáibh,
'Sí mo shearc, 'sí mo rún í, 'sí m'ansacht naoi n-uaire í,
'Sí an samhradh i dtús an fhuaicht í, eadar Nollaig is Cáisc.

VIII

A Mhuire agus a Rí, nach ins an talamh a bhí mé sínte,
Sular casadh in do shlí-sa mé, a ógánaigh óig,
Mise a bheith ag guí leat, is bean eile ina luí leat,
Maidin bhog aoibhinn is mé ag sileadh na ndeor.

IX[3]

Chaith mise an Domhnach go tuirseach is go brónach,
Mo hata in mo dhorn liom is mé ag osnaíl go trom,
Mé ag siúl fá na bóithre ag amharc fá mo stóirín,
Is fear eile aici pósta, mo chosachaí geall.

Amhrán 43.

A Ógánaigh an Chúil Chlannaigh udaí[1]

I

A ógánaigh an chúil chlannaigh udaí, a rabh mé seal in d'ansacht,
Chuaigh tú[2] aréir an bealach seo, ní tháinig tú isteach ag caint liom,
Más le mór spré a rinn tú an mhalairt, nó le drochmheas ar mo mhuintir,
Baistim grá gan seanadh ort, i ndiaidh gach geallúint is rinn tú.

II

Nuair a théim-sa in bhur bpobalsa, agus líonaim suas den dólás.
Aríst ar philleadh abhaile domh, 'sí sin an aicíd bhróin domh,
In íochtar tíre a chualaigh mé, gur tú scafaire gach óigbhean,
Is a Rí gurb é do shamhailt-sa, crann nach dtiocfadh an chnó air.

III

Is beag ormsa an scafaire udaí, a ngoireann siad grá na mbó dó,
Le haraíocht cailín fearúil, a bhfuil folamh fá na boithrí,
Is mór sin cúis gach giobóige, a bhfuil eallaí lena gcumhdach,
Is mur mbíodh ach cinn is cosa orthu, go bhfaigheadh na ba a bpósadh.

IV

Dá mbíodh sin ór buí agamsa, nó airgead in mo phócaí,
Dhéanfainn ród den bhealach seo, thart siar go bruach na Bóinne,
Mar i ndúil[3] leis an Rí, go moitheochainn-sa tormán do bhróga,
Is fada aréir gan chodladh mé, ag dúil le maith do phóige.

V

Dá gcastaí cailín barúil domh ina suí ar mhalaidh shléibhe,
A gruaidh a bheith mar an eala, is a gruaig ar dhath na sméara,
Ar chromadh ar a brollach domh, le póg a thabhairt dá béilín,
A ansacht seo mo bheannacht duit, nó tá mo ghnoithe déantaí.

Amhrán 44.

Nach Deas an Rud na Saighdiúirí[1]

I

[Nach deas an rud na saighdiúirí, agus *mob* an bhaile mhór,][2]
Ag éirí amach ar maidin, agus a gcuid mná deasa leo,
A gcuid gunnaí ar a nguailneacha, is a *mate* ag seinm ceoil,
Más páirtí ag gabháil thar sáile sibh, mo chreach nach bhfuil mé leo.

II

Más cailín ag gabháil thar sáile thú, is gan smál ar bith os do chionn,
Bheirim-sa mo mhallacht duit, is go dtitidh ort go trom,
B'fhearr duit buachaill scaite agat, a mbeadh sac nó dhó ar a dhroim,
Nó a bheith ag dúil le póca an tsaighdiúra, a laghad is bíos ann.

III

Is beag ormsa seandaoiní, nó radairí gan feidhm,
A mbeidh a gcos ag gabháil sa loch agat, ar maidin le fáinne an lae,
B'fhearr liom *sound*[3] an droma agam, is mé ag gabháil amach chun *parade*,
Nó a bhfuil de ór is de dh'airgead i gcórthaí Chlann na nGael.

IV

Ná luígí siar sa leabaidh ag an smuigirlín sa chlúid,
Nó beidh bhur gclú ar seachrán uaibh, bhur gcreideamh faoi smúid,
Tugaigí aire do mur maighdean, nach dtuigeann sibh mo scéal,
Beidh rath oraibh ar a tsaol seo, agus lúcháir[4] lá mur mbáis.

V

A chailíní, is a chailíní ná bígí amuigh go mall,
Tá na buachaillí dá mur gcoimhead, agus ag smaoitiú ar an fheall,
Ná gabhaigí go toigh an leanna leo, taraigí abhaile in am,
Nach fearr[5] libh mur gclú a bheith abhaile libh, nó ag fuireacht leis an dram.

Amhrán 45.

Na Gamhna Geala

I

'Siad mo chuid gamhna, na gamhna geala,
Itheann siad an féar, is ní ólann siad an bainne,
Bí siad anonn is anall ar an bharra,
Ní fearr leofa an tráigh acu, nó an lán mara.

II

Tiocfaidh an t-earrach, agus screadfaidh an Márta,
Titfidh an sneachta go trom fá na gleanntáin,
Tiocfaidh an t-éag ar na buaibh, agus feannfar na gamhna,
Is a charaid ó mo chléibh ná bíodh do spéis ins na gamhna.

III

Níorbh fhearr liom ribín tharam nó buarach,
Níorbh fhearr liom lasair fúm nó luachair,
Fidileóirí an domhain, is bíodh ag seinm in mo chluasa,
Gurb fhearr liom géimneach1 na ngamhna sa bhuailidh.

IV

Ní thiocfaidh an t-earrach agus ní screadfaidh an Márta,
Ní thitfidh an sneachta go trom fá na gleanntáin,
Ní thiocfaidh an t-éag ar na buaibh, agus ní fheannfar na gamhna,
Is a charaid ó mo chléibh beidh mo spéis ins na gamhna.

Amhrán 46.

Ag Éirí Amach Inné domh

I

Ag éirí amach inné domh dar liom fhéin go rabh an mhaidin fuar,[1]
Cé bhreathnaigh mé ina léinidh ach mo chéad searc, is ba dearg a gruaidh,
Bhí dhá chíoch corra gléigeal,[2] is a taobh mar an eala ar cuan,
Póg amháin dá béilín go leigheasfadh sé dhá dtrian mo bhróin.

II

Dá mba dúch uilig an fharraige, is an talamh a bheith ina pháipéar bhán,
Cleití fada geala as na healaíocha, a bíos go ciúin ag snámh,
Cléirigh Éireann is Albain, Sasain an Fhrainc is an Spáinn,
Geanúlacht mo chailín-sa, níorbh fhéidir domh a fháil scríofa i mbán.

III

Tá mo ghrása pósta, is níl aon stór agam le fáil ina diaidh,
Go gcumhdaigh an Rí sna bóithrí í, smóilín an bhrollaigh léith,
Ba gile a com nó na seoda, is ar ndóiche ba lách geanúil í,
Is gur thiar ag Baile Uí Dhónaill gan bhrón a chodlaíos grá mo chroí.

IV

Tabhair aon phóg amháin domh fá a dtearn mé de mhailís leat,
A chúil tiugh na bhfáinní, is tú is áilne nó an féar ag teacht,
Ar neamhchead uilig ár gcairde mura bhfaighimist ach cead éalú seal,
Gan coite, long nó bád is deas a snámhfainn an Éirne leat.

V

Ach gurb é mar thug mé grá dhuit, gheobhainn d'athrú in mo thír bheag fhéin,
Ba agus caoirigh bána, agus páirc mhaith a gcraithfinn síol,
Codladh fada samhraidh, agus greann a bheith dá dhéanamh dínn,
Go mb'fhearr liom ag saothrú páighe gach lá is a bheith lena taobh.

VI

A Rí na gCarad cérbh ionadh dá n-íslinn ar bharr an fhéir,
Nó mo chur sa roilig sínte fán mhnaoi udaí a thug grá domh fhéin,
Mur dtigeadh ach séideán gaoithe ins an taobh a gcodlaíonn grá mo chroí,
Go bhfaighinnse sláinte míosa ach mo chroí istigh a fháil fáiscthe léi.

VII[3]

A Nansaí a ghrá ná feall orm, tá geall agam ar mhnaoi mar tú,
Is duit go dtug mé *fancy*, gan amhras is radharc mo shúl,
Do chúl atá fite ina thrilsí, dar chaill mé leat codladh ciúin,
'Sé mo léan dubh géar is m'aimhleas gan mé i gcleamhnas le mnaoi mar thú.

Amhrán 47.

Thiar i gConnachta atá mo Lóistín[1]

I

Thiar i gConnachta atá mo lóistín,
Is fada ó bhaile mo theach is m'áit chónaí,
Seo an cailín ach cá bhfuil an buachaill,
Is mairg a mhealltar le leannán suarach.

II

Is mairg a thaobhaíos le droch-chomrádaí,
Is i bhfad ó bhaile ba mhian liom trácht air,
Scéal a chualaigh mé go mór a chráigh mé,
Mo léan a mhuirnín, ní tú a bhí i ndán domh.

III

Ochrú a chluanaidh, is tú a mhearaigh m'intinn,
Is leat go siúlfainn Éire thart timpeall,
Mo dhá láimh gheala fá do bhrollach chuimseach,
Cibé arb olc leis é, ná bíodh sé ag caint air.

IV

Deir siad liom go bhfuil mé dolba dána,
Go mbím ag suirí leis na cailíní bána,
A shaol na cruinne, agus a shaol na páirte,
Cé a thógfadh orm a bheith i ndiaidh mo ghrá geal.

V

Deir siad liomsa go bhfuil mé mailíseach,
Go bhfuil mo ghrá geal i lár an bhaile anseo,
Níorbh airde crann seoil is bíodh sé i lár na farraige,
Ná croí mná óige a mbeadh dhá *sweetheart* aici.

VI

Chuaigh mo mhuirnín-sa anonn thar sáile,
Ní thiocfaidh sí abhaile inniu nó amárach,
Ar ghléas marcaíocht capall rása,
Is buan mo mhallacht don té a bhain mo ghrá díom.

VII

Chuaigh mo mhuintir-sa anonn go hAlbain,
A dhéanamh cleamhnais le cailín Albanaigh,
Nuair a shíl mé fhéin gur chailín óg í,
Caidé a bhí inti ach an bhaintreach phósta.

VIII

Tá fhios ag an tsaol nach í an bhaintreach ab fhearr liom,
Ach cailín óg a mbeadh aoibh an gháire uirthi,
Slán agus céad leat a chúilín feamainneach,
Is go mbeidh muid ag ól, is nach rabh míle maith acu.

IX

Tá an baile seo uilig siar ina fhásach,
Cé a d'iarrfadh spré le mo leithéid de pháiste,
Nach mb'fhearr duit mise agat, folamh is mar atá mé,
Ná an bhean udaí eile is a cuid caoirigh bána.

X[2]

Is fada inniu agus is faide amárach,
Is faide an tseachtain go mór nó an ráithe,
Ní hí mo ghrá fhéin a déarfadh dadaí liom,
Ach locht na mbréag a bhíodh ag síorchur eadrainn.

Amhrán 48.

An Cailín Donn[1]

I

Thall ag toigh an óil a fuair mé eolas ar mo chailín donn,
Bhí a gruaidh mar na rósaí, is a béilín mar an siúcra donn,
Bhí mil ar bharr na gcraobh ann, bhí céir bheach fá bhun na dtom,
Bhí iasc na Finne ag léimní le pléisiúr mar bhí sí liom.

II

Bhí mé lá breá samhraidh i ngleanntán, is mé ag seoladh bó,
Cé a tharlaigh domh ach mo stóirín, is í cóirithe san éide ab fhearr,
Bhí hata os cionn a clóca uirthi, is buclaí buí den *bhrass* ab fhearr,
Bhí ribíní ina bróga, 'sí mo stór í go bhfaighidh mé bás.

III

Cuirim mallacht Rí na hAoine ar an té a dhíbir mo ghrá i bhfad uaim,
Nach ligfeadh ar a gaobhar mé, lá saoire nó go moch Dé Luain,
Dá mbíodh sé ag cur de dhíle, is ag síorchur an tsneachta ó thuaidh,
Ag mo ghrá dá bhfaighinn cead suí, go mbeinn chomh haoibhiúil leis an eala ar cuan.

IV

Bhí mé lá go ceolmhar ar mo sheol beag, is mé i gcionn an toighe,
Ag síorghabháil don cheol, is mé ag comhrá le stór mo chroí,
Ní thug mé aird ar a glórthaí, nó shíl mé gur ag magadh a bhí,
Tá mé óg go leor go fóill, is ní bheidh pósta agam ach stór mo chroí.

V

Chaith mé bliain is trí ráithe in obair ceárta, is mé i gCúige Mumhan,
Níor stad mé ariamh den tséarsa[2] sin, go dteachaigh mé go Contae an Dúin,
Ní rabh mo bhunadh sásta, fán choirm udaí a rinn mé aréir,
Is dá n-éalainn le mo ghrá, ar a máithrín go gceillfinn é.

VI[3]

Ag éirí amach inné domh, dar liom fhéin go rabh an mhaidin fuar,
Cé bhreathnaigh mé ach mo chéad searc, ina léinidh agus í i bhfad uaim,
Dhruid muid lena chéile, is níorbh fhéidir ár gcur chun suain,
Is le mhéad is bhí ina déidh orm, níor éirigh leofa a mealladh uaim.

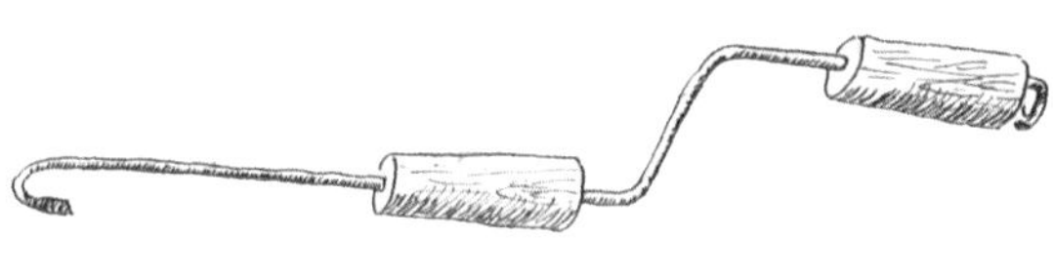

Amhrán 49.

Ailín na Rún

I

An dtiocfaidh tú nó an bhfanfaidh tú, Ailín na Rún,
An dtiocfaidh tú nó an bhfanfaidh tú, Ailín na Rún,
Tiocfaidh mé is ní fhanfaidh mé, tiocfaidh mé is ní fhanfaidh mé,
Tiocfaidh mé is ní fhanfaidh mé, a ghrá mo chroí ó.

II

A bhfuil aon phínn in do phócasa, Ailín na Rún,
A bhfuil aon phínn in do phócasa, Ailín na Rún,
Tá pínn in mo phóca, is tá dhá phínn in mo phóca,
Tá céad giní óir agam, a Chalbhaigh Ruaidh.

III

Sheolfainn na gamhna leat, Ailín na Rún,
Sheolfainn na gamhna leat, Ailín na Rún,
Sheolfainn na gamhna leat, thart siar go Tír Amhras,
Mar i ndúil go mbeinn i gcleamhnas leat, Ailín na Rún.

IV

Throiscfinn an Aoine leat, Ailín na Rún,
Throiscfinn an Aoine leat, Ailín na Rún,
Throiscfinn an Aoine leat, go dtroscadh na Féil' Bríde leat,
Nó mar i ndúil is go bhfaighinn síneadh leat, Ailín na Rún.

V

D'ólfainn mo bhróga leat, Ailín na Rún,
D'ólfainn mo bhróga leat, Ailín na Rún,
D'ólfainn mo bhróga leat, mo léinidh is mo chóta,
Mar i ndúil go mbeinn pósta ort, Ailín na Rún.

VI

Rachainn thar sáile leat, Ailín na Rún,
Rachainn thar sáile leat, Ailín na Rún,
Rachainn thar sáile leat, chun na Fraince agus na Spáinne,
Mar i ndúil go mbeinn dáltach leat, Ailín na Rún.

VII[1]

Luífinn ar leabaidh leat,[2] Ailín na Rún,
Luífinn ar leabaidh leat, Ailín na Rún,
Luífinn ar leabaidh leat, is luífinn ar leabaidh luachra leat,
Mar i ndúil go bhfaighinn an suairceas leat, Ailín na Rún.

Amhrán 50.

Nansaí 'Mhíle Grá

I

A Nansaí 'mhíle grá, a chúil feamainneach deas bán,
Fuagraím an t-ádh is an séan ort,
Gur gile do dhá láimh, nó an cúr atá ar an tsnámh,
Nó an eala is í ag snámh Loch Éirne.
Ba ghlaise liom a súil nó braon de uisce an drúicht,
Ba bhinne liom do bhéal nó na téadaí,
Mur n-éalaí Nansaí liomsa, titfidh mise i lionn dubh,
Agus cuirfear ins an chill i do dhiaidh mé.

II

Amárach má tím grá geal mo chroí,
Tiocfaidh an t-amharc chugam aríst is an t-éisteacht,[1]
An tuirse a bhí ar mo chroí, go n-imeochaidh le gaoth,
Is ní aithneochaidh sibh an aois ar m'éadan.
Dé Domhnaigh aríst nach brónach a bhím,
Go scaipfinn dá mba fíon uilig an Éirne,
Níl aon fhear a bhfuil sa tír seo, dá labharfadh le mo mhian,
Nach ligfinn[2] fuil a chroí dá bhféadfainn.

III

Is iomaí siúd guth mná a chualaigh mé dá rá,
Taobh thall is taobh abhus den Éirne,
Ó Éirne go Bóinn is go Corcaigh na gCuan,
'Sí Nansaí a thug buaidh ar an méid sin.
'Sé monuar nach bhfuil mé is í ar thaobh an lios 'ár suí,
I ngleanntán deas aoibhinn sléibhe,
Nó ar leabaidh a bheadh gan chruas go sínfinn léithi suas,
Nó go gcuirinnse mo chluain i gcéill dí.

IV

Seo litir uaim suas, ionsar Nansaí mo rún,
Agus inis daoithe thuas mar atá mé,
Inis daoithe aríst go bhfuil mé do mo chloí,[3]
Is an arraing ag gabháil fríd mo thaobh deas.
Inis dá cúl é, dá tois agus dá lúb é,
Inis é dá guth glan éadrom,
Inis dá cionn é, is dá béal a bhí binn,
Gur ghearr sí go cinnte m'éifeacht.

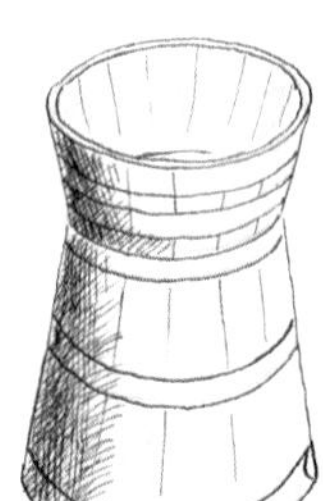

Amhrán 51.

Mac Baintrí go hÓg mé[1]

I

Mac baintrí go hóg mé, cé nach fearrde mé faraor,
Tá mé le crochadh amárach, cionn is[2] éalú seal le mnaoi,
Tá mé le crochadh amárach, cionn is éalú léithi san oích',
Go mb'fhearr liom seal ar láimh léithi, nó i bpárlús gheal an Rí.

II

Má chrochtar mise amárach, éireochad beo aríst,
Go mbainidh mise sásamh, as a cairde ar achan taobh,
Go mbainidh mise sásamh, as a hathair Máistir Grieve,[3]
Sula ligidh mé a cúilín bán deas, ar láimh le aon fhear faoin Rí.

III

Nach trua libh mac duine uasal, i gceangal cruaidh mar gheall ar mhnaoi,
Is gur measa bean an *sailor*, nó an chuid eile uilig den tsaol,
Guím-sa Rí na Páirte, le haraíocht impí Rí na nDúil,
Le boltaí cruaidhe láidre, a bheith ar a chnámha i bhfad ar shiúl.

IV

An gcluin sibh mé a bhuachaillí óga, atá gan phósadh uilig sa tír,
Suígí de mo chóir, is bhéarfaidh mé comhairle díbh,
Nuair is mó a bheas spéis agaibh, éalú seal le mnaoi,
Gearraigí an Chroch Chéasta oraibh, agus guígí an Rí in bhur gcroí.

Amhrán 52.

Doimnic Ó Dónaill

I

Ag éirí domh ar maidin Dé Domhnaigh,
Is mé ag tarraingt go ród an Oireachtais,
Casadh domh an Sagart Ó Dónaill,
Is é ag imeacht i gcóta ministir.[1]
Curfá: Pill, pill go fóill,
Pill a rúin ó, agus guím thú,
Má philleann tú anois nó go deo,
Pill chugam faoin ord ar imigh tú.

II

Tá do dheartháir ar an altóir achan Domhnach,
Is ní léar dó leabhar nó fortús ann,
Ach ag osnaíl is ag sileadh na ndeor,
Fán tsagart óg a bheith ina mhinistir.
Curfá:

III

Labhair an ministir mór,
Is ní thabharfainn a shamhailt go deo dó ach colpach,
Ná creid thusa easbag nó ord,
Is ná pill go deo ó d'imigh tú.
Curfá:

IV

Beidh tú ar Shliabh Síon[2] go fóill,
Is na sroite[3] deor ag sileadh leat,
Sin an áit a bhfaighidh tú na scéala,
Cé acu is fearr sagart nó ministir.
Curfá:

V

An gcualaigh sibh ag easbag nó ag ord,
Nó ag duine ar bith mór ó gineadh sibh,
Bean a bheith ag sagart is é pósta,
Bhéarfadh sé dóchán[4] do Mhuire ina croí.
Curfá:

Amhrán 53.

Ba Mhaith an Fear Fóinte mé

I

Ba mhaith an fear fóinte mé lá fómhair agus earraigh,
Bhainfinn fhéin an eorna, agus chuirfinn romham í aríst abhaile,
B'fhearr liom cailín óg agam a chóireochadh domh mo leabaidh,
Nó saibhreas Rí na Fodhla, agus cead mo phósadh ar bhaintrí.

II

Tá smúid ar na réalta, ar an ghréin is ar an ghealaigh,
Tá ceo ar mo radharc is ní léar domh a dhul na bealaí,
Tá cuach bheag i mBinn Éadain, is dá bhféadfainn bheinn dá mealladh,
Is ní scarfaidh mo cheann go héag léithi, nó go dtéighidh mé is í i dtalamh.

III[1]

B'fhurast domhsa a aithne nach tusa bhí i ndán domh,
An uair sin a fuair mé do litir gan séala,
Ach chuaigh sé sa chruaidh chinniúint orainn a scarúint ó chéile,
Ní bhfuair mé ariamh leagadh nach dtiocfadh liom éirí.

IV

Is trua nach san airm ghallda, a bhí sé i ndán domh mo chailleadh,
Nó ins na *sweet dungeons*, an áit a gcónaíonn sí mo shearc rún,
Is trua nach é an bás a bhí ar láimh liom ar leabaidh,
Sular thiontaigh mé cúl mo dhá láimh le cúilín bán deas i bhfad ó bhaile.

V

Chaith mé seacht seachtainí i Mainistir na Buaile,
Seal i mo shuí agus seal i mo sheasamh, seal i mo chodladh agus i mo dhúsacht,
Nuair a ba mhithid liom a theacht abhaile, agus an Eaglais a bheith faoi rún liom,[2]
'Sé brí mo scéil a chailín, nach bhfuil gar díbh a bheith ag dúil liom.

VI

Is trua nach bhfuil mé fhéin agus rún mo chroí pósta,
Roomaí dubha dorcha le titim an tráthnóna,
An glas a bheith ar an doras, agus an eochair a bheith ar iarraidh,
Agus cúig mhíle punta a bheith ar gach unsa den iarann.

VII

Rinn mise m'fhaoistin i gcois íseal leis an tsagart,
Go rabh mé tinn tréithlag nuair a luigh mé ar mo leabaidh,
D'imigh sí uaim an naomhbhean, scoith dhídean mhná na cruinne,
Tá mo chomhra dá déanamh, is mná mo chaointe i bhfad ó bhaile.

Amhrán 54.

Seán Bán [1][1]

I

Dhéanfad teach mór má bhím beo ar an mhalaidh ud thall,
Ins an áit a bhfeicfidh mé mo stóirín, tráthnóna maidin is gach am,
Do ghruaidh atá mar na rósaí, is tú a bhreoigh mé is a bhain díom mo chiall,
Mí is cha bhím beo má phóstar an bhean dubh ón tsliabh.

II

Chaolaigh mo lámha mo chnámha, is tá mé uilig tinn,
Níl aon osna dá ndéanaim nach gáire a níos an rógaire liom,
Titfidh an ghruaig díom, beidh fuacht ar mo leiceann ina diaidh,
Go mbeidh mé ag éisteacht le cluainíocht, a mhíle rún searc sa bhaile i mo dhiaidh.

III

A ghile na Ruaidhe[2] ná nach trua leatsa mise a bheith tinn,
Mo chleamhnas ag gabháil dá dhéanamh, ar an bhuachaill deas bharúil ón choill,
'Sé mo scéal truaillí[3] nár fágadh mé i gceart lár na dtonn,
Gan coite long nó bád, ach amháin do Seán Bán a bheith liom.

IV

Fan díomhaoin go Féil' Bríde, is ar ndóiche nach gairid sin uainn,
Go gcruinnidh muid ár ndaoiní, is go ndéanaimid na hairgid suas,
Gheobhaidh tú ba is caoirigh lá an aonaigh is airgead bán,
Cead siúl i mbróga éadaigh ag gabháil bhéarsaí fá mhalaidh an tSléibh' Báin.

V

A Rí, caidé a dhéanfainn dá ngearrfadh an corrán mo mhéar,
Sluasaid nó láí go brách is ní ghlacfainn ina dhiaidh,
Ach a dhul go toigh na táibhirne go sásta soineanta a dh'ól,
Seo *jug* is an gloine lán duit, is ól mo shláinte a chúilín bán deas na gcraobh.

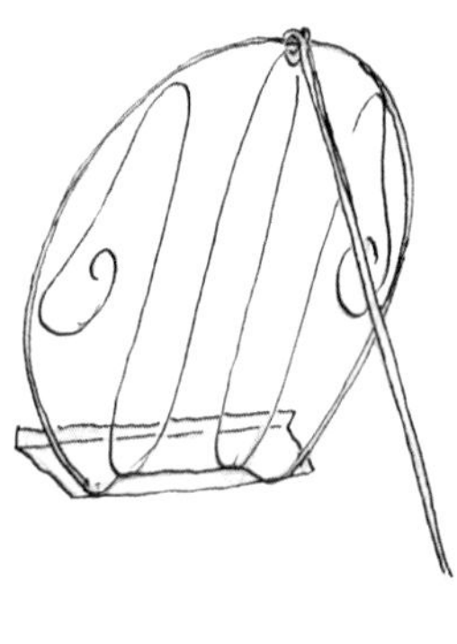

Amhrán 55.

An Cailín Deas Donn

I

A chailín deas donn is binne guth cinn,
Dá n-éalóchfá liom gan coite nó bád,
Chun 'oileáin anonn faoi aistibh ar long,
Buidéal den dram a bheith linn inár láimh.
Labhair sí liom anall gur cluainí mé ar faill,
Dá bhfaighinn uirthi am go mbeinn seal ag a dáil,[1]
Gurb é a dúirt cléireach an phinn, 'sé labhras go grinn,
Go meallann an dram cuid mhór de na mnáibh.

II

A chailín deas bán má rinneadh do dháil,
Níl malairt níos fearr nó mise in do shlí,
Nó nach cuimhin leat an lá udaí, a bhí mé agus tú a rá,
Go ndéanfaimist páirt mar shéideán den ghaoth.
Dara mionna an leabhair bháin ní chreidfead go brách,
Aon fhocal a ndéarfaidh aon bhean ar an tsaol,
Níl aon bhrí ins an ghrá ó fhuígfeas sé an áit,
Ach mar thitfeadh an bláth bán de bharra na gcraobh.

III

Níl oiread an éin a bhfosclóchaidh a bhéal,
Nach ndéarfaidh liom fhéin gur staraí mé ag mná,
A chois gorta nó feis níor shuigh mé ariamh síos,
Ag feitheamh cén taobh a dtiocfadh mo ghrá.
Thug siadsan éacht, is níor abair ach bréag,[2]
Is gheobhaidh sí an scéal ag an eaglais is fearr,
Nach dtug mé slí éada do aon bhean ar an tsaol,[3]
Mar a shínim mo thaobh le cailín deas bán.

IV

A chomharsanaí chléibh an gcuala sibh an scéala,
A tháinig aréir abhaile seo thall,
Go ndéarfaidh gach straoile, is lucht chartadh na ndíogach,
"Ní folamh atá an tír, beidh bean agam fhéin."
Tá fhios ag an tsaol is ag Peigí *my dear*,
Gur sínte leat síos a chaith mise aréir,
Nár fhágaidh mé an saol, go bhfaighidh mé in mo líon í,
An caile cróin buí a chuir orm an bhréag.

Amhrán 56.

Ar an Mhullach Mhór atá mo Lóistín[1]

I

Ar an Mhullach Mhór atá mo lóistín,
Mo theach is m'áit chónaí le fada ariamh,
Ag smaoitiú ortsa a chúilín ómra,
Do ghruaidh mar na rósaí is do leacainn mhín.
Teacht an Domhnaigh bím go róbhreá,
Ag smaoitiú go seolfadh an Rí in mo chasán í,
Aríst tráthnóna bím tuirseach brónach,
Ag smaoitiú ar chomhrá mo Valentín.

II

A chailín donn deas, a chuaigh i gcontúirt,
Druid anall liom agus tabhair domh póg,
Is leatsa a shiúlfainn fríd curraigh is gleanntáin,
Is go Baile an Teampaill dá mbíodh sé romhainn.
Tá do dhaoiní uilig i bhfeirg liom,
Is nach cuma liomsa sin, a mhíle stór,
Don ré lá margaidh a mbeidh ar an bhaile seo,
Nach mbeidh cúl feamainneach is mise ag ól.

Amhrán 57.

Níon an Bhaoilligh ar an Mhullach Mhór[1]

I

Nach mór an dímheas agus an náire shaolta,
A fuair níon an Bhaoilligh ar an Mhullach Mhór,
Gurb é mac na baintrí a chuir lámh ina timpeall,
Is a thug isteach í ina *tent* a dh'ól.
Scairt sí dram is ní áirím brandaí,
D'fhuagair cleamhnas ar an mhaighdean óig,
Nuair a d'oibir an dram í, chuaigh sí a dhamhsa,
Is teacht na Samhna gur scabadh an bheoir.

II

Ceathrar is fiche acu a thit i ngrá liom,
I lár na sráide is níor chuir mé suim,
Gur casadh an ainnir domh, an ríbhean álainn,
Fríd an fháinne go rachadh a com.
Bhí culaith gheal uirthi den tsíoda Spáinneach,
Is mil go bhfáiscfí as gruaig a cinn,
Fuair mé anuraidh í óna high *grandfather,*[2]
Mar bhí rítháin uirthi, agus tiarna cinn.

Amhrán 58.

An Seanbheathach Capaill

I

Nuair a bhí mé ag Tuathal is mé óg,
Thug sé domh spórt is greann,
Nuair a bheireadh sé amach mé chun 'aonaigh,
I dtoiseach go mbínn gach am.
Nuair a bheireadh sé abhaile aríst mé,
Agus níodh sé mo shlíocadh suas,
Mar mhionnán go gcorfainn ag aoibheall,
Ar maidin fán mhín ud thuas.

II

Thug sé do Champbell faraor mé,
Is b'aireach mé fhéin dá chionn,
Cheangail sé i seanteach gan díon mé,
A rabh an sruth orm aníos is anuas.
Mhionnaigh nach dtabharfadh greim bidh domh,
Is nach gcaillfeadh liom pínn ná luach,
Is gur ag éisteacht le tormán píob,
Gur bhriseadh mo chroí le cumhaidh.

III

A Champbell dá dtuigfeá mo chás,
Ní thabharfá domh athrach toigh',
Nuair a bhí tú sa tseanteach bheag ghránna,
Chuir mé ort scáth agus díon.
Tharrainginn duit saic agus málaí,
Clocha agus adhmad toigh',
Threabhainn an talamh sa Mhárta,
Agus d'fhuirsinn go sásta aríst.

IV

Nuair a mhuscail mé ar maidin Dé hAoine,
Bhí mé ag an mhaoil ar téad,
Ceangailte i leataoibh an toighe,
Ar an bhacán ag taobh na bó.
Chruinnigh siad is chraith siad na díslí,[1]
Chualaigh an saol an gleo,
Bhí cuid acu ag screadaigh is ag béicfí,
Is Nicí ina shuí ag gabháil cheoil.

V

Mo mhallacht don triúr buachaill óg,
A lean an bhean óg sa tslí,
Le heagla go gcluinfinn a nglór,
Chuir siad mé ar mo chúl sa díg.
Níl aon teach raic ar an ród,
Nár scairt siadsan mórán dí,
Ba chuma cé chaithfeadh an bheoir,
Ach chaithfeadh an óigbhean díol.

VI

Nuair a bhí mé tamall sa díg,
Mheas mé gur chloíte an dóigh,
D'amharc mé thart ar gach taobh díom,
An bhfeicfinn an dís fear óg.
Ghearr mé aicearra na maoile,
Is chugat aníos Gleann Domhain,[2]
Anois ó tá mé ag Burndale,[3]
Mo mhallacht bhur dtaobh den abhainn.

Amhrán 59.

Máire Mhaiseach

I

A Mháire mhaiseach is rómhaith ciall,
Caidé a deir tú nó an molann tú domh a bheith ag triall,
Dá mbíodh fhios agam go mbeadh bean ar bith beo gan bhia,
'Sí bean an chaiftín a bheadh agam seal míosa ar shliabh.

II

Tá an oíche seo ag sioc is tá an ghaoth as droch aird,
Tá sneachta go fras ar gach taobh den tsráid,[1]
Tá an Chuisneach ag cur thairstí is í lán go bruach,
Tá mo chailín ins an bhaile i ndiaidh an Éirne a shnámh.

III

A ghrá nach fearr duit mé nó an gabha dubh críon,
A ghrá nach fearr duit mé nó buaireamh an tsaoil,
Chuirfinn síol in do gharraí den phlúr gheal mhín,
Is tú bhreoigh mo chroí le ráithe i ndiaidh do chumhaidh a chur díom.

Amhrán 60.

Máire Óg na gCiabh

I

Ag Neddy atá an cú, 'sí is deise léim lúith,
A dtáinig nó a dtiocfadh léithi an talamh a shiúl,
'Sí Bran a bhí ar tús a chuir Mac Mághnuis faoi smúid,
'Sí Sceolán an treas cuanaí a chuir chun suaircis Mac Cumhaill.

II

Ghluais muid chun siúil ar maidin Dé Luain,
Faoi shléibhte na nGlas Chárn,[1] ba ródheas mo chú,
Bhí uilleannaí dlúith dá muscladh chun siúil,
Gurb é an carria ciarbheannach a chuirfeadh an snic-chor i gcú.[2]

III

Bhí grá agam ar mhnaoi, agus chráigh sí mo chroí,
Ba bhinne naoi n-uaire í nó an chuach ar an chraoibh,
Nó lon dubh an bhéil bhuí, agus an chéirseach lena thaobh,
'Sí an smóilín binn bréagach í a ghéar-loit mo chroí.

IV

A Mháire Óg na gciabh a fuair impí ó Dhia,
Réitigh domh an bealach nó rachaidh mé fán tsliabh,
Mar a chónaíos an fia fá na gleanntáin,
A dhéanamh lionn dubh, is leat gur chaill mé mo chiall.

V

Feasóchaidh mé go leor de lucht síoda agus sróil,
Den chamraic ba daoire nó na lásaí buí óir,
Siúd í mo stór gan airgead gan ór,
'Sí cuach í ar chrann Iontroim, nó planda an Fháil Mhóir.[3]

VI

Buachaill toigh móir is ní phósfad go deo,
Bí sé ag síorsciúradh sciana, is dá leagan ar bord,
Ach leanfaidh mé sa ród buachaill deas óg,
'Sé shaothróchadh an t-arán, is a bhainfeadh an mhóin.

VII

A dhonáin gan bhrí, tóg suas do chroí,
Tá na Francaigh ag gabháil thar sáile Féil' Pádraig más fíor,
'Sé Dáibhidh an fear croí nach rachadh leofa síos,
A bhí ina sheasamh ar an bhábhún, is a *mug* lán lena thaobh.

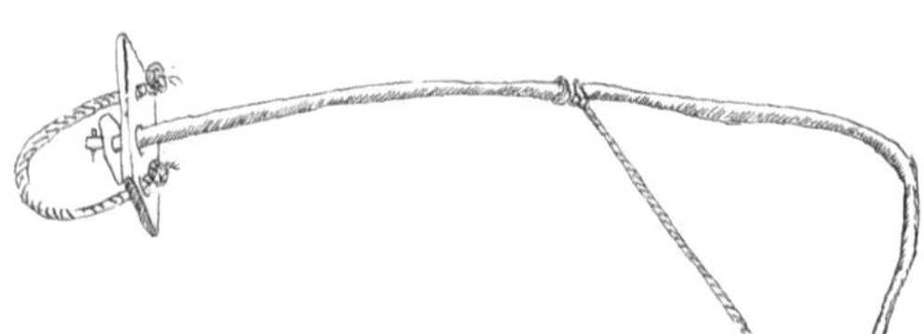

Amhrán 61.

Níon na Caillí Giobaí

I

Dá mbeadh spré ag an chat, b'fhada ó phósfaí é,
Níl faraor nó ag an té ar chóra dó é,
'Sí níon na caillí giobaí is airde a fuair céim,
Is gach maighdean deas gan fios cé a shiúlfadh léi.

II

B'fhurast domhsa a aithne ar bhaint an arbhair udaí inné,
Go dtug mo mhuirnín muirneach fuath mór domh fhéin,
Má thug sí fuath domh ní ualach mór orm é,
Nó is minic a bhain duine slat a sciúrfadh é fhéin.

III

Dá bhfaighinn súiste, rúiscfinn pionainn as a barr,
Dá bhfaighinn lái rómharfainn iomaire as an bhán,
Bhéarfainn léim in éadan na dtonn ar an trá,
Faraor géar is fann mo chumann leis na mná.

IV

Tá mé liath is a Dhia cén náire domh é,
Ní mhaireann na bráithre bána gan bhia,
Dá mbeinn seacht mbliana ag iarraidh mná is gan a fáil,
Ba chosúil le hiascaire i ndiaidh a shárú amach mé.

V

Rinn mé cleas i dtoigh Uí Dhálaigh aréir,
Rinn mé cleas i dteach bheag eile lena thaobh,
Ó chleas go cleas níl gar a bheith ag inse mo scéil,
Is ní mheallfar bean go gcaithtear dúsacht maith léi.

VI[1]

Bainim, cuirim, craithim síol coirce i gcré,
Sheolfainn na gamhna san innilt ab fhearr a bhfaighinn féar,
Chuirfinn cruth ar an each ba deise a bhuail bonn ar fhéar,
D'éalaigh bean le fear nach ndéanfadh sin fhéin.

Amhrán 62.

Mo Chailín Gaelach Óg

I

Bhí mé lá breá samhraidh, is mé ag siúl a chois aibhne thiar,
Tharlaigh domhsa an óigbhean, is í ag baint na sméar den chraoibh,
Ba ghile a bráid nó an eala, ba deirge a gruaidh nó an rós,
Nach costasach an cóiriú, a bhí ar mo Chailín Gaelach Óg.

II

Luigh mise taobh thiar di, mar bhí mé breoite tinn,
D'fhiafraigh mé de Mháire Bhán, an dtomhaisfeadh sí mo cheann,
Tá na céadtaí acu i ngrá liom, go brách nach dtig chun cinn,
Má d'ól mé dram le Máire Bhán, níl cás ar bith liom ann.

III

Is trua gan mise i Muineachán, i mo shuí amuigh san fhéar,
Cailín óg in m'aice liom, is cead a bheith ag comhrá léi,
Scairtfinn buidéal *brandy*, agus dhíolfainn fhéin a luach,
Is leanfainn ar an fharraige í, mo Chailín Gaelach Óg.

IV

Bhainfinnse slat chaorthainn, a shníomhfadh as a barr,
Cheanglóchainn[1] mo *sweetheart*, go cruaidh fána lár,
Cé gur cruaidh an sníomh é, go mbíonn sé ar a lár,
A chomrádaí chumhra dhílis, cuirim leat mo mhíle slán.

Amhrán 63.

Bruach na Finne[1]

I

Faoi bhruach na Finne a chonaic mé an spéirbhean chiúin,
'Sí ba deise dá bhfaca mé ar radharc mo shúl,
Bhí dhá chíoch chruinne ina brollach, is bhí bráid mar an úll,
Bhí com seang singil gan chor, gan chlaon, gan lúb.

II

Smaoitigh mise, is níorbh fhada gur threoraigh mé,
Caidé mar rachainn chun siosma nó chun comhrá léi,
Ór na cruinne bíodh agam, is dhá mhíle bó,
Go dtabharfainn don ainnir é, a mhalairt ar chupla póg.

III

Stad de do ghlice a sheanduine liath na lúb,
Nó tá bean agat is ná ceil í ar chléir nó ar thuath,
Nó is rómhaith a aithním ar fhad is tá d'fhéasóg liath,
Gurb í bliain an tsiocáin a dúirt tusa an "gabhaim" le mnaoi.

IV

A Rí na gCarad cuir milleadh ar m'fhéasóig liath,
Nár ligidh tú aon ribe di amach as cnáimh mo ghéill,
Titfidh an duilliúr de chrannaibh is tig bláth ina dhiaidh,
Is in áit an linbh go luífinn dá m'áin leat é.[2]

V

In áit an linbh dá luíteá ba náireach an scéal,
Seanduine breacliath a bheith ar maidin is cíoch ina bhéal,
Dá gcluineadh mo bhunadh gur ag oiliúin a tharlaigh mé,
Go scríobhfadh siad litir a chuirfeadh thar sáile mé.

VI

Dá gcluineadh do bhunadh gur ag oiliúin a tharlaigh tú,
Ní bheadh siad ag casaoid ach an babaí a bheith ag éirí leat,
B'fhurast mo ghlacadh ar leabaidh seal míosa thar lear,
Bliain ón tSamhain go siúlfainn na gleanntáin leat.

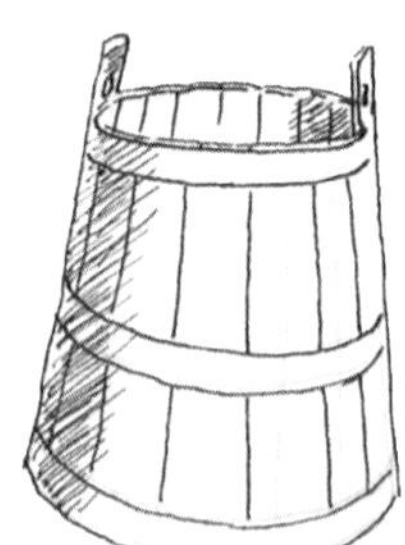

Amhrán 64.

Na Pótairí

I

Is iomaí síogaí beag baoideach gan orlach croí,
A bhéarfadh dímheas ar dhaoiní fá ól na dí,
Ach dar m'fhírinne sílim, a stór mo chroí,
Gur daoiní de chum an Rí, na pótairí.

II

Deir an chléir liom nach féidir domh an braon seo a ól,
Deir an chléir liom nach ndéanaim fhéin ciste nó stór,
Peaca an tsaoil ar an té a ghéilleas dá ndlí níos mó,
Is gurb acu fhéin a bhíos na féastaí ar fhíon is ar fheoil.

III

Tá dream ann a shantaíos maoin airgid is óir,
Tá dream ann a shantaíos maoin chapall is bó,
B'fhearr an t-intleacht cuid a roinn de is an chuid eile a ól,
Nó an t-iomlán a bheith in imreas an lá a rachfá faoi fhód.

IV[1]

Dá dtéinnse chun 'aonaigh is dá ndíolainn mo bhó,
Ar chúig phunta dh'airgid is ar ghiní bhuí óir,
Dá n-imrinn an t-airgead is dá n-ólainn an t-ór,
Caidé sin don té sin nach mbainfeadh sé dó.

V

Dá mbeadh cláirseach in mo phárlús, is í ag síorghabháil cheoil,
Ceárta a bheith ar láimh agam ag bualadh óir,
Is mór is fearr liom mar atá mé gan mhaoin gan stór,
Ach an cárta a bheith i ngach lámh liom is mé go síorraí ag ól.

Amhrán 65.

Seán Bán [2][1]

I

Bliain is an oíche aréir réab na capaill an fál,
'Sé mo léan géar nach mé a bhí ag faire na mná,
Nuair a thrustáil sí a léinidh agus lig sise a fallaing ar lár,
Ghlan sí Loch Éirne de léim gan coite nó bád.

II

Shíl mise a Sheáin go brách is nach ndéanfá liom bréag,
Go bpósfá an tráill ghránna is go bhfágfá an bhruinneall i do dhiaidh,
Níor dhoimhne duit an t-áth[2] udaí a mbáfaí ann deichniúr is dháréag,
Nó mo chroí-sa a bheith in do lár, a Sheáin Bháin is níor mhothaigh tú mé.

III

Tá lán de na mná a mbíonn a ngrá leofa ar bharr a gcúig méar,
Is a n-intinn le fáil i gcos arda ag fearaibh an tsaoil,
Ach ní hé sin do mo ghrása, is lách caoithiúil an mhaise di é,
Ach go bhfeicfidh mé an lá a mbeidh an fáinne ag gabháil idir mé is tú.

IV

Nó nach cuimhin leatsa an lá udaí a bhí mé agus tú ainnir na gciabh,
'Ár luí ins an fhraoch is an saol ag gabháil tharainn aniar,
Cé gur blasta an rud an fíon is lag iontach a bhíos duine ina dhiaidh,
Ach bhí do theachtaire-sa críonna is faraor géar bhí mise gan chéill.

V

Nuair a théid an t-aos óg Dé Domhnaigh a mheidhir fán tsliabh,
Scairdim fuil shróna agus éiríonn míle osna in mo lár,
Ag smaoitiú ar an ógfhear a bhéarfadh ól domh seal tamaillt ar clár,
Ag bean eile pósta is an deoraí[3] bocht folamh mar atá.

VI

Go bhfeicfidh mise an lá a mbeidh an t-ádh ort, a Chiotaí na gCraobh,
A mbeidh fallaing mo mhná ar do láimh is tú ag pilleadh ón uaigh,
B'aigeantach ard a rachainn is tú imeall an chuain,
Beidh mé agus mo ghrá ag ardú Shliabh gCallann[4] ó thuaidh.

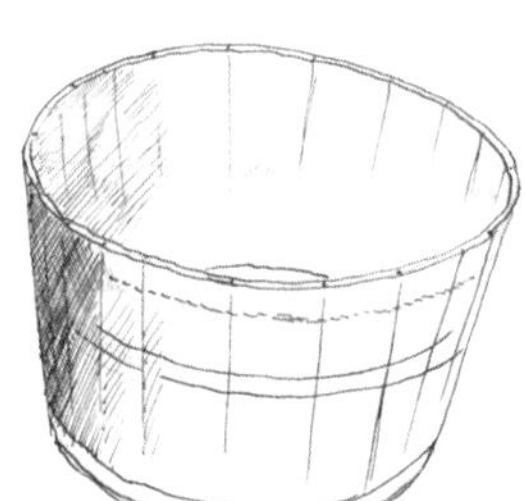

Amhrán 66.

Buachaill ón Éirne

I

Buachaill ón Éirne mé is bhréagfainn cailín deas óg,
Ní iarrfainn pínn spré léithi tá mé fhéin saibhir go leor,
Is liom Corcaigh go léir, dhá thaobh an Ghleanna is Tír Eoghain,
Mur n-athraí mé béasaí is mé an t-oidhre ar Chontae Mhaigh Eo.[1]

II

A chois deas i mbróig is mómhar maiseach do shiúl,
Ní áirím ar ndóiche nó is ródheas amharc do shúl,
Níl sa roinn Eoghain trí seoid níos deise nó thú,
Do ghruaidh mar na rósaí, do phóg is déanamh do shiúil.

III

Seo litir uaim síos chun 'toighe atá in aice na gcrann,
Ionsar an bhuachaill bheag chaoin atá ina luí ar leabaidh go fann,
Más air atá an phian, 'sé mo chroí atá lag in mo lár,
Ní chodlaím trian oíche ach ag smaoitiú ort, a ghrá ar faill.

Amhrán 67.

A Chúilín Bán Deas[1]

I

Bhí níon deirfiúra máthara agam, agus thug mé grá di,
'Sí an bhean í ab fhearr a bhí ar na talta mín,
Ar chúig chárta den ór bhuí Spáinneach,
Don chéile ghránna go dtabharfainn é.

II

Is i ngan fhios dá cairde is deas a leanfadh an páiste mé,
Thart fá bhábhún na coilleadh thiar,
Má thug mé grá duit is i ngan fhios do mo chairde,
Is mé i mo pháiste bheag óg gan chéill.

III

Ach mo chreach is mo chrá nach bhfuair mé bás,
An oíche nó an lá udaí a baisteadh mé,
Sula mbeadh sé le ráidht ag níon aon mháthara acu,
Go mbeinnse ag gártha nó ag gol ina diaidh.

IV

Tusa a bhreoigh is a mhearaigh go mór mé,
Fiú ag Aifreann an Domhnaigh nár lig mé díom,
I mo luí i mo stróinse ar na bealaí móra,
Ag mealladh ban óg is á gcur ó aon.

V

Mo chos go leontar má guím níos mó de,
Go dtéighidh mé i gcomhra sa talamh síos,
Nó go dtéighidh mé i gcomharsantacht le Rí na Glóire,
Leis na peacaí móra seo a thógáil díom.

VI

Níl mé ar an bhaile seo ach le corradh is ráithe,
Is ionann mar atá mé le Mac Gaeil is Gaill,
Níl a dhath le rá liom ar fud na háite,
Mur ndéanainn gáire nó tallann ghrinn.

VII

A chúilín bán deas a bhfuil col do ghrá leat,
Gur fá do ghrása a gheobhainn bás den chumhaidh,
A Rí atá i bParthas is déan domh fáras,
Go rabh mé in áit ínteacht lena taobh.

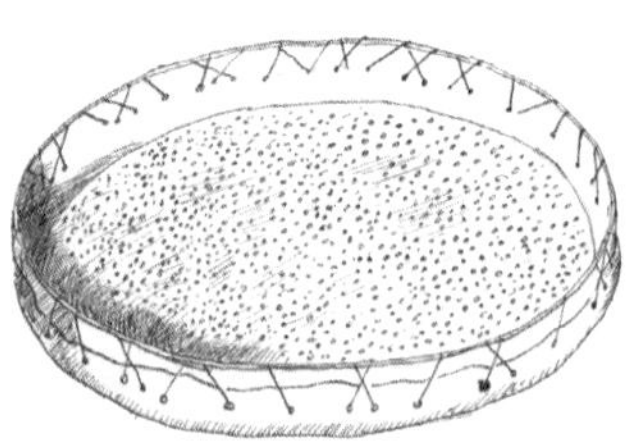

Amhrán 68.

Bhí Bean Uasal Seal dá Lua liom[1] [Véarsa]

Bhí bean uasal seal dá lua liom,
Is chuir mé an chluain uirthi faraor géar,
Phós mé stualaire de chailín ghruama,
Is rinn sí gual díom fríd lár mo chroí.
Dá bhfaighinnse in am í, is a cur i dteampall,
Bheadh an chlann ar mo chomhairle fhéin,
Anois táim caillte is níl gar a bheith ag caint air,
Is beidh an chlann bhocht ag gol 'ár ndiaidh.

Amhrán 69.

An Dá Eoin[1]

I

Saol fada le séan, go bhfaighidh an dá Éoin,
Óir is iad a bhain móin domh i mbliana,
Nuair a ba taise le hEoin Óg, 'sé scoilt domhsa an pór,
Is bhí Peadar is Pól dá gcumhdach.
Faoi Shamhain go fóill, déarfad an "gabhaim,"
Beidh aiteas agus spórt ag an dís ann,
Blaiseadh den bheoir, ní bhfaighidh Feargal Óg,
Is beidh an bhainis a bheas mór dá críochnú.

II [2]

A Fheargail a chroí dá bhfeicinn thú choích',
Mo chasaoid go ndéanfainn géar leat,
D'fhág tú agam gan mhaoin, clann lag mac is níon,
Is thug mise i dtír iad go sásta.
Ar meisce ní bhínn, a chois ballaí na toigh',
Le heagla go bhfaigheadh siad náire,
Anois ó tá siad mór, níl gnoithe agam beo,
Tá an chailleach dá seoladh siar udaí.

III[3]

A Andy a stór, ós tú atá ar an ród,
Fág scológ mhaith chóir ón tír domh,
A mbeidh mála ina dhorn, ó mhaidin go neoin,
Is a chruinneochas lón na hoíche.
Seo aiste bheag cheoil, a rinn mé faoi bhrón,
Is breathnaíonn mná óga an tsaoil í.
Gan fuireacht go deo, i mbun clainne nó óig,
Dá n-abraistí an "gabhaim" le fíodóir.

IV[4]

Dara mionna an leabhair bháin, má tá neach fir nó mná,
A dtiocfaidh go dána do m'iarraidh,
Gan an píosa mór bán, a bheith leis ina láimh,
Go mbrisidh mé cnámh a ghéill bhuí.
Shíl mé a láir bháin, go dtiocfá gan spás,
Go ndíolta mo pháighe síos liom,
'Sé dúirt sí gan chás, níl agamsa spás,
Ag gabháil chun 'tSrath Báin a bhím-sa.

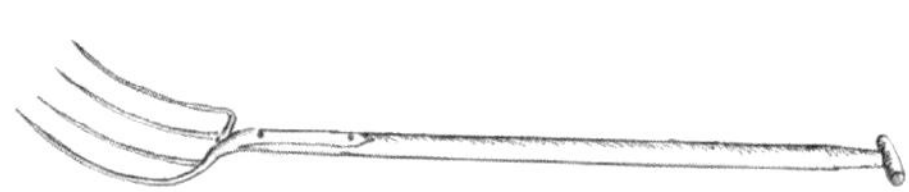

Amhrán 70.

An gCuala Sibh na Scéala

I

An gcuala sibh na scéala udaí a tháinig aréir go Dún Geanainn,
Go dtáinig bantiarna as Loch Éirne ar cuairt go Sliabh gCallann,[1]
Bhí an táilliúir binn léithi mar fhéirín faoina fallaing,
Bhí siad ag comhrá lena chéile mar a bheadh sé ar tí a mealladh.

II

An gcuala sibh uilig a chairde mar a fágadh an cailín,
Ina seasamh i lár na sráide, is fearaibh Éireann ag gabháil a bealach,
Níor scread sí is níor bhéic sí, is níor smaoitigh sí ar a mamaí,
Go dteachaidh an táilliúir binn bréagach mar fhéirín faoina fallaing.

III

Cailín bocht buartha mé ag éirí amach ar maidin,
Níl pínn in mo phóca, ar m'fhocal tá mé folamh,
Mo ghruaidh atá mar na rósaí is mo thaobh atá mar an eala,[2]
Stadaigí feasta de bhur bplé liom, is deas an féirín fear fearúil.

IV

Tá féar fada agus fásach i nGleann Álainn ag Peigí,
Mur bhfaighimist ach féar ráithe ann, gheobhaimist fáilte ó sin go Samhain,
Bí úllaí ann, bí áirní ann, bí solas[3] ar chailín,
Is ar neamhchead uilig ár gcairde go dteachaidh an táilliúir faoina fallaing.

Amhrán 71.

A Chailín udaí Siar in Aghaidh an Phobail

[Véarsa]

A chailín udaí siar in aghaidh an phobail,
A bhfuil ort an chulaith Ghallda,
Cibé ar bith[1] táilliúr a rinn do ghúna,
Tá sé dúnta i ngrá leat.
Tá sé pillte thiar is abhus uirthi,
Saitin go dtí na sála,
D'fhiafraigh mé fhéin di an é sin an faisiún,
Na gúnaí a bheith ag scuabadh na sráide.

Amhrán 72.

Fuígfidh Mise an Baile seo

I

Fuígfidh mise an baile seo, mar tá sé dúghránna,
Is rachaidh mé go hAlbain nó siar go Laighin Uí Adhra,
San áit a bhfaighidh mé póg ó mo stór is míle fáilte,
Sealbhán deas bó is cead mo phósadh ar an táilliúir.

II

A tháilliúir, a tháilliúir, a tháilliúir an éadaigh,
Ní mó gur deise a ghearras tú nó chumas tú na bréaga,
Thug tú do dhá láimh is barra do chúig mhéar domh,
Nach bhfuígimist an baile seo go ndéanaimist réiteach.

III[1]

Nuair a bhí mise i mo bhaitsiléir bhí mise lách aoibhiúil,
In innimh a dhul chun cainte le Gaill agus le Gaeil ann,
Anois ó tá mé pósta is nach labhrann aon bhean go héag liom,
Mo mhallacht ar an lá udaí a rinn mé díth na céille.

IV

Pósadh go hóg mé mar gheall ar na puntaí,
Lán mo dhá láimh is níor shásaigh sé ariamh m'intinn,
Is trua nach dtig sé dh'acht amach mar a thig ar bha is ar chaoirigh,
An té nach dtaiteanfadh margadh leis a sheoladh amach chun 'aonaigh.

V

A Rí nach mise an truaighe do mo cheangal[2] ar a sclábhaí,
'Sé nach ligfeadh chun 'Aifrinn mé lá saoire nó Dé Domhnaigh,
'Sé nach dtabharfadh go toigh an leanna mé is nach n-ólfadh giní óir liom,
'Sé nach dteannfadh lena chroí mé mar a dhéanfadh an buachaill óg liom.

Amhrán 73.

Brón ar an Phósadh

I

Nuair a théim-sa chun faire nó tórraimh,
'Sé fhiafraíos gach óigbhean díom,
A Chormaic an bhfuil tú pósta,
Nó an aithníonn tú[1] an óige á cloí?
'Sé dúirt agus deirim-sa leofa,
Go n-aithním go mór faraor,
An méid agaibh atá gan phósadh,
Gurb agaibh atá spórt an tsaoil.

II

Níl sé ach anuraidh ó phós mé,
Agus is faide liom lá nó bliain,
Níl dúil in imirt nó in ól agam,
In aiteas nó spórt an tsaoil.
'Sé coimheád an bhotháin gan fónamh,
A d'fhág mise faoi bhrón an tsaoil,
Is is trua nár síneadh mé i gcomhra,
Sul mar dhúirt mise "gabhaim" ariamh.

III

Brón i bhfad uaim ar an phósadh,
Is ar bhuachaillí óga an tsaoil,
Nach mb'fhearr duit cáilín deas óg a fháil,
Nó bean a mbeadh puntaí léi.
Oíche mhór fhada dá dúsacht,
Nár dheas a bheith ag súgradh léi,
Níorbh ionann is a caile a bheith ag srannfaí,
Is í ag tarraingt an phlaincéad léi.

IV

An té a mbíonn ba aige is caoirigh,
Bí siad go saoithiúil suairc,
Bí siad ina suí i measc daoiní,
Is a hata go dtí a dhá gcluais.[2]
Faraor ní hé sin mar a bhím-sa,
Faoi m'eascallaí a bhíos go fuar,
Ach an caibín nach maiseach is nach gnaíúil,
Is nach bhfolóchadh dlaoi dá gruaig.

V

Dé Máirt a rinneadh mo chleamhnas,
Mo chreach agus m'aimhleas géar,
Ní thearn mé ariamh comhairle mo mhuintire,
Ba pháirt mhór dá m'aimhleas é.
Pósadh mise gan amhras,
Ar shamhailt de mhnaoi gan scéimh,
Níl aon bhean óg a gcastaí ar faill domh,
Nach rachainn chun cleamhnais léi.

Amhrán 74.

Tháinig an Bás go Fáilí Chugam ar Cuairt[1]

I

Tháinig an bás go fáilí chugam ar cuairt,
Chraith sé liom lámh, "bí sásta tháinig an uair,
Beidh mé in do pháirt go brách is ní scarfaidh mé uait,
Go bhfágaidh do chnámha ag do chairde atá scilte san uaigh."

II

Míle altú don Ard Rí nach láidir a sheasaigh mé aréir,
Go dtáinig an bás a ráidht go ndéanfadh mo léas,[2]
Dhearc mé ar an tráill is ba ghránna an mhaise dó é,
'Sé mheas mé ar a chár nárbh áin leis corraí gan mé.

III

A Phádraig Uí Bhaoill, a phlúr na bhfearaibh atá sámh,
Ná lig mise síos faoi scríb anois leis an bhás,
Gadaí an ghoib chaoil a bhfuil nimh ar gach ribe go barr,
É ag reathaidh mar a bheadh daol ann, is go scríobfadh sé an craiceann den chnáimh.

IV

Nach mór an t-iontas go dtug sé domh spéis nó geall,
Do chréatúr chaite mar mise gan feoil gan feann,
Gan maoin gan eallach gan talamh gan spré le roinn,
Gan bó gan gamhain gan dadaí ach glór mo chinn.

V

Nach mór an seasamh a rinn mise le mí gan spás,
Le Rí na gcearrbhach ag imirt gach oíche is lá,
Bhí sé ag cur a chluiche go dtáinig a haon le clár,
D'imir sé an chuileat is ní rabh na cúig méir le fáil.

Amhrán 75.

Is Iomaí Buidéal Beorach

I

Is iomaí buidéal beorach a thomhais mé is a dhíol mé,
Ó mhaidin go tráthnóna is mo bhróga orm scaoilte,
Ní bhfuair mé aon chárta ar fónamh ó ógmhná na tíre,
Ó d'ól mé an buidéal mór a bhí ag Róise Ráth Maoláin.[1]

II

Bhí trí throigh timpeall i gcoirnéal an chárta,
Bhí naoi dtroigh ar doimhne ann, gan inse gan áibhéil,
Gurb é a dúirt Féilimí Bán Mac Suibhne, dá líontaí amach lán é,
Gur sháraigh sé an chontae le cuimhne na gcártaí.

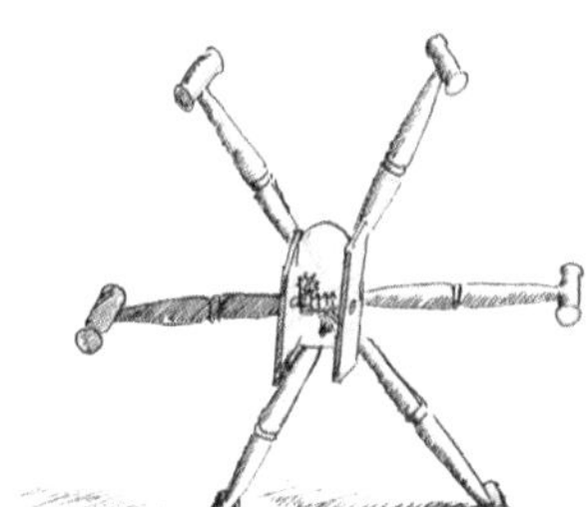

Amhrán 76.

Is Mairg a mBíonn Póca Air [Véarsa]

Is mairg a mbíonn póca air is a thóin a bheith folamh,
Tart ar mo scóig is mo scór ag mnaoi an leanna,
Nuair a shíleas na hógmhná an t-ór a bheith a scabadh,
Beidh seantairní bróg in mo phócaí dá mealladh.

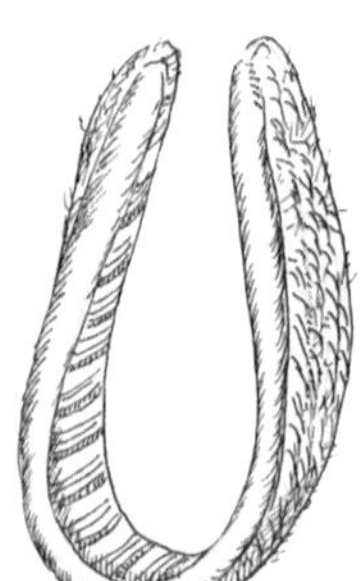

Amhrán 77.

Seán Ó Baoill[1]

I

Saighdiúir singil mé ar briseadh a gharda,
Ag iarraidh fárais a tháinig mé,
Níl baile cuain ar bith a bhfuil san áit seo,
Nach scairtfinn cárta is nach ndíolfainn é.
Tá mo bhoinéid[2] leathair ar mo mhalaidh fáiscthe,[3]
Is fada ó fháras mo theach sa tslí,
Ní thógfaidh an báillí uaim bó na bpáistí,
Nó is maith an t-ábhar níl orm cíos.

II

B'fhearr duit cíos a dhíol i gcionn gach féile,
Tá ba is caoirigh agus capaill daor,
Ór is airgead a bheith in do phócaí ag léimní,
Is do mhaighdean bhéasach a bheith agat mar mhnaoi.
Do dhís mhac ag gabháil chun na scoile in éineacht,
Is ag teacht le chéile abhaile arís,
Nach mb'fhearr duit sin agat le haghaidh do bhréagadh,
Nó bheith i do réice bocht mar Sheán Ó Baoill.

III

A mhaighdean mhaiseach le do gheallúint a fháil,
Ní maith is ní sásta an talmhaí mé,
[Ní chumfainn iomaire, nó cruach i ngarraí,
Is go brách ní chraithfinn síol i gcré.] [4]
Ní maith ag mochéirí mé i dtús an Mhárta,
Is teacht an earraigh ní talmhaí mé,
Ní fear súiste mé, dar mo chúise, nó láí,
Is dá bhfaighimist páiste cé a chothfadh é.[5]

IV

Dá mbeadh fhios agamsa gur tú a bhí i ndán domh,
Duit go ndéanfainn gach uile ní,
Ar fheabhas mar a nífinnse go geal do léinidh,
Is dheilbhfinn gréasán de *linen* chaol.
Dá bhfaighimist mac nó dhó eile ina dhiaidh sin,
D'oilfinn fhéin iad go geal le cíoch,
Nach mb'fhearr duit sin agat le haghaidh do bhréagadh,
Ná bheith i do réic bhocht mar Sheán Ó Baoill.

Amhrán 78.

Páidín Ó Raifeartaigh

Bhí mise lá is bhí fiche bó bainne agam,
Ceithre mná déag ag bualadh mo mhaistreadh,
D'ith siad an t-im agus d'ól siad an bainne,
Is d'ealaigh siad uaim le Páidín Ó Raifeartaigh.

Tá bróga gan sála ar Pháidín Ó Raifeartaigh,
Tá bríste gan bhásta ar Pháidín Ó Raifeartaigh.

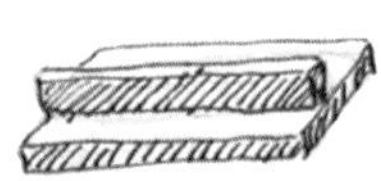

Amhrán 79.

An tSeanbhean Liath[1]

I

Casadh an tseanbhean domh is í marbh sáraith',
An darna lá a chuaigh an cogadh siar,
Caidé an mac bacaigh thú, nó an folamh atá tú,
Nó an rachfá i gcleamhnas le seanbhean liath.
Dhearc mise orm fhéin agus rinn mé gáire,
Má tá do *purse* láidir bí ag teannadh aniar,
Nó gheobhaidh tú bannaí sula dtigidh amárach,
Go mbeidh tú sásta ag gabháil fríd an tsliabh.

II

Ba mhaith an mhaise do mo sheanmhnaoi an lá sin,
Chuir sí lámh fána *purse* siar,
Folaigh sin is ná feiceadh cách é,
Tá crodh na hEaglaise anseo i do dhiaidh.
An fáth udaí a gcanaimist, bhí sé náireach,
Do bhean is do pháistí, fág iad i do dhiaidh,
Déan céile leapa díom is beidh mé sásta,
Is gheobhaidh mé an tsláinte go maith ina dhiaidh.

III

An lá sin a d'imigh mé ó mo cheathrar páistí,
Agus óna máithrín a bhí lách ariamh,
Casadh an eaglais domh is ba síodúil a gcása,
'Sé mheasaim fhéin gur chaill tú an radharc.
Pill abhaile arís a pheacaigh ghránna,
Nó is measa aríst tú nó an tsiofróg sí,
Nó is fíor gur bean a d'ith an t-úll sa gháirdín,
Tabhair cúl do láimhe leis an tseanmhnaoi liath.

IV

Tá sé scannalach le cois a bheith náireach,
Mé a bheith i gcleamhnas le seanmhnaoi liath,
Tá sé áiríste fríd an áit seo,
Go bhfuil mé dáltach le corradh is bliain.
B'fhearr liom ceangailte do bhloc trí ráithe,
Agus leath na dtráthannaí a bheith gan bhia,
Nó a bheith pósta ceangailte ar an tseanmhnaoi ghránna,
Caidé mar a fhágfas mé í anois i mo dhiaidh.

V

Ní seanbhean mise ach cailín óg,
A fuair scoil is foghlaim i dtús mo shaoil,
Dá mairfeadh m'athair go dtí aois mo phósta,
Go mbeinn i gcóiste le stór mo chroí.
Buclaí airgid in mo bhróga síoda,
Is mo hata ciardhubh ar dhath na sméar,
Caidé an mhaith sin uilig má chaill sí an Ríochta,
Gur seanbhean aosta mé a chuaigh ó aon.

Amhrán 80.

Dá bhFeicfeadh Sibhse an Bobarach

[Véarsa]

Dá bhfeicfeadh sibhse an bobarach,
Is é aniar is siar an bóthar,
Brístí fada barraí air,[1]
Is luaith dhearg ina bhróga,
Cupla toirtín *boxty*,
Leis ina phóca,
Á dtabhairt do na cailíní,
A mhalairt ar na póga.

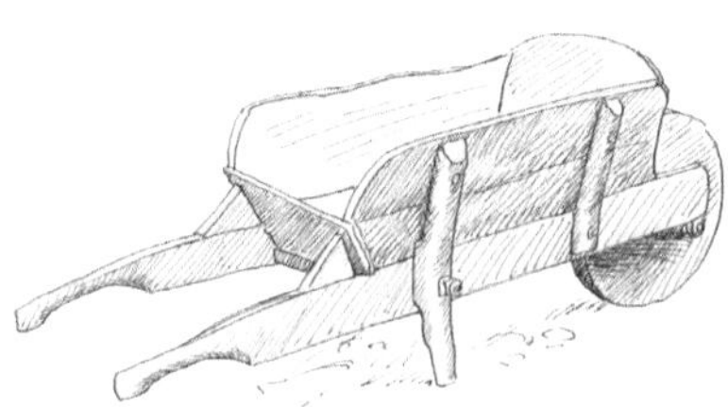

Amhrán 81.

Bhí Mise Lá ag Gabháil chun 'Aonaigh

[Véarsa]

Bhí mise lá ag gabháil chun 'aonaigh,
Casadh fear mór is fear beag orm,
Chuir mé an fear beag in mo phóca,
Is scaoil mé an fear mór leis na cailíní.

Amhrán 82.

Fómhar na mBan Óg[1]

I

Tá fómhar na bliana ag gabháil in aghaidh na mban óg,
Ní hiad na fir atá dá n-iarraidh, ach iadsan ag gabháil leo,
Cé gur ciúin céillí a shiúlann siad an ród,
Ní phósfaidh aon bhean i mbliana gan an riabhach is an crón.[2]

II

Níos measa i gcionn na bliana go rabh an riabhach is an crón,
Nó an chéad fhear ariamh a d'iarr spré le mnaoi óig,
Ba mhór ab fhearr liom cailín céillí, nach mbeadh maoin aici nó stór,
Nó an tsiofróg gan fhiafraigh ag teacht ó shliabh is a cuid bó.

III[3]

Rachaidh mé is mo ghrá amárach go toigh na tábhairne ag ól,
Ní fhuígfidh muid an áit sin nó go ndéanfaidh muid póit,
Eadar do dhá láimh má tá sé i ndán domh a bheith beo,
Go gcuiridh an Rí an t-ádh ort, is tú grá na mban óg.

IV

Tá culaith mo phósta stróca liom síos,
Níl pínn in mo phócaí nó feoirling den chíos,
Tá próiste ar thóin mo phóca fá luach na beorach atá le díol,
Is is trua mé gan phósadh[4] go dtigeadh an fómhar arís.

V

Galar bocht cloíte sílim an grá,
Cibé air a mbíonn sé ní bhíonn a chroí slán,
Bhéarfainn duit an Bíobla is bíodh sé scríofa in mo láimh,
Go mb'fhearr liom i bpríosún nó ag smaoitiú ar mhná.

Amhrán 83.

Rise Up My Darling

I

Rise up my darling má tá tú i do luí,
Foscail an doras is lig mise chun 'toigh',
Tá buidéal in m'aice liom agus dram do mhnaoi an toigh',
Tá dúil agam nach n-eitíonn tú mé fá do níon.

II[1]

Rachaidh mé is mo ghrá amárach go toigh na tábhairne a dh'ól,
Ní fhuígfidh muid an áit sin nó go ndéanaimid póit,
Eadar do dhá láimh má tá sé i ndán domh a bheith beo,
Go gcuiridh an Rí an t-ádh ort is tú grá na mban óg.

III

Nach aoibhinn don éanlaith udaí a éiríos go hard,
Is a luíos aríst ar an aonchraoibh amháin,
Ní hé sin domh fhéin is do mo chéad míle grá,
Is fada fada óna chéile a bíos ár n-éirí gach lá.

IV

Is trua gan mé is mo *darling* i mbarr Chnoch an Cheo,
Ó thitim na hoíche nó go n-éiríodh an lá,
Mar a bheadh cuach i mbarra géagaibh, ag méadú is ag gabháil cheoil,
Nó go dtéighidh muid araon chun na coilleadh craobhaigh a bhaint cnó.

V

Ní do Thomás nó do Shéamus a thug mé spéis nó geall,
Ach don ógánach spéiriúil udaí a bhí ann,
A dh'ainneoin a bhfuil in Éirinn, is a ndéarfadh mo bhunadh,
Is deas a shiúlfainn an saol go léir leat is go cé Bhéal Átha
Seanaidh.

Amhrán 84.

Cailín Bocht Buartha mé

I

Cailín bocht buartha mé a chuaigh ó fán choill,
A bhaint beairtín den luachair ba ghlaise a gheobhainn ann,
Casadh domhsa gruagach de bhuachaillín donn,
Rug sé aníos is anuas orm agus fuair sé orm faill.

II

Cá bhfuil siúd na fianaisí a bhí orainn ann,
Mise arsa an dreolán is mé go ceolmhar fán tom,
Is mé nach ndéan aon fhocal bréige nó go gcaillidh mé an ceann,
Má bhí smid as a béilín ach "éalaigh is bí liom."

III

A ógánaigh na gcumann cér chodail tú aréir,
Ag colbha do leapa is níor mhothaigh tú mé,
Dá mba trua leat mo leatrom ní chodlóchfá néal,
Gurb é do chomhrá ag gabháil an bhealaigh a d'fhág an arraing in mo thaobh.

IV

Nuair a fhosclaíos na spéarthaí is ann a éiríos an lá,
Bíonn an lán mara ag éirí in éadan sruth thrá,
Siúd mar a bheadh an té udaí a bhéarfadh aon toil do ghrá,
Mar a bheadh crann ar mhalaidh shléibhe is gan aon ghéag de ag fás.

Amhrán 85.

Padaí Loinsigh

I

Dara leoga a Phadaí Loinsigh, is leat ba mhian liom a bheith ag ól,
Ag pilleadh ort san oíche is ag síordhéanamh bróin,
Tusa a mhearaigh m'intinn i bhfad ó mo mhuintir,
Is leoga is cruaidh a chaoinfinn thú i gContae Mhaigh Eo.

II

Dá mbíodh píopa fada geal agam is tobaca le cur ann,
Buidéal uisce bheatha is go leor leor den leann,
Dá mbíodh dháréag is fiche agam, is Neilí Bhán is tusa agam,
Níor dhóiche an t-ádh a bheith uilig orm ná gur liom an donas mór.

Amhrán 86.

An Seanduine Dóite

I

Dá bhfeicfeadh sibh an seanduine i dtráthaibh an mheán oíche,
A chos ar an bhac is é ag deargadh a phíopa,
Bhí a dhá chois srathnaith' is a choisíní caola,
Is a chomharsanaí dílse, mairfidh sé choíche.
Curfá: Ho ró sheanduine, sheanduine dhóite,
Ho ró sheanduine, sheanduine dhóite,
Pleoid ar an tseanduine is mairg a phós é,
Mur dtéighidh mé ach chun dorais nár bheiridh mé beo air.

II

Chuaigh mé chun a' mhargaidh[1] a dh'iarraidh chomhairle,
Cheannaigh mé tobaca agus cláraí a chomhra,
Ar philleadh abhaile domh aríst tráthnóna,
Fuair mise an seanduine ag caitheamh a phíopa.[2]
Curfá:

III

Dá bhfaighinnse mo sheanduine báite i bpoll móna,
A chos a bheith briste is a lámh a bheith leonta,
Bhéarfainn isteach é agus shínfinn ar stól é,
Is ghreadfainn mo dhá bhois os cionn pholl a thóna.[3]
Curfá:

IV

Chuir mise mo sheanduine isteach ins an chórtha,
A dh'ól bainne reamhair is a dh'ithe aráin eorna,
Dá gcuireadh sé cheann amach sciobfainn an tsrón de,
Is d'fhágfainn an chuid eile ag na cailíní óga.
Curfá:

V

Dá bhfaigheadh an seanduine ní mar ba chóir dó,
Ocras ar maidin is troscadh tráthnóna,
Scidíní corracha is gan dadaí a bheith leofa,
Nach é a dhéanfadh an scafaire den tseanduine dhóite.
Curfá:

VI

Dá bhfaigheadh an seanduine tobaca i bpíopa,
Buidéal maith leanna is builín píne,
Deich n-uibhe fichead a bheith brúite sa ghríosaigh,
Nárbh é dhéanfadh an cana den tseanduine dhóite.
Curfá:

VII

Chuir mé mo sheanduine go margadh an rópa,
Ceastar ar a chloiginn is *watch* ina phóca,
Chaith seisean coicís ag fáil tosaigh ar a bhróga,
Is thainig sé abhaile is gan pínn ina phóca.
Curfá:

Amhrán 87.

Amhrán Pheadair Bhreathnaigh

I

Chuaigh mé chun na Rosann ar cuairt,
Go mbreathnínn fhéin uaim an spéir,
Thart fá na hoileáin ar ruaig,
Mar eilit a mbeadh cú ina diaidh.
'Sé déarfadh gach duine fán chuan,
Tráth a tháinig mé anuas fán ché,
Is maith a aithním anois ar do ghruaim,
Gur fear thú a bhfuil ruaig ina dhiaidh.

II

Casadh domh an cailín beag óg,
Is má casadh, 'sí labhair go géar,
Más fear thusa a bhain do mhnaoi óig,
Ní mholaim go mór do *thrade*.
Chonaic mé fear as tír mór,
Is é ag imeacht gan bhróg inné,
'Sé mheasaim gur thusa an fear óg,
A rabh siad sa tóir ina dhiaidh.

III

D'fhreagair mé an ainnir gan bhród,
Mar ghlac mé go mór an scéal,
Stad de do bheadaí níos mó,
Ní duine den tseort sin mé.
Mur ndruididh tú anall de mo chóir,
Is a bheith ar an nós liom fhéin,[1]
Rachaidh mé os coinne do shróin,
Amach ar tír mór de léim.

IV

Nuair a thit muid chun tuirse is chun bróin,
D'fhiafraigh mé den ógmhnaoi chaoin,
Cá bhfaighimist gloine le hól,
A thógfadh an brón seo dínn.
Tá teach beag i leataoibh an róid,
Is coinnigh sé i gcónaí braon,
Gabh thusa agus rapáil an bord,
Is díolfaidh do scór mé fhéin.

V

Nuair a chuaigh mise isteach go toigh an óil,
B'fhaiteach go leor mé suí,
Le heagla go dtiocfadh an tóir,
Is go mbainfí an ógbhean díom.
Nuair a scairt mé ar an cineál de dheoch,
'Sé mheas mé nár chóir dúinn suí,
'Sé dúirt sí bí thusa ag gabháil cheoil,
Is ní thiocfaidh ort feoirlín a dhíol.

VI

Níorbh fhada a lean Peadar don cheoil,
Gur chruinnigh an t-aos óg chun 'toigh',
Bhí achan duine is a ghloine ina dhorn,
Le comóradh a thabhairt don dís.
Bhí biotáilte fairsing go leor,
Is róbheagán dá hól sa tír,
Dá n-ólainnse gallún Uí Dhónaill,
B'fhurast mo scór a dhíol.

VII

Nuair a shocraigh muid[2] cothrom ag bord,
D'fhiafraigh an ógbhean díom,
Cén áit a mbíonn tú i do chónaí,
Nó a gcoinníonn tú cró duit fhéin.
Bím-sa seal i dtoigh an óil,
Is ní dhéanaim-sa lón den phínn,
Ach an méid udaí a shaothraím-sa lá,
A chaitheamh le spórt san oích'.

VIII

Más fear thusa a leanas don ól,
Ní mholaim duit labhairt le aon mhnaoi,
Is olc a fhóireas sé duine de do sheort,
Tosú le buaireamh an tsaoil.
[Is fearr dúinn fanacht go fóill,
Go ndéanfaidh muid lón don phínn,
Is go rabh againn an t-ór,
Is cuidiú dár gcóir aríst.][3]

IX

Fan ar an bhaile de mo chóir,
Go gcruinnidh muid lón araon,
Is gheobhaidh tú talamh go leor,
Is mise go deo mar mhnaoi.
Le fanacht go gcruinnidh muist lón,
Chaithfí cuid mhór de ár saol,
B'fhearr dúinn pósadh go hóg,
Is bheadh cuidiú dár gcóir aríst.

X

Lean thusa mise sa ród,
Is ní heagal duit buaireamh an tsaoil,
Mise a bheith ag cruinniú an lóin,
Is gheobhaidh tusa do lóistín saor.
Dá leanainnse thusa sa ród,
Níorbh fhada go dtógfá díom,
Go mbuailteá le himirt is le hól,
Is ba ghairid an lón a bhfaighinn.

XI

Ní fhéadaim a moladh le feabhas,
'Sí lagaigh go mór mo chroí,
Níl aon duine dá bhfeiceadh an tseoid,
Nach dtitfeadh chun bróin dá díth.
A leithéid is ní fhacthas go fóill,
I mbealach nó aon ród dá mbím,
Is dá bhfeicfí i mBéal an Átha Mhóir í,[4]
Bheadh cailíní óga ar phínn.

Amhrán 88.

Cuach mo Lon Dubh Buí

Ghluais mé fhéin is mo bhean chun tórraimh,
Cuach mo Lon Dubh Buí,
Cé casadh orainn ach an gruagach óg sin,
Cuach mo Lon Dubh Buí.

D'fhiafraigh sé díomsa an níon domh an ógbhean,
Cuach mo Lon Dubh Buí,
Dúirt mé fhéin nárbh í ach mo bhean phósta,
Cuach mo Lon Dubh Buí.

An dtabharfá a hiasacht oíche nó dhó domh,
Cuach mo Lon Dubh Buí,
Dar fia na mbeann is mé fhéin nach dtabharfaidh,
Cuach mo Lon Dubh Buí.

Mur ndéana mé sin leat dhéanfaidh mé an chóir leat,
Cuach mo Lon Dubh Buí,
Gabh thusa an clochán is rachaidh mise an bóthar,
Cuach mo Lon Dubh Buí.

Chuaigh mise an clochán is chuaigh seisean an bóthar, [1]
Cuach mo Lon Dubh Buí.
Cé acu againn a lean sí ach an té nár chóir di,
Cuach mo Lon Dubh Buí,

D'fhan sise amuigh ansin lán na dtrí ráithe,
Cuach mo Lon Dubh Buí.
Tháinig sí abhaile arais Malaí gan náire,
Cuach mo Lon Dubh Buí,

Chrom sí a ceann agus rinn sí gáire,
        Cuach mo Lon Dubh Buí.
Ná crom do cheann is ná bíodh ort náire,
        Cuach mo Lon Dubh Buí,

Nó is minic a roimhe a ghluais bó thar an teorainn,
        Cuach mo Lon Dubh Buí.
Is phill sí arís ar an oiris ar chóir di,
Cuach mo lon dubh buí.

A níon an toighe[2] caidé mar atá tú,
        Cuach mo Lon Dubh Buí,
Mar is maith le mo charaid is mar is olc le mo namhaid,
        Cuach mo Lon Dubh Buí.

Caidé a dhéanfadh thusa dá bhfaighinnse bás uait,
        Cuach mo Lon Dubh Buí
Cé a chuirfeadh comhra ar fhad na gcúig gclár ort,
        Cuach mo Lon Dubh Buí.

Nó comhra airgid dá mba í ab fhearr leat,
        Cuach mo Lon Dubh Buí,
Nó comhra óir cé gur mór le ráidht é,
        Cuach mo Lon Dubh Buí.

Nuair a chualaigh mé fhéin na briathra breátha,
        Cuach mo Lon Dubh Buí,
Luigh mise siar is fuair mé an bás sin,
        Cuach mo Lon Dubh Buí.

Duine na coilleadh a chliseadh a bhaint adhmaid,
Cuach mo Lon Dubh Buí,
Maide gan cuilinn nó cuaille fearnóige,
Cuach mo Lon Dubh Buí.

Tógaigí suas ar ghuailneacha arda é,
Cuach mo Lon Dubh Buí
Ligigí síos ins an pholl is neise don trá é,
Cuach mo Lon Dubh Buí.

A chomharsanaí chléibh ná ligigí ar lár mé,
Cuach mo Lon Dubh Buí,
Go n-insí mé scéal beag eile ar na mná díbh,
Cuach mo Lon Dubh Buí.

Scéal inniu agus scéal amárach,
Cuach mo Lon Dubh Buí,
Agus scéal beag eile achan lá go cionn ráithe,
Cuach mo Lon Dubh Buí.

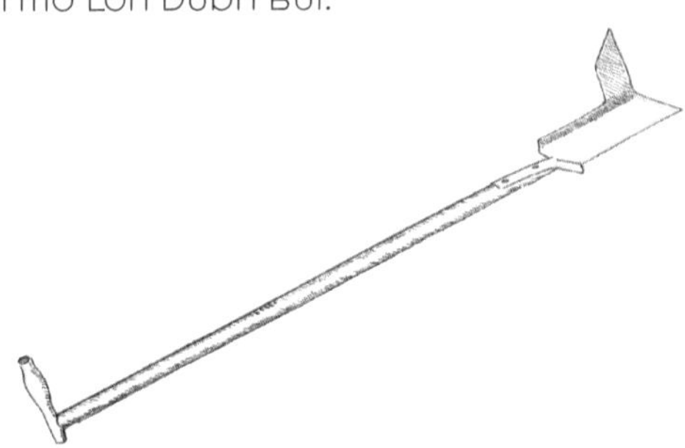

Amhrán 89.

Sráid an Chlocháin Léith

I

An lá sin a d'fhág mise sráid an Chlocháin Léith,
Bhí an *band of music* ag seinm romham, agus i mo dhiaidh,
Bhí na boltaí ar mo lámha, is an garda ar gach taobh,
Gur i bpríosún dubh Leifir a fuair mé deireadh achan scéil.

II

Scríobh mise litir isteach go hÁrainn Mhóir,
Thart fá Pholl an Mhadaidh, agus ionsar mo chuid taois óig,
Ionsar an dís ban chailín udaí, a d'fhág mé faoi bhrón,
Go mbeidh mé sa bhaile acu Lá Fhéil' Pádraig ag ól.

III

Scríobh mé an darna litir ionsar Mháire Fheilimí Óig,
Í a amharc ins an lios[1] mur rabh sí scríofa mar ba chóir,
Í a inse i gcois íseal[2] do Niall Dhoimnic Óig,
Gur fágadh sa phríosún mé fá bhuarach na bó.

IV

Nuair a chualaigh Caiftín Butler an dlí ag gabháil ar aghaidh,
D'iarr sé ar Chaiftín Sinclair, éirí is déanamh réidh,
D'éirigh Micheál Mór, agus mhionnaigh sé,
Gurb é a dúirt an *Grand Jury* gur mhionnaigh sé bréag.

Amhrán 90.

Amhrán an Tincléara

I

Tháinig an stócach abhaile tráthnóna,
Is bhuail seisean stróic ar an mhadadh,
D'amharc seisean síos ar an eiteán bheag bhídeach,
An é sin ar shníomh tú ó mhaidin?

II

Mur ndéanaidh tú gníomharthaí thaire mar a tím-sa,
M'anam ó Dhia go muirbhfead,
Damhsa gan píobaire le caolbhata díreach,
Amach as do thaobhannaí a chaile.

III

Cuirim síos teinidh is deargaim an píopa,
Is iomaí ceann scríbe a bíos ar m'aire,
Rómhair mé an díogaí is chart mise an t-aoileach,
Sheol mé na caoirigh ón gheamhar.

IV

Chuidigh mé tuí a chur i ndoras na gaoithe,
Seal eile ag tabhairt cíche do mo leanbh,
Moch-óch a Dhia dhílis nach mór m'ábhar caointe,
Nár chreid mise an fhírinne ó m'athair.

V

Nó b'fhurast domh maoin a fháil, bó, capaill is caoirigh,
Tithe maithe díonmhara a suífinn,
Gurb iad do bhréagasa shíogaí á n-inse i gcois íseal,
A thug mise ó mo dhaoiní a bhí measúil.

VI

I gContae na Mí a chonaic mé an chéad amharc ariamh ort,
Ba chosúil le do dhaoiní a bheith measúil,
Gan duine ar an aonach nach gcuirfeadh sinn scaoil ann,
Le rabh *tin* ar bhur dtaobhannaí ag craiceáil.

VII

Bhí an t-asal beag bídeach ina sheasamh sa díogaí,
Bhí páiste ar gach taobh de in áit paca,
Bhí maitheas an aonaigh1 uilig cruinn ar gach taobh díbh,
Is bhí mise i mo shuí ag an stainnín.

VIII[2]

A chailíní óga atá réidh chun bhur bpósta,
Bhéarfaidh mé comhairle bhur leasa díbh,
Gan a bheith ag ól le clann Thomáis Uí Cheocháin,
Nó ag síneadh go deo leofa ar leabaidh.

IX

Nár fhaighidh mise dochmúil, ach malairt na trócaire,[3]
Go siúlfainn fhéin Éire le bacach,
Sula mbeinn pósta ar mhac an ghiolla dhóite,
Nó chaithfeadh sé rópaí tobaca.

X

A Ratlí Eoin a shiúil na seacht ríocht,
Is a chaith na naoi n-oíche i dtoigh an raca,
Nach mór an croí a fuair tusa, labhairt le mo dhaoiní,
Nár chorraigh ariamh as an bhaile.

XI

Léifeadh an mbíobla, le peanna go scríobhfadh,
Is bheadh go síorbhuan ar a bpaidrín,
Ní hé deilín na n-aontach a bheadh leofa san oíche,
Nó ar maidin aríst i gcionn bata.

XII

Tháinig an duine aosta abhaile teacht na hoíche,
Éirigh agus cóirigh mo leabaidh,
Tóg suas ar íochtar í, craith agus spíon í,
Cuir páirt mhaith den tuí in aice an cholbha.

XIII

Ná fág mo cheann íseal, nó cnapán gan spíonadh,
Go síntear go díreach mo cholainn,
Tarraing an ghríosach anall ar gach taobh díom,
Go dtéighidh mé mo thaobh is mo leataoibh.

XIV

A sheanduine aosta dá ndéanainn sin fhéin leat,
Beo i gcionn na míosa go rabh mé,
Cibé ar bith daoiní ar chaith tú do shaol leo,
Téadh siad do thaobh is do leataoibh.

Amhrán 91.

Ar a dhul go Baile Átha Cliath domh

I

Ar a dhul go Baile Átha Cliath domh an lá déanach den tseachtain,
Casadh maighdean óg orm, is phóg sí mé ar maidin,
D'fhiafraigh sí i gcomhrá chiúin domh, cá gcónaíonn tú a mharcaigh?
I dTuaithfinn atá mo lóistín is m'áit chónaí le fada.

II

Ceist agam ort a óglaigh, ó is tú is deireanaí a d'fhág an baile,
Caidé mar atá do chéad searc, nó an féidir go maireann?
Tá sí tinn tréithlag i bhfiabhras na leapa,
Is mise le trí ráithe ag na liaigh do mo chreachadh.[1]

III

Ná bíodh cás ort a óglaigh, dá bhfaighfeá marbh í i do dhiaidh sa bhaile,
Nó gheobhaidh tú bean is spré léithi, ba, caoirigh is eallaí,
Gheobhaidh tú airgead in do phócaí, agus ór buí le scabadh,
Agus maighdean chiúin chéillí mar chéile in do leabaidh.

IV

A chaoinbhean chiúin chéillí, ná hiarr a bheith do mo mhealladh,
Nó tá muirín lag óg agam, is ní heol uaim a scabadh,
Má tá airgead in do phócaí, agus ór buí le scabadh,
Toghadh[2] thusa mar fhéirín, taobh céile in do leabaidh.

V

’Sé brí mo dhá leabhrán nach labhrann tú go séimh liom,
Nó bhéarfainn fríd chnoic thú, fríd choillte agus ghleanntáin,
Nó go bhfaighinn faill ar do chaoinchorp ghléigeal,
Is go bhfaca mé an t-am a rabh clann agam fhéin leat.

Amhrán 92.

Amhrán an Trompa[1]

I

A Johndy Uí Cheallaigh is tú an Rí,
Is tú a chuir orm fhéin gléas ceoil,
Is tú a cheannaigh domh an preasanta daor,
A chosain duit fhéin go leor.
Dá gcluinfeadh an Sagart Ó Baoill,
Mar a sheinnfeadh sí oíche is lá,
Thógfadh *rebellion* sa tír,
Go mbaineadh sé díom an tseoid.

II

Stadfaidh mé feasta den cheol,
Ní sheinnfidh mé níos mó sa ghleann,
Ó briseadh an teangaidh in mo sheoid,
Ní leanfaidh mé spórt nó greann.
Dá mbeadh fhios ag Ceallaigh mo bhrón,
Ar ndóiche níor mhaith leis mo chaill,
Mo mhallacht do aon fhear óg go deo,
Nach gcoinneochadh a sheoid faoi choim.

III

Nach mór an *credit* sa tír,
Nach dtearnadh de Rí nó *Lord*,
A mhaithfeadh do bhochtaibh a gcíos,
Nach dtiomáinfeadh choíche a bhó.
'Sé chluinim ag daoiní dá chaí,
Is creidim é fíor go leor,
Dá gcluineadh Mac Confhaola an dlí,
Go ndéanfaí de Rí go fóill.

IV[2]

Tífidh sibh Ceallaigh go fóill,
Ina dhuine rómhór sa tír,
Beidh aige *gig* agus cóiste,
Sin agus seoid dheas mhná.
Tífidh sibh loingis faoi sheol aige,
Agus sin gan mórán moille,
Siléir ghlan fhoscailte ar bheoir,[3]
Agus gheobhaidh Philie a sháith le hól.

Amhrán 93.

Na Lachain

I

Marbhaigí na lachain sula gcluintear iad sa tír,
Dith siad préataí is arbhar, is ba mhilis acu é,
Dá dtéadh an bhruinneall a cheannaíocht, dhíolfadh sí na buaibh,
Is ba ghairid a rachadh an éanlaith ar *fox* an Leacaigh Mhóir.[1]

II

Tá *rebellion* ag tosú, 'sé chluinim fán bhaile ud thall,
Dís ban ag gabháil chun *challenge*, is gan cás ar bith leo ann,
Mur stadaidh siad den ealaín sin, anois gan mórán moill',
Tiontóchar an t-arm orthu, is caillfidh siad na cinn.

III

Ar a theacht don darna baitsiléir, dar liom gurbh é a bhí fann,
Bhí an t-airgead pósta dh'easbhaidh air, is gan deor le cur ina chionn,
Hughdae gabh i mbannaí, go ndíolfaí[2] é gan mhoill,
Ní sheasfaidh Peigí an baile seo, ar mhéad is tá os a cionn.

IV

Dá bhfaighinnse bád maith farrántachta, chuirfinn an dís anonn,
Scríobhfainn ionsar an *Russia*, go rabh siad láidir teann,
Dá gcuirfí ar thús briste iad, go cinnte bhainfeadh an lá,
Is nach mór an chlú don oileán seo, an bhuaidh a bheith ag na mná.

Amhrán 94.

Ní Ba, Capaill ná Caoirigh a d'Iarrfainn mar Spré le Mnaoi

I

Ní ba, capaill ná caoirigh a d'iarrfainn mar spré le mnaoi,
Ach a fáil ó aicme dhaoiní den iolraibh a bhí sona sámh,
A thiocfadh isteach chun 'aonaigh, is a dhíolfadh go glan an clár,
Nach mbeadh róthugtha do bhruíonta,[1] is a bheadh fíorcheart i ngach uile cás.

II

Nach í Caitlín atá buartha, don ré néal a chodlaíonn sí,
Nuair a chualaigh sí na scéala gur le seoltóir[2] a d'imigh a níon,
Bhí sí barúil dóighiúil, an ógbhean ab áilne gnaoi,
Is go mb'fhearr liom í ina léinidh, nó spré mór is a fháil le mnaoi.

Amhrán 95.

An Mhaol[1]

I

Go dtigidh an saol ina shaol, is go bhfásaidh fraoch fríd an fharraige,
Ní phillfidh mé go hÉirinn a dhéanamh mo mhargaidh.
Is a mhaol tá mo dholaidh leat,
Tá an gháir ag achan duine liom,
Is ar shaoirse mo chonraidh,[2]
Ní fhéadaim an bainne a ól.

II

An ceo a bhí ar do shúile, nó an drúcht a bhí do dhalladh,
Nuair nár chuir tú do lámh fúithi, go bhfeicfeá an rabh bainne aici
Is a mhaol tá mo dholaidh leat,
Tá an gháir ag achan duine liom,
Is ar shaoirse mo chonraidh,
Ní fhéadaim an bainne a ól.

III

Shíl mise ariamh go rabh bó bhreá bhainne agam,
Go dteachaidh sí a bhúirfí is a ghéimní, is a léimní ar na bearachaí.
Is a mhaol tá dholaidh leat,
Tá an gháir ag achan duine liom,
Is ar shaoirse mo chonraidh,
Ní fhéadaim an bainne a ól.

Amhrán 96.

An Droimeann Dubh[1]

I

Ní theachaidh sin buarach suas ar cos,
Bó ba chosúla léithi nó an Ghlas,
'Sí ba mhó bainne is ba mhilse blas,
Is a mhéad na gcreabhar ní bhogfadh sí cos.
Horó a dhroimeann dubh dhílis bhán,
Is a dhroimeann dubh dílis go dtéighidh tú slán.

II

Ní bó a bhí agam ach túrtóg shléibhe,
Stacán maide a dteachaidh dath air,
Ní théid sí chun 'tairbh is ní thugadh sí aon *pint* léithi,
Is ní bhíodh sí an samhradh gan bainne ina dhiaidh sin,
Is an dtuigeann tú mo chás,
A bhean na tábhairne gach aon lá.

Amhrán 97.

A Bhean udaí Thall a Shíogó[1]

I

A bhean udaí thall a shíogó,
Ag gabháil suas ón tráigh is a shúgó,
Nach trua leat mise le Fúraí Ceochán,
Bean dá báthadh mailileó.

II

Níl mo dhúil ionat a shíogó,
Nó mo pháirt leat a shúgó,
San uair nach bhfuil le Fúraí Ceochán,
Bhéarfad cead snámh duit mailileó.

III

Nach méanra don mhnaoi óig a shíogó,
A thiocfas in m'áitse a shúgó,
Roomaí bána le Fúraí Ceochán,
Fuinneogaí arda mailileó.

IV

Tá leanbh beag agam a shíogó,
I gcionn a chúig ráithe a shúgó,
Leanbh beag eile le Fúraí Ceochán,
I gcionn a mhíosa mailileó.

Amhrán 98.

A Chiotaí a Chéad Searc[1]

I

A Chiotaí a chéad searc, is a Chiotaí a ghrá,[2]
Cé hé an fear fada sin sínte leat síos?
A stáraí le buile is a réice le baoil,
Nach é sin mo leanbh atá sínte liom síos.
Maise shiúil mise Éire agus tháinig mé arís,
Agus féasóg ar leanbh ní fhacas ariamh.[3]

II

A Chiotaí a chéad searc, is a Chiotaí a ghrá,
Cé leis an beathach capaill atá ceangailte ar thaobh an toigh'?
A stáraí le buile is a réice le baoil,
Nach í sin mo bhó bhainne atá fá choinne mo chuid lao.
Maise shiúil mise Éire is tháinig mé arís,
Agus cruitheacha ar bhó bhainne ní fhacas ariamh.

III

A Chiotaí, a chéad searc, is a Chiotaí a ghrá,
Cé leis na spoir gheala atá crochta ar thaobh an toigh'?
A stáraí le buile is a réice le baoil,
Nach iad sin mo chuid gobán atá fá choinne mo chuid lao.
Maise shiúil mise Éire agus tháinig mé arís,
Agus roithleáin ar ghobáin ní fhacaigh mé ariamh.

IV

A Chiotaí, a chéad searc, is a Chiotaí a ghrá,
Cé leis an chlaíomh gheal atá crochta ar thaobh an toigh'?
A stáraí le buile is a réice le baoil,
Nach é sin mo mhaide pota atá fá choinne mo chuid bidh.
Maise shiúil mise Éire agus tháinig mé arís,
Agus *scabard* ar mhaide pota ní fhacas ariamh.

Amhrán 99.

Carn tSiail[1]

I

Ar a dhul siar domh go Carn tSiail,
Chun 'aonaigh chéanna Lá Fhéil' Muire Mór,
Casadh an ainnir domh as an taobh aniar,
Is mé go cianmhar ag siúl sa ród.
[Dar liom féin, ó gur scar mo chiall uaim,
Mar a bheinn ag siabhrán nó seal ag ól,][2]
Rinn mé fhéin amach gur dhorcha an ghrian gheal,
Le taobh gach dealramh dá gruaidh mar an rós.

II

Bheannaigh mé di, an mhaighdean aoibhiúil,
D'easbhaidh céille de, chlaon mo ghlór,
D'fhiafraigh mé di an rabh aon fhear in Éirinn,
A ghlacfadh sí roghain air ag siúl sa ród.
D'fhiafraigh sí díom cá rabh mo léinidh,
Mo *wig* mo bhéabhar[3] is gan fiú na mbróg,
Is annamh a chonaic mise sac mar éide,
Ar fhear is é ag bréagadh na gcailín óg.

III

Is neamhionann mo hatán cráibe,
Mo bhanaid bhán is mo sheantriús lín,
Is rómhaith a aithním eadar an dubh is an bán,
Is ní hí an bhean is stráiciúla is troime ciall.
Ná síl gur chugatsa atá mé á rá sin,
A ainnir álainn is finne ciall,
Ach sílidh an iomata agaibh mé a bheith i ngrá libh,
Is is beag mo chás lena leath ná a dtrian.

IV

Bhí mé i Manach Mór is i gCaisleán Cába,
I mBaile Uí Dhálaigh is i Lios na Sciath,
Bhí mé i Muineachán agus ar an Ghráinsí,
Is ag Droichead Chúil Áine is ní rabh mé ariamh.
Chodlaigh mé aréir in Íochtar Fhánaid,
Is anocht mo tharraingt go Carn tSiail,
Dá nglacfá roghain ar fhearaibh Fáil mé,
Seo mo lámh duit is beidh mé ag triall.

V

Bím i mo tincléir i bPort an Dúnáin,
Is i mo dhroimshuan i nDroim Átha Thiar,[4]
Go Baile Átha Cliath a théim i mo throoper,
Ba mhaith an cúipearaí mé i mBaile Uí Bhaoill.
Goidim gearrán i gCúige Mumhan,
Go Contae Liatroim a théim dá dhíol,[5]
Níl aon chailín Ultach dá ligfeadh rún liom,
Nach dtabharfainn cúl seal do mhná na Mí.

VI

Bím ag paiteogáil ins an lúraí,[6]
Is i dtús mo chúrsa is mó a gheibhim céim,
Seal i mo bhrathadóir i gcóirneál íseal,
Is i mo chaiftín troopers ag an *Phrince of Wales*.
Seal i mo dhoctúir, seal i mo ghiúistís,
I mo shagart cúraim i gCaisleán tSéimh,
I mo mháistir scoile ag Doire Lúbaigh,
Is nach deas a mhúin mise an bhean aréir.

VII

Bím-sa i mo fhíodóir ins an Íomhaigh,
Is deir daoiní go ngoidim snáth,
Bhéarfainn saothrú dófa i gcois íseal,
Do achan aon acu a dtuigfeadh an cás.
Bím ag bruíonachas ar na haontaigh,
Is ní fearr liom an oíche agam ann nó an lá,
Bím ag suirí le achan chailín díomhaoin,
Is níl fhios ag aon acu cá bhfuil mo ghrá.

VIII

Téim go hArd Mhacha a dh'imirt chártaí,
Agus ólaim sláinte i dTamhnach Naoimh.[7]
Téim-sa thart ag cionn gach trá,
Is isteach i mbád ag Loch Bhéal Séad.
Suím síos i dtoigh na tábhairne,
Is ólaim sláinte mo chairde díl,
Nárbh olc an leann a bhí i dtoigh Mic Amhlaí,
A chois na trá ag Lorg an Draoighin.

Amhrán 100.

Mo Chailín Donn

I

Tá mo chleamhnas dá dhéanamh inniu agus inné,
Ní mó ná go dtaitníonn an bhean liom fhéin,
Fuígfidh mé i mo dhiaidh í is rachaidh mé leat fhéin,
Faoi lúbadh na Coilleadh Craobhaigh.

II

Shiúil mise thoir agus shiúil mise thiar,
Shiúil mise Corcaigh agus sráid Bhaile Átha Cliath,
Macasamhailt mo mhuirnín is ní fhacaigh mé ariamh,
Ach an cailín deas donn a rabh mé i ngrá léi.

III

Ar maidin inné dhá uair roimh an lá,
Scríobh mise litir le cur ionsar mo ghrá,
'Sé chualaigh mé dá léamh í ar an aon chraobh amháin,
Gur éalaigh mo mhuirnín thar sáile.

IV

Codladh go headra a d'fhóirfeadh domh fhéin,
Leabaidh ghlas den luachair faoi mo thaobh,
Buidéal uisce beatha a bheith faoi mo chionn,
Is mo chailín donn a bheith ar láimh liom.

Amhrán 101.

Snáth Banríona

I

Nach rómhór an t-athrú a tháinig chun na háite,
Ó stadadh den chardáil, den bhriseadh is den tsníomh,
Gan seanbhean nó páiste a bhfuil tógáil a láimhe ann,
Nach bhfuil geangadán báinín[1] leis ar a thaobh.

II

Dá gcluineadh an bhanríon an t-anró a bhfuil mná ann,
Fríd sléibhte dá gcarnadh le fearthainn is le fuacht,
Ina suí go rabh an lá ann, ag síorchur an tsnátha sin,
Is nach n-órdaíonn an báilí[2] dófa codladh nó bia.

III

Bréagach thú a tháilliúir ó b'éigean domh a rá leat,
Órdaíonn an báilí dóibh codladh agus bia,
Nó tá go leor in do bhásta[3] a bhí réidh ina mhála,
Is ó tháinig an bhanríon tá fuil ina ngiall.

IV

Nuair a théid siad chun na sráide tá gúnaí is seáltaí,
Síos lena sála, sin rud nach bhfacthas go dtí anois,
Luach na mine cairde a bhí ite le ráithe,
Ba mhaith acu an bhanríon le cuidiú a dhíol.

Amhrán 102.

Chaith mé Seacht Seachtainí ag Ól

I

Chaith mé seacht seachtainí ag ól,
Is bhí an arraing go mór do mo chloí,[1]
B'fhurast mo leabaidh-sa a chóiriú,
Seal tamaill fán ród seo thiar.
Nach mór na tíolacthaí a thug an Rí domh,
Mo dhúil a bheith ariamh sa dram,
Is d'ólfainn gloine eile ina dhiaidh sin,
Dá mbaintí díom stiall den cheann.

II

Shiúil mé thoir agus shiúil mé thiar,
Shiúil mé thall is abhus,
Níl aon phínn dar sholáthar mé ariamh,
Nár chaith mé chomh fial le Fionn.
Tugaigí domh fliuchadh mo bhéil,
Más maith libhse mé a bheith slán,
Is a chomharsanaí dearcaigí fhéin,
Gur galar gan céill an tart.

III

Phós mé caile gan chéill,
Mar bhí aici spré ina dorn,
Thug mise liom í chun 'aonaigh,
Agus chuaigh muid araon a dh'ól.
D'ól muid sé chárta dhéag,
Ó sin go dtáinig an lá,
Chaith sí na *jugaí* i mo dhiaidh,
'Sé dúirt sí nár théighidh tú slán.[2]

Amhrán 103.

Is Fada Fada a bhí tú Amuigh[1]

I

Is fada fada a bhí tú amuigh,
Cad chuige nach dtáinig tú inniu nó inné,
Ní hé seo an baile a bhféadfadh bean,
A bheith i bhfad ag feitheamh lena fear fhéin.

II

Is mise an t-éan a chuaigh i bhfad,
Is a d'fhág mo nead i mo dhiaidh,
B'olc an seanadh a bhí ins an mhnaoi,
Nár fhan le brí mo scéil.

III

Dá mba mise an t-éan a rachadh i bhfad,
Is a d'fhuígfeadh mo nead i mo dhiaidh,
Chuirfinn anáil faoi na bruaich,
A bhéarfadh fuath do gach aon.[2]

IV

Is mise an t-éan ó thom go tom,
Is mise an long a bhris a seol,
Is mise an abhaill a chaill a bláth,
Is gur a dh'ainneoin chách atá mé slán.

V[3]

Ag fadú teineadh le loich,
Nó ag caitheamh cloch i ndiaidh cuain,
Comhairle a thabhairt do mhnaoi bhorb,
Nó ag bualadh oird ar iarann fhuar.

VI

Ná labhair liom feasta istigh nó amuigh,
I mbaile bheag nó i mbaile mhór,
Go dtigidh na mairbh as an uaigh,
Is go mbeiridh na moilt na huain.

VII[4]

Mo rún is ní ligfidh le aon neach,
Go n-éirí na mairbh as an uaigh,
Go dtreabhaidh na caoirigh an cnoc,
Is go mbeiridh na moilt na huain.

VIII

Seanfhocal agus é fíor,
A chuala mé ag mo dhaoine romham,
Nuair a bhristear ar an chruaidh,
Gur fursa don tslua a fáil.

Amhrán 104.

Maighre Dheas na Gruaige Báine

I

I gcúl an chnoic ud thiar atá mo ghrá le bliain,
Is is áilne í nó grian an tsamhraidh,
Ar lorg a cos ar shliabh, go bhfásaidh mil ina diaidh,
I dtús an fhuaicht i ndiaidh na Samhna.

II

Mé ag éisteacht leis an chuaich, ó Bhéal an Easa Ruaidh,
Is bhí farraige a bhí mór ar láimh liom,
[Nuair a casadh orm mo rún, i léithi fhéin ag siúl,
'Sí Maighre dheas na gruaige báine.][1]

III

Bhí mé seal i mo cheannaí snáth, is mé ragaidí le mná,
Agus d'ólainn a lán ar aontaí,
Dá ndéanainn an dubh bán, is a chaora dhubh a bheith slán,
Ní rabh gar ann ins na mná a bheith ag éileamh.

IV

Nach trua siúd buachaill tinn, ina luí ar chúl a chinn,
Agus gan fios acu fá dhíth a shláinte,
Gach cailín óg sa tír uilig ag gabháil i gcrích,
Is tá siad ar tí a shéanadh.

V

Dhéanfainn bád is long a stiúrfadh ar an toinn,
Is nár ródheas an gníomh é déanta,
Chealgfainn go binn do leanbh bán deas donn,
A Mhaighre dheas na gruaige báine.

Amhrán 105.

D'éirigh an Caile Garbh

I

D'éirigh an caile garbh is thug sí rása chun 'dorais,
My blood in water, an é seo mar a bheas mé i mbliana,
Sin thall punta barraigh, is faigh punta eile ar iasacht,
Ceannóchaidh sin *habit shirt* duit, is beidh na fir do d'iarraidh.[1]

II

Tháinig scéala chuig an *Revenue* na *habit shirts* a strócadh,
Gan aon cheann a bheith ar aon duine acu, ach clann na ndaoiní móra,
Gurb acu a gheofaí an t-airgead, a cheannóchadh an starch,[2]
Is gan starch na bataí dubha a bheith ag teacht ar ais ina mbonnaí.

III

D'éirigh an caile gágach, is *bhrusháil* sí a cíocha,
D'fhiafraigh sí dá máithrín, cá bhfuil mo ghúna cailicó,
Sin thall ins an mhála é, is fáisc ar do chraiceann é,
Sula bhfaighidh tú náire, siúd isteach an baitsiléir.

IV

B'aite liom cailín óg a mbeadh cóta beag stuif uirthi,
B'aite liom cailín óg a mbeadh cupla bó ar cnoc aici,
B'aite liom cailín óg a mbeadh méin mhaith is sin aici,
Ní phósfaidh mé aon bhean i mbliana a mbeadh ruball fada breac uirthi.

Amhrán 106.

Gasúr an Bhéarla[1]

I

Gasúr maith gasta a bhí i ngasúr an Bhéarla,
Thusa agus mise go rúiscfeadh sé in aon léim,[2]
Bhí caolbhata glas aige a d'fhás ar Loch Éirne,
Bhí sé do mo ghreadadh, is gan maith domh a bheith ag béicfí.[3]
Ran-dan-ran-de-dan-aoraí
Ran-de-dan, ran-de-dan-aoraí
Is ran-dan.

II

Naoi nduisín bradán a marbhú aréir ann,
Duisín breac geal is eascon de réir sin,
Bhí báirseoirí casta faoi leapacha bréana,
Agus buachaillí Mholly ag damhsa le pléisiúr.[4]
Ran-dan &rl.

III

D'éirigh Closcaigh is é ag siortú a bhróga,
D'iarr sé ar Neilí gan a mhin a ligean leofa,
Bhris siad na tubáin is bhris siad na stópaí,
Is scaoil siad na ba amach suas fríd an eorna.
Ran-dan &rl.

IV

Siúd siar an sladaí is mo ghnoithe leis déanta,
Ceapaigí anois é, nó beidh sibh gan éiric,
Is daoiní chlann Mholly a tháinig in éifeacht,
Ní bhfaigheadh siad cead drannadh le fear a mbeadh léann air.
Ran-dan &rl.

Amhrán 107.

Máire Bhruinneall [2][1&2]

I

A Mháire Bhruinneall, a bhláth na Finne,
I ndiaidh mé do leanúint aniar ón áth,
Do bhéal is binne nó an chuach is í ag seinm,
Is tú a d'fhág mise i ndealramh báis.
Ach gurb é na tromchomhairleacha a bhí ar mo stóirín,
Thógfadh sí an brón is an tuirse a bhí orm díom,
Mharbh tú go deo mé ar scáth ar fhág tú beo díom,
Lagaigh tú go mór mór m'aigne is mo chroí.

II

Ag chúirteoireacht ban óg má théann tú go deo,
Ná dearmad do phócaí a bheith líonta,
Bíodh leat fíon, uisce beatha daor,
Tobaca is gach ní eile de réir sin.
Nuair a rachas tú chun 'toighe, suigh lena taobh,
Is a choíche na déan dearmad de na póga,
Nuair a rachas bunadh an toighe a luí, bí á teannadh le do chroí,
Is meallfaidh tú do mhian ar an dóigh sin.

III

Éan bocht scaite mé le fada,
Ó chaill mé mo chúl báire,
Níl teach mo charaid romham ins na bealaí,
Is nach trua le neach mar atá mé.
'Sé éag mo charaid a sheol mé an bealach,
Is a d'fhág mé anseo le ráithe,
A Rí atá i dTeamhair go ngluaisidh tú an tSamhain,
Is go seolaidh tú thaire Bhéal Trá mé.

Amhrán 108.

An Madadh Rua[1]

I

Bím ag síorshiúl amuigh san oíche,
Is iomaí ní a tím fán chomharsain,
A chuirfeadh iontas rómhór ar dhaoiní,
Is ar eagla míghrinn ní labhairim.
Tím-sa dís acu ins an tslí sin,
Agus achan oíche san fhómhar,
Dá mbeadh Gaoth Beara ag cur i dtíortha,
Ní thiocfadh chun 'toighe gan rud leofa.

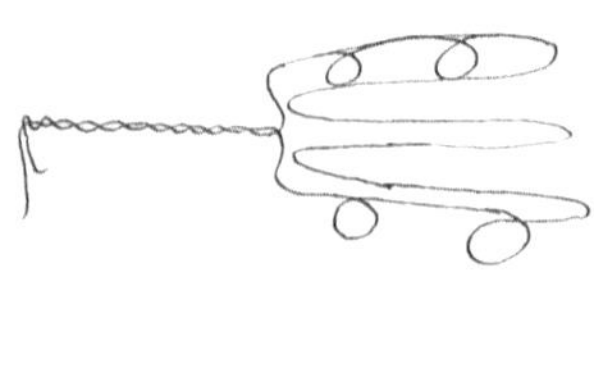

Amhrán 109.

Tá Cailleach i bPort na hUilleanna [Véarsa]

Tá cailleach i bPort na hUilleanna,
'Sé déarfadh sí Dé Domhnaigh,
An rabh tú i dtoigh an leanna,
Nó an bhfuair tú aon bhraon le hól ann.
Mise a d'ól an iomata,
Is d'ól mé an chuid mhór de,
Nó gur thit mé siar i mo sprealaire,
A chois na teineadh ag Máistir Keoghman.

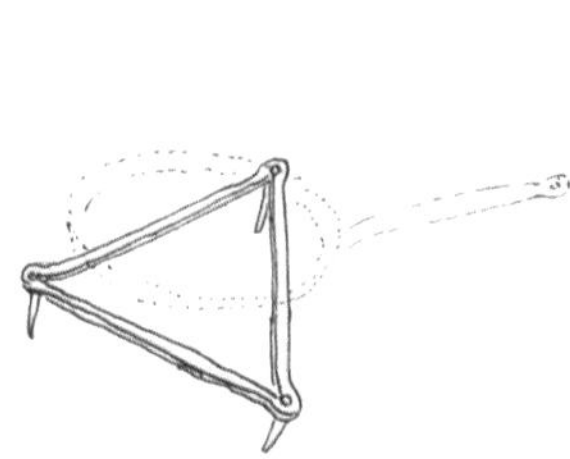

Amhrán 110.

Thuas i Máigh Uachtaraigh[1]

I

Thuas i Máigh Uachtaraigh tá an suairceas fán am seo,
Níl fiú Dhonnachaidh Ruaidh nach bhfuil stuaic air ag damhsa,
Tá mé dá thuar daoibh go bhfuil an uair in bhur dteannta,
A mbeidh meas ar na ruacain is nach mbíonn fuath ar an neamhní.

II

Chonaic mé lá thú is an tsáile do d'fhuadach,[2]
Gaineamh na trá leat go hard ar do ghuaillí,
Sruth uisce le do shála is an gháir in do chuadal,
Is gob ort mar bhardal ag féachaint[3] cén áit a bhfaighfeá ruacan.

III

Nár dhána a dúirt Brian liom is é thíos ina phóca,
An bairneach is an fhaoileán, is gach ní eile den tseort sin,
Go dtabharfadh sé saothrú maith i maorach na Fodhla,[4]
Go mbeadh bascoidí blaoscacha faoi mhaide an tseoil aige.

Amhrán 111.

An Coileach[1]

I

Tá an coileach ag Nóirín is bródúla sa tír seo,
Ar fheabhas a phórthaí go n-ordóchfaí cíos dó,
Daoiní uaisle Chríche Fodhla go brónach ag caoineadh,
Nuair a chualaigh siad gur rósadh a bhróga faoin ghríosaigh.

II

Dá gcnagfaí le fód é is gan a thógáil a choíche,
Déarfainn ar ócáid gur dhóighiúil an gníomh é,
Ar scáth a dhul dá rósadh fán fhómhar a scríob sé,
'Sé ábhar mo bhróin nach rabh Eoin ar a ghaobhar.

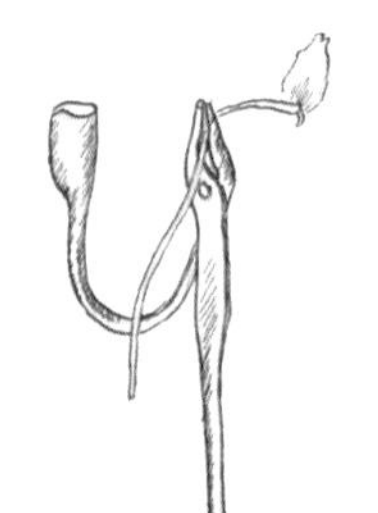

Amhrán 112.

Uan Caorach

I

Dar hú, dar há, dar dhá Shliabh Leice,
Dar fallaing mo mhná, a Eoin Bháin ní mhothaíos do mholt,
Tá daoiní a ráidht dá ndéanfá a shiortú go maith,
Go bhfaighfeá i Mín an Chairn é Dé Máirt is é ceangailte ar thor.

II

Chaill mé mo hata, mo bhata, mo bhean is mo chlann,
Mo dhúiche thalaimh, mo sparán is gan dhá phínn ann,
Ba mhó ba mheasa liom callán Eoin Mhóir is a chaint,
Fán uascán chlamhach nár cailleadh ár dtaobh den Ghleann.

III

Éirigh suas gan ghruaim, gan stocaí gan bhróg,
Fá mhullaigh na gCruach, is fá bhruach Loch Beara gach neoin,
Tá caiplí thuas gan ghruaim, gan mhearadh, gan bhród,
In eadra an Bhaile Uachtaraigh, gheobhaidh tú tuairisc do mhoiltín ag Eoin.

Amhrán 113.

Is Deas agus is Ceolmhar a Labhaireas gach Éan i dTom[1]

I

Is deas agus is ceolmhar a labhaireas gach éan i dtom,
Is deas gach uile sheort agus is ródheas mo chailín donn,
Is aici a fuair mé an t-eolas ar mhórán is ar thuilleadh grinn,
Is nár dheas an rud sú na heorna, a bheith dá hól is dá teannadh linn.

II

An bhean a thug an t-iasc léithi, na fiacla go gcaillidh sí,
Nó go dtigidh uirthi siabhrán beag fiabhrais nó aicíd chrom,
Do bhunadh go rabh do d'fhiafraigh,[2] i bpriacal nach bhfeicthear thú,
Is gur minic a baineadh an t-iasacht as íochtar do naprún.

III

Fágfaidh mise an baile seo, is rachaidh mé chun 'Oileáin Úir,
Go bhfaighidh mé mé fhéin gléasta, is téadaí ar m'fhidil úr,
Sheinnfinn port le pléisiúr in éadan achan bhaile cuain,
Is a Rí nár dheas an féirín an spéirbhean a d'éalaigh uaim.

IV

Is trua gan mé is mo chéad searc ar aonach i bhfad ón Rí,
Nó i ngleanntán dorcha ar uaigneas, is gan cuairt orm de lá nó dh'oích',
Réabfar crann is rópaí, is beidh seoltaí dár gcur ar gcúl,
Beidh mise faoi dhólás, agus faoiseamh ní bhfaighidh mé choích'.

Amhrán 114.

Na Cailleachaí Buí[1]

I

Dá bhfeicfeadh sibh na cailíní ag éirí ar maidin
Is a dtriall go hAifreann an Domhnaigh,
An tsúil a bhí ag Ailís ar dhá thaobh an bhealaigh,
Is í ag iarraidh a bheith ag mealladh na n-ógfhear.
Paidrín fada agus cros ar a chionn,
Lámh ar a n-ucht is iad ag bualadh go teann,
Dá dtugfá fá dear iad bhí *wig* ina gcionn,
Is a gcíocha dá nochtú le súile an fhir thall.

Curfá: Is aerach an duine mé,
Is aerach agus is soineanta,
Is iomaí bean óg a bhí i ngrá liom.
Is aerach an duine mé,
Is aerach agus is soineanta,
Is mór a thitim i ngrá leo.

II

Ag gabháil siar ag Ros Comáin domh, is liom a bhí an tiomáint,
Is gan mise ach ag iarraidh mo lóistín,
Bhí na dorsa dá nglasáil, is na madaidh dá ndreasú,
Is na Connachtaí ag taisbeáint an ród domh.
Tharlaigh mé isteach ionsar na cailleachaí buí,
Is leoga má tharlaigh níor mhaiseach a n-aoibh,
Thug bean acu a hanam don fhear a bhí thíos,
Nach mbeinnse ansin anocht nó gurbh fhairsing an tír.

Curfá:

Amhrán 115.

A Phadaí an Chúil Daite

I

A Phadaí má d'imigh tú, go dtéighidh tú slán,
Níor imigh tú nó gur lagaigh tú an croí in mo lár,
Níor fhág tú coite agam le go leanfainn thú, long nó bád,
Ach siúd an fharraige ina tréan tuile, agus ní heol uaim snámh.

II

A Phadaí nó nach miste leat mé a bheith tinn,
Is a Phadaí nó nach miste leat mé a bheith i gcill,
A Phadaí an chúil daite agus an bhéilín bhinn,
Go dtéighidh mé i dtalamh, is go mbeidh cion agam ar do chomhrá liom.

Amhrán 116.

Pílí Cat Bán[1]

I

Bhí mála mór mine ag Séamus Ó Néill,
Thuas ar an araid le sé bliana déag,
Léim an cat bán suas ar an bhéim,
Is stróc sé na córdaí agus leadhb mór den bhéal.

II

Chuir mé mo phisín go Sligeach Dé Máirt,
Mharbh sé caora le fear ins an áit,
Níor fhág sé aon ghreim feola uirthi isteach go dtí an cnáimh,
Níl aon rógaire sa tír ach mo phílí cat bán.

III

Chuir mé mo phisín amach go taobh tuaidh,
Tháinig sé abhaile agus é bascaithe le fuacht,
Líon mise gloine dó den bhiotailte chruaidh,
Is dhíbir sé an luchóg amach as an chruaich.

Amhrán 117.

Caidé a Fuair tú ar do Bhricfeasta[1]

I

Caidé a fuair tú ar do bhricfeasta, a ógánaigh na gcumann,[2]
Caidé a fuair tú ar do bhricfeasta, a ógánaigh óig?
Fuair mé eascon a rabh lúb inti, agus nimh go trom brúite uirthi,
Tá mé tinn fá mo chom bán, is ní bheidh mé i bhfad beo.

II

Caidé a fhuígfeas tú ag do dheirfiúr, a ógánaigh na gcumann,
Caidé a fhuígfeas tú ag do dheirfiúr, a ógánaigh óig?
Fágfaidh mé cúig phunta aici, is roinn de na ba donna aici,
Tá mé tinn fá mo chom bán, is ní bheidh mé i bhfad beo.

III

Caidé a fhuígfeas tú ag do dheartháir, a ógánaigh na gcumann,
Caidé a fhuígfeas tú ag do dheartháir, a ógánaigh óig?
Fágfaidh mé cúig phunta aige, is mo ghearrán maith donn aige,
Tá mé tinn fá mo chom bán, is ní bheidh mé i bhfad beo.

IV

Caidé a fhuígfeas tú ag do leanbh bán, a ógánaigh na gcumann,
Caidé a fhuígfeas tú ag do leanbh bán, a ógánaigh óig?
Fágfaidh mé mo theach is m'áit aige, is eochair mo thrunca aige,
Tá mé tinn fá mo chom bán, is ní bheidh mé i bhfad beo.

V

Caidé a fhuígfeas tú ag do bhean phósta, a ógánaigh na gcumann,
Caidé a fhuígfeas tú ag do bhean phósta, a ógánaigh óig?
Ní fhágfaidh mé pínn nó bonn aici, ach Ifreann gan roinn aici,
Tá mé tinn fá mo chom bán, is ní bheidh mé i bhfad beo.

Amhrán 118.

Peigí Ní Shléibhín

I

Is iomaí siúd oileán ó seo go Binn Éadain,
Tá oileán is fiche acu istigh ar Loch Éirne,
Is ann atá an ógbhean is deise a shiúil Éire,
Gurb é a hainm is a sloinne, Peigí Ní Shléibhín.

II

Má tá sibhse tuirseach de Pheigí Ní Shléibhín,
Cuirigí chugamsa aríst í an taobh seo de Loch Éirne,
Gan fallaing gan gúna, gan fiú nó na léine,
Ach an fhallaing bheag chumhra is a súisín le chéile.

III

Stadaigí de bhur bhfanóid ar chailíní an tsléibhe,
Ná má bhain daofa faillí go rabh siad gan léinidh,
Nuair a bíos buaibh acu, is na gamhna óga ag géimnigh,
Bí brachán gan bhainne ag streabhógaí an Bhéarla.

Amhrán 119.

An Moiltín[1]

I

Bhí moiltín beag agam ar téad,
Is lig sé liom fhéin a lom,
D'fhreagair sé mise go géar,
Nach seasóchadh Éire an roinn.

II

Dá liginnse thusa den téad,
B'aisteach mé fhéin dá chionn,
Gan fios cá rachainn i do dhiaidh,
Is an olann a dh'fheidhm gan mhoill.

III

Fuígfidh mé an lomairt i mo dhiaidh,
Fág giobach mo bhléin is mo dhroim,
Caithfidh mé an Nollaig fá phléisiúr,
Thall ag cuid uascán Tom.

IV

Scaoil siad na madaidh i mo dhiaidh,
Fríd churraigh is éadan beann,
Is ní bhfaighinnse cead amharc i mo dhiaidh,
Dá mbaintí díom léab den droim.

V

Chuaigh mé go Caraidh na Scríbe,
Agus sheasaigh mé suas i mbinn,
Choinnigh mé cogadh leo uaim,
Gur éirigh a gcuid cuadal fann.

VI

Chuaigh mise ar fhoscadh na gCruach,
Mar a bhí mo chuid guaillí lom,
Ach feamainn ní bhainfinn as cruaich,
Níorbh ionann is cuid uascan Tom.

VII

Chuaigh mé chun a' tobair ionsar Bhríd,
Ar maidin is í ag cíoradh a cinn,
Is ní fhacaigh mé dadaí dá haoibh,
Go dteachaigh sí go toigh Mhac Fhloinn.

VIII

Thall ag Tom atá an spéirbhean,
Shoineanta shéimhí ann,
Ní chreidfinnse aon duine faoin ghréin,
Nó tá Betty[2] ina Gael is ina Gall.

IX

An fad is bheas sí in d'fhabhar,
Dhéanfaidh sí laighce is greann,
Nach mise a bhí i ndeireadh na péice,
Nuair a fágadh mé ar shréadaí Tom.

Amhrán 120.

Síle Bheag na bPéarlaí[1]

I

Is trua gan mise is Síle,
I ngleann aoibhinn go dtigeadh an lá,
Gan aon neach a bheith ar ár ngaobhar,
Ach an chearc fhraoich agus an coileach gearr.
Duilliúr ar bharr na gcraobh,
An chíb agus an canach bán,
Nó go n-admhaíodh sí don ríochta,
Go sínfinn lena brollach bán.

II

A Shíle bheag na bpéarlaí,
A spéirbhean ná bíodh ort gruaim,
Nó tursóchaidh mé i do dhiaidh,
Is beidh mo chroí chomh dubh le gual.
Mur dtigidh tú do m'fhéachaint,[2]
Is éalú liom fríd bhailte cuain,
Mo chroí go mbeidh ina sméar,
Is ní bheidh mo shaol róbhuan.

Amhrán 121.

Cumhdachaí[1]

Cumhdach I

Ins an teineadh a chaill mé m'fháinne,
Ins an scioball a chuir mé i gcása é,
A Anna Ní Gallchóir ná bíodh cás ort,
Chuir mé spéis in do phéacóg álainn.
Hi, *farewell*!
Sílidh Joe Ó Búrca gur bean dó fhéin í,
Sílidh Jimí Mac Aoidh gur bean dó fhéin í,
Arsa Condaí Ó Búrca agus é ar a ghlúine,
"A Mháire bheag dhílis, bí dílis domhsa."

Cumhdach II

D'iarr bean an toighe orm suí go socair,
Mála na bpíobann a chur faoi m'ascaill,
Máire Nic Aoidh a chur sa chliabhán
Conall Eoghain Phádraig a chur dá bogadh.

Cumhdach III

Cé siúd amuigh ag cartadh na díogadh,
Maise i ndáiríribh? Leoga sea.[2]
Biodaí Nic an Luain a chartadh le *sweep* í,
Maise i ndáiríribh? Leoga sea.
Cén buachaill óg a bhéarfadh a croí di?
Seán Mac an Luain ar uair an mheán oíche,
Maise i ndáiríribh? Leoga sea.

Cumhdach IV

Cumhdóchad fhéin mo chlann go hóg,
Bhéarfad dófa mórán bó,
Anna Nic an Luain is Jimí Mac Aoidh,
Tá mo chlann fhéin cumhdaithe go leor.

Cumhdach V[3]

An gcuala sibhse na scéala,
A tháinig chun na háite,
Go dteachaigh Máire Nic Aoidh is Micheál Phádraig,
Anonn thar sáile.
Mo thuirne dubh mo thuirne dubh,
Mo thuirne dubh is mo shnáithe,
Mo thuirne dubh ó dhubh go dubh,
'Sí an tuirne dubh ab fhearr liom.

An gcuala sibh arís caidé

A d'éirigh don lánúin,
Go dtáinig Jimí Ó Búrca an bealach,
Is gur sciob sé as a dhá láimh í.
Mo thuirne dubh mo thuirne dubh,
Mo thuirne dubh is mo shnáithe,
Mo thuirne dubh ó dhubh go dubh,
'Sí an tuirne dubh ab fhearr liom.

Cumhdach VI[4]

(Anna: Tá maise, nuair a bhíodh lot giorrsachaí ag obair roimhe seo, agus campannaí ag gabháil. Sin an *trade* a bhíodh acu, ag cumhdach a chéile – ag cur buachaillí lena chéile.
Seán: Bhail, inis domh caidé an dóigh a ndéanadh siad é)

An gcuala sibhse na scéala a tháinig chun na háite,
Go dteachaigh Micheál Phádraig agus Mary Anne Nic Aoidh,
Anonn thar sáile.
Mo thuirne dubh, mo thuirne dubh,
Mo thuirne dubh is mo shnáithe,
Mo thuirne dubh ó dhubh go dubh,
'Sí an tuirne dubh ab fhearr liom.
An gcuala sibh aríst caidé mar a d'éirigh don lánúin,
Go dtáinig Conall Phádraig,
Is gur sciob sé as a dhá láimh í.
Mo thuirne dubh, mo thuirne dubh,
Mo thuirne dubh is mo shnáithe,
Mo thuirne dubh ó dhubh go dubh,
'Sí an tuirne dubh ab fhearr liom.

Cumhdach VII

(Seán: An bhfuil cuimhne agat ar cheann ar bith eile acu?
Anna: Cuimhneochaidh mé orthu cinnte)

Cé siúd siar an dóigh udaí,
Is é tarraingt 'na Bhóthair Bhuí,
Joe Burke ar ndóiche,
Is é ag tarraingt ar stór a chroí.
Stór a chroí cá gcodlaíonn sí,
Ná c'ainm atá air a mhnaoi,
'Sí Anna Nic an Luain is ainm di,
Is nár fhaighe sé codladh gan í.

Cumhdach VIII

(Seán: An bhfuil ceann ar bith eile acu agat?
Anna: Ó tá leoga dá gcuimhním orthu – neart)

Cé siúd amuigh ag cartadh na díogadh
Maise i ndáiríribh? Leoga sea.
Cén cailín óg ar chaith tú leis píopaí,
Maise i ndáiríribh? Leoga sea.
Bríd Nic an Luain ar chaith tú le *sweep* í,
Maise i ndáiríribh? Leoga sea.
Cén buachaill óg a bhéarfadh a croí di,
Maise i ndáiríribh? Leoga sea.
Condaí Burke ar uair an mheán oíche,
Maise i ndáiríribh? Leoga sea.

Cumhdach IX

D'iarr bean an toighe orm suí go socair,
Is mála na bpíobann a chur faoi m'ascaill,
Biddy Nic an Luain a chur sa chliabhán,
Is Paddy Mac Daeid a chur dá bogadh.
Is hi, *farewell*!

Cumhdach X

(Anna: Tá sé an-doiligh cuimhniú orthu)

Rachaidh mise anonn,
Túr-in in túr-in ádiúm,
Tá fhios agam cé bhéas liom,
Túr-in in túr-in ádiúm.
Beidh Pádraig Eoghain Phádraig liom,
Túr-in in túr-in ádiúm,
Is Anna Nic an Luain leis ar a dhroim,
Túr-in in túr-in ádiúm.

Amhrán 122.

Ramás[1]

I

Chuaigh Tomás is Seámus, chun 'aonaigh go haerach,
Bhí a n-éachraí leo gléasta, is nach spéiriúil an dís,
Gan duine a rabh dá bhféachaint, nach bhfiafraíodh dá chéile,
"An tincléire an péire, a bhfuil leo an gléas suí?"

II

Tráth a ghluais siad chun 'aonaigh, dúirt Tomás le Séamus,
"Imigh is faigh téad, a cheanglóchas an láir,
Tá an eachraí seo tréanúil, is má théid siad ag léimní,
Gabhfaidh[2] an péas sinn, má ghortaítear na mná."

III

Ar imeacht do Shéamus, chuaigh Tomás de léim,
D'fhiafraigh cén tréan fhear, a reathfadh a bheathach.
Nuair a thoisigh an léimneach, chuaigh na haisle a ghéimnigh,
Scab a rabh dh'adharca is de mhiotal fán tsráid.

IV

Ar philleadh do Shéamus nár bhrónach an scéal é,
A chuid gléasraí spréite, scabtha ar lár,
Is gan tincléir ins na réagúin nár chruinnigh le héifeacht,
Le dubh-bhrón fán phéire, mar nár mhaith leofa a gcaill.

Amhrán 123.

Nansaí Óg Ní Iobarláin [Giota][1]

Ar a dhul siar domh chun 'fhómhair bhuí,
Is mé ag cuartú tuilleadh cuideachta,
Cé tharlaigh orm ins an ród,
Ach Nansaí Óg Ní Iobarláin.

Chrom sí ceann is rinn sí gáire,
Is d'iarr sí orm suí aici,
Bhí an eagla mór is ní theachad dá cóir.
Ní thearn mé aon gháire i rith an lae,
Is ar dhá chéad bó, ní ólfainn deor,
Le Nansaí Óg Ní Iobarláin.

Amhrán 124.

An Cruitíneach Cam

I[1]

Tá an ghaoth ins an doras ar an chruitíneach cham,
Foscadh nó dídean is ní bhfuair mise aige ann,
Ní chuirfeadh sé síos teinidh, is ní bhréagfadh sé chlann,
Cuirim lámh léin air, an cruitíneach cam.

II

Tháinig mise aníos chuici bliain roimh an am,
Shín mé mo thaobh léithi chomh díreach le peann,
Chrup sise a glúine, agus tharraing sí srann,
Cuirim lámh léin uirthi anois, an pléiseam.

Amhrán 125.

Séamus Mac Loinsighe [Giota]

'Sé Seamús Mac Loinsighe croí na féile,
Is doiligh dó cúis na mban a réiteach,
Cuid acu ar mire, is an chuid eile ar buile,
Cuid acu ag imirt is ag éad leis.

Tuilleadh a ghlacfadh níos réidhe é,
Bhuailfeadh an chuid eile fán bhéal é,
Trí lán meadar i láimh gach bean acu,
Do shláinte a Shéamais na bpuntaí.

Amhrán 126

A Chuisle le do Mháthair [Giota]

I

A chuisle le do Mháthair, is a chúil tiugh na bpéarlaí,
Do chomhrá milis cumhra, is leis gur mheall tú na céadtaí.
A bhéilín meala mar an sméara, is leat go siúlfainn an saol,
Dá bpóstaí san Oileán Úr thú, bheinn ag dúil leat ina dhiaidh sin.

II[1]

A Tharlaigh, a stóirín nár dheas, an dóigh a bheith díomhaoin,
A bheith ag ól le mná óga, laethe aontach is Dé Domhnaigh.
Ag tabhairt geallúint mhaith pósta, tráthnóna bí scaoilte.

Amhrán 127.

Adhraim Thú a Pheadair [Giota]

I

Adhraim thú a Pheadair, a dheartháir,
Úimigh an beathach bán arís,
Go dtugaidh tú anonn thar an déan mé,
Go bhfaighidh mise an tsláinte arís.

II

Míle altú don Rí, fuair mé an tsláinte,
Is tá teach ag mo pháistí fhéin,
Fuair mé acu arán is préataí,
Agus biotáilte ab fhearr nó fíon.

Amhrán 128.

Sean-amhrán[1]

I

Chun a' chuain a chuaigh mé an lá sin,
Ag féacháilt an bhfaighinn tarrtháil ann,
Na scadáin a thigeas ón tsáile,
Isteach ins na bádaí cruinn.

II

Mheas mé go mb'fhearrde mé beathach,
A choinneochadh an mála ón droim.
Chuaigh mé ionsar Shéamus chun an Aird,[2]
An tseanhata ghránna chruinn.

III

Nuair a chuaigh mise a thrácht leis fán bheathach,
Ní dhéanfadh sé athrú liom.
'Sé dúirt sé, "tá an gearrán sa stábla,
Is níl cruth air a dhéanfadh lann."

IV

Gheobhainn an gearrán an lá sin,
Dá bhfanainn go sásaínn Bell.
Ní dhearn mise ach éirí is a fágáil,
Níor thaitin a máirseáil liom.

V

Tharraing mé ar Chonall Chiot Ward,
Is d'inis mé mo chás go lom.
'Sé dúirt sé, "bhail gheobhaidh tú an láir bhán,
Dá dtarraingíodh sí an bád gan roinn."

VI

A Chonaill go mairidh tú an láir,
Is fearr thú go brách nó Flynn.
Ní hé Éamonn is a sheanghearrán ghránna,
Nach dtug dó a sháith in am.

NÓTAÍ AGUS TAGAIRTÍ/ NOTES & REFERENCES

Bailíodh na hamhráin uilig a thugtar anseo ó Anna Nic an Luain. Tá siad caomhnaithe i gCnuasach Bhéaloideas Éireann (CBÉ), An Coláiste Ollscoile, Baile Átha Cliath 4. Is in imleabhair an Chnuasaigh a choimeádtar lámhscríbhinní na mbailitheoirí, agus úsáidtear na himleabhair sin mar fhoinsí sa saothar seo. Sna tagairtí CBÉ a thugtar thíos, tá uimhreacha na n-imleabhar agus uimhreacha na leathanach a bhfaightear na hamhráin iontu sa Chnuasach.

All the songs in this publication were collected from Anna Nic an Luain. They are preserved in the National Folklore Collection in University College Dublin. The Collection's volumes contain the collectors' manuscripts, and those volumes are the sources used in this publication. The CBÉ references given below contain the numbers of the volumes and the page numbers where the songs are to be found in the Collection.

In úsáid na nótaí agus na dtagairtí a leanas, feicfear idir thagairt amháin agus trí thagairt CBÉ curtha i leith gach amhrán, ach is é an tagairt a thagann go díreach i ndiaidh ainm an amhráin an tagairt do phríomh fhoinse an amhráin sin, agus is don phríomh fhoinse seo a bhaineann an tagairt Ls. (lámhscríbhinn) nuair a thugtar sna nótaí é.

In using the following notes and references there will be between one and three CBÉ references given for each song. The reference appearing directly after the name of the song is to the principal source for that song, and whenever the reference Ms. (manuscript) appears, this also refers to the principal source.

Tá imleabhair an Chnuasaigh roinnte agam i dtrí ghrúpa éagsúla, mar a leanas:
Grúpa 1 (G1) - an bailiúchán a rinne Liam Mac Meanman (LMacM) idir 1935 agus 1937. Faightear na hamhráin seo sna himleabhair CBÉ 169, CBÉ 171 agus CBÉ 348.
Grúpa 2 (G2) - an bailiúchán a rinne Seán Ó hEochaidh (SÓhE) i 1947 agus 1948. Faightear na hamhráin seo sna himleabhair CBÉ 992, CBÉ 1032 agus CBÉ 1033.
Grúpa 3 (G3) - an t-athscríobh a rinne SÓhE ar a bhailiúchán i seachtóidí agus ochtóidí an chéid seo caite. Faightear na hamhráin seo sna himleabhair CBÉ 1946 agus CBÉ 1949.

I have divided the Collection's volumes into three different groups:
Group 1 (G1) - the collection made by Liam Mac Meanman (LMacM) between 1935 and 1937. These songs are contained in volumes CBÉ 169, CBÉ 171 and CBÉ 348.
Group 2 (G2) - Seán Ó hEochaidh's collection (SÓhE) which was made in 1947 and 1948. These songs are contained in volumes CBÉ 992, CBÉ 1032 and CBÉ1033.
Group 3 (G3) - the rewrite SÓhE did of his collection in the seventies and eighties of the last century. These songs are contained in volumes CBÉ 1946 and CBÉ 1949.

Bhailigh LMacM naoi n-amhrán is daichead, Amhrán 1 agus 2 san áireamh. Bhailigh SÓhE céad fiche a sé amhrán. Is sa dara grúpa de na himleabhair (G2) a fhaightear an chéad uair a scríobh SÓhE na hamhráin a bhailigh sé, agus ós rud é gur seo an grúpa is mó a úsáidtear anseo, glactar le G2 mar phríomh fhoinse an tsaothair seo. Faightear Cumhdachaí VI go X, mar a thugtar in Amhrán 121 iad, in G3 amháin.

LMacM collected forty-nine songs including Amhrán 1 and 2. SÓhE collected one hundred and twentysix songs. The second group of volumes (G2) contains the first time SÓhE wrote down his collection of songs, and as it is the biggest group used here, G2 is given as the principal source in this publication. Cumhdachaí VI to X which are given in Song 121 are only found in G3.

Amhrán 1. Maidin Fhómhair (CBÉ 169: 431-433). Bhailigh LMacM an t-amhrán seo ar an 13 Deireadh Fómhair, 1935.

LMacM collected this song on 13 October 1935.

1. Scríobh LMacM an t-amhrán seo i bhfoirm véarsa amháin a raibh dhá líne dhéag ann, agus trí véarsa a raibh ocht líne i ngach ceann acu. Leagtar amach an t-amhrán anseo i bhfoirm naoi veársa a bhfuil ceithre líne i ngach véarsa acu.

LMacM wrote this song in the form of one verse with twelve lines, and three verses with eight lines in each verse. The song is arranged here in the form of nine verses with four lines in each verse.

2. Ls.: Is fada an lá ó mhaidin go Faoith.

Ms.: Is fada an lá ó mhaidin go Faoith.

Amhrán 2. Cúirt Raibin Finlay (CBÉ 171: 461-463). Bhailigh LMacM an t-amhrán seo idir 4-7 Feabhra, 1936.

LMacM collected this song between 4-7 April 1936.

1. Sa leagan den amhrán a bailíodh ó Anna Nic an Luain tá dhá líne ar iarraidh sa chéad véarsa i gcomparáid leis na hocht líne a fhaightear i ngach véarsa eile. Tugtar an dá líne atá ar iarraidh idir lúibíní cearnógacha sa téacs mar a fhaightear in Leabhar Filidheachta Fá Choinne na Scoil (1909, 36) iad. Tugtar thíos an chéad véarsa iomlán den amhrán mar a fhaightear san fhoilseachán sin é:

In the version of the song as it was collected from Anna Nic an Luain, two lines are missing from the first verse compared to the eight lines in each other verse. The two missing lines, which are in Leabhar Filidheachta Fá Choinne na Scoil (1906, 36), appear here in the text in square brackets. The complete first verse as it appears in that publication is given below:

S ag cúirt sin Roibín Fhionnlaoich tá'n t-ór buidh 'na mholl traidhibh,
Le sluaistidhibh d'a thionntodh go lonnarach le gréin,
Bí síoda ar na toim ann a's tortha bréaghtha milse

1. *Ón chléir go dtig an cunntas i dtimcheall an mheadhoin lae. Níl créatúr d'á mbéadh tinn ann ó chréachtaibh cheir-nimhneacha*
Nach léigheasfaidhe gan mhoill iad le h-impidhibh 'n Spioraid Naoimh,
Bí orgain agus trompaidhe a's cláirseach ar urlar,
S fíon cé gur muirneach, le roinn ar an tsaoghal.

2. Ls.: iaragain.
Ms.: iaragain.
3. Ls.: go geimhin ag.
Ms.: go geimhin ag.
4. Ls.: Bhí ceól-péistí mór ann.
Ms.: Bhí ceól-péistí mór ann.
5. L.s.: Is iomaidh ounc (amharc) áluinn gheibh Áille sa Dumhaigh.
M.s.: Is iomaidh ounc (amharc) áluinn gheibh Áille sa Dumhaigh.
6. Ls.: do chúirt 's do theallaigh glé-gil.
Ms.: do chúirt 's do theallaigh glé-gil.
7. Ls.: Cró Leihin. Is ainm sléibhe é Cró an Locháin i gceantar Dhún Lúiche. Ms.: Cró Leihin. Cró an Locháin is the name of a mountain in the Dún Lúiche area.
8. Ls.: éadan Chró Lí.
Ms.: éadan Chró Lí.
9. Ls.: Clodhbhair.
Ms.: Clodhbhair.

Amhrán 3. Amhrán Grá (CBÉ 992: 407-409 & CBÉ 1949: 11-12). Bhailigh SÓhE an t-amhrán seo i mí an Mheithimh, 1947. Bhailigh LMacM leagan den amhrán céanna ó Anna Nic an Luain ar an 13 Deireadh Fómhair, 1935 (CBÉ 169: 429-431).

SÓhE collected this song in June 1947. LMacM collected a version of the same song from Anna Nic an Luain on 13 October 1935 (CBÉ 169: 429-431).

1. Tugtar an t-amhrán seo faoin teideal 'An Múirnín Bán' in G2, agus tugtar é faoin teideal 'A Mhuirnín Bán' in G1. In G3 faightear an chéad dá véarsa gan teideal agus na véarsaí eile faoin teideal

'Fáth mo Bhuartha.' Cuireadh an t-amhrán i gcló faoin teideal 'Amhrán Grádha' in CCU, 218.

This song appears as 'An Múrnín Bán' in G2, and as 'A Mhúirnín Bán' in G1. In G3 the first two verses are given without a title, and the other verses appear under the title 'Fáth mo Bhuartha'. The song is called 'Amhrán Grádha' in CCU, 218.

2. "Pártach, not in dictionaries, but evidently means a partner, and used here figuratively for 'cích'." (CCU, 218).

3. "Cor Shliabh, the Curlew mountains north of Boyle, Co. Roscommon," (CCU, 218).

4. In G2 agus G1 críochnaíonn an líne seo ar "i dtús an Gheimhridh" ach in G3 athraíonn SÓhE é go "i dtús an tSamhraidh," (CBÉ 1949: 11). Aontaíonn an deireadh seo níos fearr le rith an véarsa.

In G2 and G1 this line finishes with "i dtús an Gheimhridh" but in G3 SÓhE changes it to "i dtús an tSamhraidh," (CBÉ 1949: 11). This ending is a better fit for the verse.

5. Ls.: torraidheacht ailt ann. Scríobh LMacM "toruigheacht eilt' ann," (CBÉ 169: 430), agus is é "tornuigheacht eilite" an leagan a fhaightear in CCU, 50. "eilte, var. gs. & pl. of EILIT," (FGB, 488).

Ms.: toraidheacht ailt ann. LMacM wrote "torruigheacht eilt'ann," (CBÉ 169: 430), and "tornuigheacht eilite" is the version in CCU, 50. "eilte, var. gs. & pl. of EILIT," (FGB, 488).

6. Ls.: malaidheacha cadla. Bhain LMacM úsáid as an aidiacht 'caola' anseo (CBÉ 169: 431), agus faightear an aidiacht céanna in CCU, 50.

Ms.: malaidheacha cadhla. LMacM uses the adjective "caola" here (CBÉ 169: 431), and the same adjective is found in CCU, 50.

7. Ls.: a dtigtheá im fhéachaint. In G3 athraíonn SÓhE an frása go "a dtigtheá m'fhéachaint" (CBÉ 1949: 13). In G1 tugann LMacM an frása mar "A dtuigfea mo eugchaoint" (CBÉ 169: 431).

Ms.: a dtigtheá im fhéachaint. In G3 SÓhE changes the phrase to "a dtigtheá m'fhéachaint" (CBÉ 1949: 13). In G1 LMacM gives the phrase as "A dtuigfea mo eugchaoint" (CBÉ 169: 431).

Amhrán 4. Thíos Ag Cionn Thráigh Éanach (CBÉ 992: 411-412 & CBÉ 1949: 13-14). Bhailigh SÓhE an t-amhrán seo i mí an Mheithimh, 1947. Bhailigh LMacM leagan den amhrán céanna ó Anna Nic an

Luain ar an 13 Deireadh Fómhair, 1935 (CBÉ 169: 440-442).

SÓhE collected this song in June 1947. LMacM collected a version of the same song from Anna Nic an Luain on 13 October 1935 (CBÉ 169: 440-442).

1. In G3 tugann SÓhE an t-amhrán seo faoin teideal 'Spéirbhean' (CBÉ 1949: 13). In G1 thug LMacM an t-amhrán faoin teideal 'Thíos ag Cionn Tráigh Ena' (CBÉ 169: 440).

In G3 SÓhE names this song 'Spéirbhean' (CBÉ 1949: 13). In G1 LMacM names the song 'Thíos ag Cionn Tráigh Ena' (CBÉ 169:440).

2. Faightear "Ar chraobh," in G1 (CBÉ 169: 440).

"Ar chraobh" appears in G1 (CBÉ 169: 440).

3. Ls.: glé-geal. Athraíonn SÓhE an aidiacht seo go "glealaí" in G3 (CBÉ 1949: 13). Is é "grealluighthe" an leagan a fhaightear in G1 (CBÉ 169: 441).

Ms.: glé-geal. SÓhE changes this adjective to "glealaí" in G3 (CBÉ 1949: 13). "Grealluighthe" is the version which appears in G1 (CBÉ 169: 441).

4. Ls.: Cosamhail leat le Bhénus. "Cosamhlacht le Venus," an leagan a fhaightear in G1 (CBÉ 169: 441).

Ms.: Cosamhail leat le Bhénus. "Cosamhlacht le Venus," is how this line appears in G1 (CBÉ 169: 441).

5. Ls.: sa cheathair fháil(?). Scríobh SÓhE an comhartha ceiste a léiríonn neamhchinnteacht faoin fhoclaíocht anseo. In G3 faightear an frása seo arís le comhartha ceiste mar "sa cheathair árd (?)" (CBÉ 1949: 14). Is é "sa cheathar ál" a thugtar in G1 (CBÉ 169: 441).

Ms.: sa cheathair fháil(?). SÓhE wrote the question mark which shows uncertainty regarding the wording here. In G3 the phrase is again given with a question mark as "sa cheathair árd(?)" (CBÉ 1949: 14). "Sa cheathar ál" is given in G1 (CBÉ 169: 441).

Amhrán 5. A Chonaill 'Sé Mheasaim Gan Áibhéil (CBÉ 992: 413-414 & CBÉ 1949: 15-16). Bhailigh SÓhE an t-amhrán seo i mí an Mheithimh, 1947. Bhailigh LMacM leagan den amhrán céanna idir 4-7 Feabhra, 1936 (CBÉ 171: 449-450).

SÓhE collected this song in June 1947. LMacM collected a version of the same song between 4-7 February 1936 (CBÉ 171: 449-450).

1. Tugtar an t-amhrán seo faon teideal 'Gleann Mhic Stá' in

G3 (CBÉ 1949: 15).

This song is called 'Gleann Mhic Stá' in G3 (CBÉ 1949: 15)

2. In G1 tugtar an líne seo mar "Bhí ceileabhair do coilean a-h-áit." (CBÉ 171: 449).

In G1 this line appears as "Bhí ceileabhair do coilean a-h-áit." (CBÉ 171: 449).

3. Ls.: stróchadh.

Ms.: stróchadh.

4. Ls.: mial mór 'sa sraghad. "sréad, ... = TRÉAD," (FGB, 1154). Faightear "miol-mór 's a sraod," in G1 (CBÉ 171: 450).

Ms.: mial mór 'sa sraghad. "sréad, ...= TRÉAD," (FGB, 1154). "Miol-mór a sraod," is given in G1 (CBÉ 171: 450).

5. Ls.: an sonn mac Seáin. In G1 tugtar é mar "'S go scairfead sé sonn-mhac Seán." (CBÉ 171: 450). "*Sonn, Sonn mhná, Sonn mrá, "Bean mhór láidir shultmhar fheiceálach. 1184 173" (CC faoi S).

Ms.: an sonn mac Seáin. It appears as "'S go scairfead sé sonn-mhac Seán." (CBÉ 171: 450). "*Sonn, Sonn mhná, Sonn mrá, "Bean mhór láidir shultmhar fheiceálach. 1184 173" (CC faoi S).

Amhrán 6. 'Sé Dúirt Colm Cille (CBÉ 992: 414-415 & CBÉ 1949: 16-18). Bhailigh SÓhE an t-amhrán seo i mí an Mheithimh, 1947. Bhailigh LMacM leagan den amhrán céanna idir 13-17 Aibreán, 1937 (CBÉ 348: 46-48).

SÓhE collected this song in June 1947. LMacM collected a version of the same song between 13-17 April 1937 (CBÉ 348: 46-48).

1. Faightear véarsaí V go VIII in G1.

Verses V to VIII are from G1.

2. Ls.: Oiread cruinnigh' a dheánamh.

Ms.: Oiread cruinnigh' a dheánamh.

3. Faightear an véarsa seo leis féin mar bhlúirín nó "Fragment" in CCU, 14 & 186.

This verse appears on its own as a "Fragment" in CCU, 14 & 186.

4. Ls.: mar a n-iúil.

Ms.: mar a n-iúil.

5. In G1 tugtar an frása seo mar "T-seanad cruinnis," (CBÉ 348: 47). In G3 athraíonn SÓhE an líne seo go "Cineál cruinnis a bhíodh againne ar Shliabh Bán ó na dTuan(?)" (CBÉ 1949: 18).

In G1 this phrase appears as "T-seanad cruinnis," (CBÉ

348: 47). In G3 SÓhE changes this line to "Cineál cruinnis a bhíodh againne ar shliabh Bán ó na dTuan(?)" (CBÉ 1949: 18).

Amhrán 7. An Dubh Dhílis (CBÉ 992: 457-458 agus CBÉ 1949: 19-19). Bhailigh SÓhE an t-amhrán seo i mí an Mheithimh, 1947. Bhailigh LMacM leagan den amhrán céanna ar an 13 Deireadh Fómhair, 1935 (CBÉ 169: 427-429).

SÓhE collected this song in June 1947. LMacM collected a version of the same song on 13 October 1935 (CBÉ 169: 427-429).

1. Deir SÓhE gur leagan na gCruach é an leagan den amhrán atá anseo. In G1 tugann LMacM an nóta mínithe a leanas faoin amhrán (CBÉ 169: 429):

> Triúr fear a bhí ag stillearacht & thainic bacach thart ag cruinniu a choda. Bhí eagla orthu go rabh seisean a spidearacht & thug siad a sháith le h-ól dó. Annsin rinn se'n t-amhran sin thuas dobhtha.

SÓhE says that this is a Croaghs version of this song. LMacM gives the following explanatory note in G1 (CBÉ 169: 429):

> *There were three men distilling whiskey when a beggar came upon them. They were afraid that he was spying on them, so they gave him plenty to drink. He then wrote the above song.*

2. Ls.: Tá na Séamuis ó iolraibh 'san ailteán. In G1 tugtar an líne seo mar "Tá na Séumais dhe shiolraibh an ailteain" (CBÉ 169: 428).

Ms.: Tá na Séumais ó iolraibh 'san ailteain" (CBÉ 169: 428). In G1 this line is given as "Tá na Séumais dhe shiolraibh an ailteain" (CBÉ 169: 428).

3. Ls.: a n-iaragáil. In G1 tugtar "a n-iargcul" (CBÉ 169: 428).

Ms.: a n-iaragáil. In G1 it is given as "a n-iargcul" (CBÉ 169: 428).

4. Ls.: Dá fhíor-scoith na bracha ar dóigh. In G1 tugann LMacM an líne seo mar "De fhíor-scaith na brathaibh ar doigh" (CBÉ 169: 428).

Ms.: Dá fhíor-scoith na bracha ar dóigh. In G1 LMacM gives this line as "De fhíor-scaith na brathaibh ar doigh" (CBÉ 169: 428).

Amhrán 8. An Chaora Bheag Dhílis (CBÉ 992: 478-480 agus CBÉ 1949: 20-21). Bhailigh SÓhE an t-amhrán seo i mí an Mheithimh, 1947. Bhailigh LMacM leagan den amhrán seo idir 13-17 Aibreán, 1937, (CBÉ 348: 36-37).

SÓhE collected this song in June 1947. LMacM collected a version of the same song between 13-17 April 1937 (CBÉ 348: 36-37).

1. I nóta eagarthóireachta deir SÓhE gur leagan na gCruach den amhrán a thugtar anseo (CBÉ 992: 478). In G2 tá ocht líne sa chéad véarsa agus sé líne an ceann sna véarsaí eile. Tá ceithre líne i ngach véarsa in G1 (CBÉ 348: 36-37), agus faightear mar an chéanna é in G3 (CBÉ 1949: 20-21). Tugtar an t-amhrán anseo i bhfoirm ocht véarsa a bhfuil ceithre líne i ngach ceann acu.

In an editorial note, SÓhE says that this is a Croaghs version of the song (CBÉ 992: 478). In G2 there are eight lines in the first verse and six lines each i the other verses. There are four lines in each verse in G1 (CBÉ 348: 36-37), and also in G3 (CBÉ 1949: 20-21). The song is given here in the form of eight verses of four lines each.

2. Ls.: ag ísliú 'na gheamhair.

Ms.: ag ísliú 'na gheamhair.

3. Ls.: Ná truagh. "Nach trua" a fhaightear in G3 (CBÉ 1949: 20).

Ms.: Ná truagh. "Nach trua" is in G3 (CBÉ 1949: 20).

4. Ls.: suas 'un t-sliabh ruaidh. In G1 tugann LMacM é mar "suas 'un t-Sléibh Ruaidh," (CBÉ 348: 37).

Ms.: suas 'un t-sliabh ruaidh. LMacM gives it as "suas 'un t-Sléibh Ruaidh," in G1 (CBÉ 348: 37).

5. Ls.: mur gceangluighidh mé crámha n'á cur ins an uaigh. In G1 tugann LMacM an frása mar "Mur gceanglocha mé a crámha nó a cur ins an uaigh," (CBÉ 348: 37).

Ms.: mur gceangluighidh mé crámha n'á cur ins an uaigh. LMacM gives this phrase as "Mur gceanglocha mé a crámha nó a cur ins an uaigh," in G1 (CBÉ 348: 37).

Amhrán 9. Cúl Tiugh na bPéarlaí (CBÉ 992: 484-487, agus CBÉ 1946: 58-60). Bhailigh SÓhE an t-amhrán seo ar 3 Iúil, 1947. Bhailigh LMacM leagan den amhrán seo ar 13 Deireadh Fómhair, 1935 (CBÉ 169: 434-436).

SÓhE collected this song on 3 July 1947. LMacM collected a version of the same song between 13 October 1937 (CBÉ 348:

434-436).

1. Deir Ó Muirgheasa go bhfuair sé "corradh is dúisín leagan den amhrán seo," agus go ndeir "cuid de na daoinibh a bhfuil sé aca gurb é Tadhg Ó Tiománaidhe a chum é, acht deir cuid eile nach fios cé chum é," (DCCU, 48).

Ó Muirgheasa says he got "more than a dozen versions of this song," and that "some of the people who have it [say] that Tadhg Ó Tiománaidhe wrote it, but some others say it isn't known who wrote it," (DCCU, 48).

2. Ls.: droileannta. Ag scríobh dó faoin fhocal seo tugann SÓhE an nóta a leanas in G2 (CBÉ 992: 484):

> Fuaim "l" amháin atá san fhocal ag an mhraoi seo [Anna Nic an Luain]. Tá dhá "l" ins an fhocal i dTeilionn, agus san leagan atá ag Enrí Ó Muirgheasa i Dhá Chéad de Cheoltaibh Uladh.

"Droilleanta" a thugann SÓhE in G3 (CBÉ 1946: 58), agus is "droithleanta" an litriú a úsáideann Ó Muirgheasa (DCCU, 48).

Ms.: droileannta. Writing about this word SÓhE gives the following note (CBÉ 992:484):

> *This woman [Anna Nic an Luain] sounds a single "l" in the word. There are two letters "l" in the word in Teelin, and in Enrí Ó Muirgheasa's version in Dhá Chéad de Cheoltaibh Uladh."*

SÓhE gives it as "Droilleanta" in (CBÉ 1946: 58), and "droithleanta" is the spelling used by Ó Muirgheasa (DCCU, 48).

3. Ls.: A mharasclaigh (?) uasal áilne ghrinn. Léiríonn SÓhE féin neamhchinnteacht faoin fhoclaíocht anseo trí chomhartha ceiste a chur sa líne. In G3 athraíonn sé an líne go "Mharasclaoi uasal áilne grinn," (CBÉ 1946: 58). In G1 tugann LMacM an líne chéanna mar "Bharr is glaoi uasal áille grinn" (CBÉ 169: 436). Seo mar a thugtar an líne i gceist, agus an ceann roimhe sa véarsa seo in DCCU: "Ag an pháistín mharánta, mhúinte, mhacánta, / Mhúscailte, mhargllaidh, bhain-gheal, ghrinn" (DCCU, 47).

Ms.: A mharasclaigh (?) uasal áilne ghrinn. SÓhE himself shows some uncertainty about the wording here by using a question mark in the line. In G3 he changes the line to "Mharasclaoi uasal áilne grinn," (CBÉ 1946: 58). In G1 LMacM gives the same line as "Bharr is glaoi uasal áille grinn" (CBÉ 169: 436). This is how the line in question, and the preceding line appear in DCCU: "Ag an pháistín mharánta, mhúinte, mhacánta, /Mhúscailte, mharglaidh, bhain-gheal, ghrinn" (DCCU, 47).

4. Ls.: Tá com ar a chúl (?) is glaise súil. Arís baineann SÓhE féin úsáid as an chomhartha ceiste anseo. In G1 tugann LMacM an líne seo mar "Tá cime ar a cúl & glais a súl" (CBÉ 169: 434).

Ms.: Tá com ar a chúl (?) is glaise súil. Again, SÓhE himself uses a question mark here. In G1 LMacM this line is given as "Tá cime ar a cúl & glais a súl" (CBÉ 169: 434).

5. Ls.: A cam.

Ms.: A cam.

6. Ls.: Má thug díomas ná dith daoiní. In G1 tugann LMacM an cónásc "nó" sa líne seo (CBÉ 992: 435).

Ms.: Má thug díomas ná dith daoiní. In G1 LMacM uses the conjunction "nó" in this line (CBÉ 992: 435).

7. Ls.: Nár trua leis mac Gaedheall a bheith i bpionann mar atáim. In G1 tugar an líne seo mar "Nar thruagh leis mac Gaedheal bheith b'ionnan mar atá," (CBÉ 992: 435).

Ms.: Nár trua leis mac Gaedheall a bheith i bpionann mar atáim. In G1 this line is given as "Nar thruagh leis mac Gaedheal bheith b'ionnan mar atá," (CBÉ 992: 435)..

8. Ls.: fágfa mé.

Ms.: fágfa mé.

9. Ls.: an Phápa 's 'bhuachaillí bhráithre.

Ms.: an Phápa 's 'bhuachaillí bhráithre.

10. Ls.: Nó na déad ghil bhforasclaigh is áilne gnaoidh. In G3 athraíonn SÓhE an frása seo go "nó na déadaí mharasgaoil ..." (CBÉ 1946: 60). In G1 tugann LMacM an líne chéanna mar "Ina déad ghil-bharr is glé (?) is áile graoi," (CBÉ 992: 436).

Ms.: Nó na déad ghil bhforasclaigh is áilne gnaoidh. In G3 SÓhE changes this phrase to "nó na déadaí mharasgaoil ..." (CBÉ 1946: 60). In G1 LMacM gives this line as "Ina déad ghil-bharr is glé (?) is áile graoi," (CBÉ 992: 436).

Amhrán 10. An Mhaighdean Mhara (CBÉ 992: 488 & CBÉ 1946: 298-299). Bhailigh SÓhE an t-amhrán seo ar an 3 Iúil, 1947.

SÓhE collected this song on 3 July 1947.

1. In G2 tugann SÓhE an t-amhrán i bhfoirm dhá véarsa a bhfuil ocht líne i ngach véarsa (CBÉ 992: 488). In G3 tugtar an t-amhrán i bhfoirm cúig véarsa a bhfuil ceithre líne i ngach véarsa (CBÉ 1946: 298-299), is é sin ceithre líne sa bhreis ar an leagan in G2. Féach Nóta 5. thíos.

In G2 SÓhE writes this song in the form of two verses with eight lines each (CBÉ 992: 488). In G3 the song appears in five verses of four lines each (CBÉ 1946: 298-299), that's four lines more than in G2. See Note 5. below.

2. Ls.: Ba deirge í nó an chorcaigh béal taobh 'sa leacaigh. In G3 tugann SÓhE an líne mar "Ba deirge í nó an chorcair a béal a taobh sa leacaigh" (CBÉ 1946: 299).

Ms.: Ba deirge í nó an chorcaigh béal taobh 'sa leacaigh. In G3 SÓhE has this line as "Ba deirge í nó an chorcair a béal a taobh sa leacaigh" (CBÉ 1946: 299).

3. Tugann SÓhE an nóta eagarthóireachta seo "Thug mé fá dear go ndeir mórán daoiní fá na Cruach "táin" i n-áit "cáil." SÓhE" (CBÉ 992: 488).

SÓhE gives the following editorial note "I noticed that many people in the Croaghs say "táin" instead of "cáil." SÓhE" (CBÉ 992: 488).

4. Ls.: i gcuantaí h-eochtaibh. In G3 tugann SÓhE an frása seo mar "i gcuantaí heochrais," (CBÉ 1946: 299). Faightear an frása a leanas in Dinneen, "I gcuantaibh th'ochta, in the depths of your bosom, (Don.)" (Din 279).

Ms.: i gcuantaí h-eochtaibh. In G3 SÓhE gives this phrase as "i gcuantaí heochrais," (CBÉ 1946: 299). The following phrase is found in Dinneen, "I gcuantaibh th'ochta, in the depths of your bosom, (Don.)" (Din 279).

5. Faightear an leath véarsa, a thugtar anseo idir lúibíní cearnógacha, in UCCT, 29, sa leagan den amhrán a bailíodh ó Phádraig Eoghain Phádraig Mac an Luain, Cruach Mhín an Fheannta.

The half verse which is given here in square brackets is from UCCT, 29 in the version of the song which was collected from Pádraig Eoghain Phádraig Mac an Luain, Cruach Mhín an Fheannta.

Amhrán 11. Bó Phartaláin Ruaidh (CBÉ 992: 489-490, & CBÉ 1946: 293-294). Bhailigh SÓhE an t-amhrán seo ar an 3 Iúil, 1947. Bhailigh

LMacM leagan den amhrán idir 13-17 Aibreán, 1937 (CBÉ 348: 52-53).

SÓhE collected this song on 3 July 1947. LMacM collected a version of the same song between 13-17 April 1937 (CBÉ 348: 52-53).

1. In G1 tugann LMacM an nóta a leanas maidir leis an amhrán seo (CBÉ 348: 53):

> Bhí Toirdhealbhach Ó Siadhail as Mín an Fhiadh ag gul le bó chuig tarbh. Lean Bó Phártláin í. Bhuail sí bó Phártláin & mharbh í. D'fhág Toirdhealbhach bó dá chuid fhín ina h-áit. Chum Toirealbhach an t-amhrán annsin "Amhrán na Bó Báine."

In G1 LMacM gives the following note regarding this song:

> *Toirdhealbhach Ó Siadhail from Mín an Fhiadh was bringing a cow to the bull. Partlan's cow followed her. She struck Partlan's cow and killed her. Toirdhealbhac left one of his cows in her place. Toirdhealbhach then wrote the song "The White Cow's Milk."*

2. Deir LMacM go bhfuil Mín an Fhia "ar a' chionn thiar theas do pharóiste Cill Taobhóg" (CBÉ 348: 53).

LMacM says that Mín an Fhia is "in the southwest of the parish of Cill Taobhóg" (CBÉ 348: 53).

3. Seo mar a thugann LMacM an líne céanna in G1, "& iad a' coscairt leis a' tsluaigh," (CBÉ 348: 53).

LMacM wrote the same line in G1 as "& iad a' coscairt leis a' tsluaigh," (CBÉ 348: 53).

4. Más é Toirdhealbhach (Tarlach) ainm an té a chum an t-amhrán seo mar a luagh thuas, tá cás ann gur chóir 'a Tharlaigh ...' a bheith anseo in áit "a Shearlaí ...," an t-ainm a úsáideann SÓhE, agus "Charley ...," an t-ainm a úsáideann LMacM (CBÉ 348: 53).

If Toirdhealbhach (Tarlach) is the name of the writer of this song as referred to above, maybe this should read 'a Tharlaigh ...' instead of "a Shearlaí ...," the name used by SÓhE, and "Charley ..." the name used by LMacM (CBÉ 348: 53).

Amhrán 12. Go Béal Leice Cha dTéim níos mó (CBÉ 992: 496-498, & CBÉ 1946: 300-301). Bhailigh SÓhE an t-amhrán seo i mí Iúil, 1947.

Bhailigh LMacM leagan den amhrán idir 4-7 Feabhra, 1936 (CBÉ 171: 459-460).

SÓhE collected this song in July 1947. LMacM collected a version of the same song between 4-7 February 1936 (CBÉ 171: 459-460).

1. Faightear "stua-bhean an fhoilt bhuí" i leagan den amhrán seo a bailíodh ó Pheadar Ó Tiománaí, An Leath Chruach, na Cruacha Gorma, (CBÉ 1947: 77), agus deir sé gur ainm a tugadh ar "still" a bhí ar an Áit Leathan (CBÉ 1947: 79).

The phrase "stua-bhean an fhoilt bhuí" is found in a version of this song, which was collected from Peadar Ó Tiománaí, An Leath Cruach, The Croaghs. He says is a name given to a "still" which was at Áit Leathan (CBÉ 1947: 79).

2. In G3, athraíonn SÓhE an líne seo go "a phlanda an chúil chraobhaigh," (CBÉ 1946: 300), ach faightear an líne chéanna in G1 mar "Plannda dual chraobhaigh," (CBÉ 171: 460).

In G3 SÓhE changes this line to "a phlanda an chúil chraobhaigh," (CBÉ 1946: 300), but in G1 the line appears as "Plannda dual chraobhaigh," (CBÉ 171: 460).

3. Ls.: fá'n tír udaí mbínn/ mín ghráidh. Tugann SÓhE an dá leagan seo a léiríonn a neamhchinnteacht. In G1 tugann LMacM "fa'n tír adai mín-ghráidh," (CBÉ 171: 460), agus sa leagan den amhrán a bailíodh ó Pheadar Ó Tiománaí faightear "fán tír a mbínn i ngrá" (CBÉ 1947: 77).

Ms.: fá'n tír udaí mbínn/ mín ghráidh. SÓhE gives these two versions which show his uncertainty here. In G1 LMacM has it as "fa'n tír adai mín-ghráidh," (CBÉ 171: 460) and in the version collected from Peadar Ó Tiománaí the phrase is given as "fán tír a mbínn i ngrá" (CBÉ 1947: 77).

4. Ls.: 's ní fheicfidh mé níos mó. In G3 tugann SÓhE an frása seo mar "is ní shiúlfa mé níos mó," (CBÉ 1946: 301). In G1 tugann LMacM "'S ní shraofa (shroichfe) me níos mó," (CBÉ 171: 459).

Ms.: 's ní fheicfidh mé níos mó. In G3 LMacM has this phrase as "is ní shiúlfa mé níos mó," (CBÉ 1946: 301). In G1 LMacM has it as "'S ní shraofa (shroichfe) me níos mó," (CBÉ 171: 459).

5. Ls.: is tú grádh na mban óg. Faightear "is tú plúr na mban óg," in G3 (CBÉ 1946: 301).

Ms.: is tú grádh na mban óg. In G3 the phrase is "is tú plúr na mban óg," (CBÉ 1946: 301).

6. Ls.: Go n-ólaimid an t-sláinte leis an t-sár-mhac sin Néill. In G3 athraíonn SÓhE an líne seo go "Ná go n-ólaimid a sláinte agus a ngar-mhac sin Néill," (CBÉ 1946: 301).

Ms.: Go n-ólaimid an t-sláinte leis an t-sár-mhac sin Néill. In G3 SÓhE changes the line to "Ná go n-ólaimid a sláinte agus a ngar-mhac sin Néill," (CBÉ 1946: 301).

Amhrán 13. Iolar Mór na Spáige (CBÉ 992: 499-502 & CBÉ 1946: 247-250). Bhailigh SÓhE an t-amhrán seo i mí Iúil 1946. Bhailigh LMacM leagan den amhrán seo idir 4-7 Feabhra, 1936 (CBÉ 171: 443-448).

SÓhE collected this song in July 1947. LMacM collected a version of the same song between 4-7 February 1936 (CBÉ 171: 443-448).

1. Cé go bhfaightear an véarsa seo sa dá leagan den amhrán a bailíodh ó Anna Nic an Luain, ní i gcónaí a fhaightear i leaganacha eile den amhrán é. Bailíodh leagan den véarsa mar rann ar leith ó Phádraig Mac Fhionnlaoich, Mín an Chearrbhaigh, Gleann Cholm Cille, agus cé gur i mbéal an fhír atá sé, "Is léir go bhfuil gaol idir an rann seo agus an cumhdach [féach Amhrán 121]. Ainmnítear daoine agus déantar iad a cheangal le chéile ar bhealach spraoiúil," (uí Ógáin agus Smith, 1998, 211).

While this verse is found in the two versions of the song collected from Anna Nic an Luain, this is not always the case with other versions of the song. A version of the verse was collected as a separate stanza from Pádraig Mac Fhionnlaoich, Mín an Chearrbhaigh, Gleann Cholm Cille, and even though the words are spoken by a man, "it's clear that there is a connection between this stanza and the cumhdach [see Amhrán 121]. People are named and they are connected together in a sporting way."

2. Tá líne ar iarraidh i Véarsa I mar a bailíodh an t-amhrán ó Anna Nic an Luain. Faightear an líne, a thugtar anseo idir lúibíní cearnógacha, sa leagan a luadh thuas den amhrán a bailíodh ó Phádraic Mac Fhionnlaoich, Mín an Chearrbhaigh, Gleann Cholm Cille (uí Ógáin agus Smith, 1998, 211).

A line is missing from verse I of the song as collected from Anna Nic an Luain. The line which is given here in square brackets comes from the above-mentioned version of the song, which was collected from Pádraig Mac Fhionnlaoich, Mín an Chearrbhaigh, Gleann Cholm Cille (uí Ógáin agus Smith, 1998, 211).

3. L.s.: an miolaram a damhsa.
M.s.: an miolaram a damhsa

4. Tá an chéad líne ar iarraidh i véarsa X mar a bailíodh an t-amhrán ó Anna Nic an Luain. Faightear an líne a thugtar anseo idir lúibíní cearnógacha, i leagan den amhrán a bailíodh ó Shorcha Ní Bheirn, Duibinn, Contae Dhún na nGall, is atá caomhnaithe i mBailiúchán na Scol (S 1051: 122).

The first line of verse X is missing from the song as collected from Anna Nic an Luain. The line which is given here in square brackets comes from a version of the song, which was collected from Shorcha Ní Bheirn, Duibinn, Contae Dhún na nGall, and which is preserved in the Schools Collection (S 1051: 122).

Amhrán 14. Gráinne Fhánad (CBÉ 992: 503-505 & CBÉ 1946: 252-254). Bhailigh SÓhE an t-amhrán seo i mí Iúil 1947. Bhailigh LMacM leagan den amhrán ar an 13 Deireadh Fómhair, 1935 (CBÉ 169: 442-444).

SÓhE collected this song in July 1947. LMacM collected a version of the same song between 13 October 1935 (CBÉ 169: 442-444).

1. Deir Ó Muirgheasa gur chum Tadhg Ó Tiománaí an t-amhrán seo dá bhean chéile, Gráinne. Deir sé fosta sna nótaí faoin amhrán (DCCU, 325):

> Níl mórán de fhilíocht Uí Thiománaí ag na seandaoine, de chionn is nár mhaith leo na droch smaointe a bhí iontu. Ins an amhrán seo fhéin b'éigin domh dhá cheathrún a fhágailt as.

Ó Muirgheasa says that Tadhg Ó Tiománaí composed this song for his wife, Gráinne. He also says in his notes about this song in DCCU, 325:

> *The old people don't have much of Ó Tiománaí's poetry because they don't like the bad thoughts in it. In this song itself I had to leave two verses out.*

Chuir Ó Muirgheasa an t-amhrán seo i gcló i bhfoirm seacht véarsa a bhfuil ceithre líne i ngach véarsa (28 líne). Sna leaganacha a bhailigh SÓhE agus LMacM tá ceithre véarsa a bhfuil ocht líne i ngach ceann acu, agus véarsa amháin nach bhfuil ach sé líne ann (38 líne).

Ó Muirgheasa published this song in the form of seven verses with four lines each (28 lines). In the versions which SÓhE and LMacM collected, there are four verses with eight lines in each and one verse with only six lines (38 lines).

2. Ls.: 'sé mo léan millidh ghráin. In G3 athraíonn SÓhE an frasa go "'Sé mo lean millidh 'Ghráinne," (CBÉ 1946: 253). In G1 tugann LMacM an frasa i gceist mar "'Sé mo léun mille Gráinne" (CBÉ 169: 443). Ainmnítear Gráinne fosta i leagan Uí Mhuirgheasa den amhrán "Sé mo léan 's mo liach, 'Ghráinne," (DCCU, 325).

Ms.: 'sé mo léan millidh ghráin. In G3 SÓhE changes the phrase to "'Sé mo lean millidh 'Ghráinne," (CBÉ 1946: 253). In G1 LMacM has this phras as "'Sé mo léun mille Gráinne" (CBÉ 169: 443). Gráinne is also named in Ó Muirgheasa's version of the song "Sé mo léan 's mo liach, 'Ghráinne," (DCCU, 325).

3. Ls.: tá naomh bhean is áilne. In G3 athraíonn SÓhE an frasa go "atá an aoibhean is áilne," (CBÉ 1946: 253). In G1 tugann LMacM an frása mar "tá 'n naoidh-bhean is áilne," (CBÉ 169: 442).

Ms.: tá naomh bhean is áilne. In G3 SÓhE changes this phrase to "atá an aoibhean is áilne," (CBÉ 1946: 253). In G1 LMacM has the phrase as "tá 'n naoidh-bhean is áilne," (CBÉ 169: 442).

4. Ls.: bráigh.

Ms.: bráigh.

5. Ls.: A chorcán Rí Teamra. Fágann SÓhE an frása seo ar lár nuair a scríobhann sé an t-amhrán in G3. In G1 tugann LMacM an frása mar "Chorcain Ríogh Teamhra," (CBÉ 169: 443). Deir Ó Muirgheasa gur athraigh sé "Ó Chorcain Rí Teamrain" go "A Ghráinne ó Thamnaigh" sa líne seo toisc nach bhfuil "aon chiall ins na foclaibh seo," agus gur "áit i bhFánaid sé 'Tamhnaigh,'" (DCCU, 325).

Ms.: A chorcán Rí Teamra. SÓhE leaves this phrase out when writing the song in G3. In G1 LMacM has the phrase as "Chorcain Ríogh Teamhra," (CBÉ 169: 443). Ó Muirgheasa says that he changed "Ó Chorcain Rí Teamrain" to "A Ghráinne ó Thamnaigh" in this line because of the lack of "any sense in these words," and that "Tamhnaigh is a place in Fánad," (DCCU, 325).

6. In G3 athraíonn SÓhE an líne go "Níor bfhiú biorán déag dí a mhaireas níos mó," (CBÉ 1946: 253). In G1 tugann LMacM é mar

"Níorbh fhiu bioran Deirdre í marbh 's níos mó," (CBÉ 169: 443).

In G3 SÓhE changes the line to "Níor bfhiú biorán déag dí a mhaireas níos mó," (CBÉ 1946: 253). In G1 LMacM has it as "Níorbh fhiu bioran Deirdre í marbh 's níos mó," (CBÉ 169: 443).

7. Mar a luagh i nóta1 thuas tá dhá líne ar iarraidh sa leagan seo den amhrán. Faightear an dá líne a thugtar anseo idir lúibíní cearnógacha in DCCU, 324.

As stated in note 1 above, two lines are missing in this version of the song. The two lines given here in square brackets are taken from DCCU, 324.

Amhrán 15. Casadh Bean Sí Domh (CBÉ 992: 506-507 & CBÉ 1946: 251-252). Bhailigh SÓhE an t-amhrán seo i mí Iúil, 1947. Bhailigh LMacM leagan den amhrán céanna idir 13-17 Aibreán, 1937 (CBÉ 348: 63).

SÓhE collected this song in July 1947. LMacM collected a version of the same song between 13-17 April 1937 (CBÉ 348: 63).

1. Faightear an t-amhrán seo faoin teideal 'Tá mé 'mo shuidhe' in DCCU, 75-6. Níl véarsaí I nó IV sa leagan áirithe sin.

This song appears under the title 'Tá mé 'mo shuidhe' in DCCU, 75-76. Verses I and VI don't appear in that version of the song.

2. Ls.: Gur donán gan féidhm a dheánfadh éad fá thamall dá mhraoi. In G3 athraíonn SÓhE an líne a thugtar anseo (CBÉ 1946: 251).

Ms.: Gur donán gan féidhm a dheánfadh éad fá thamall dá mhraoi. In G3 SÓhE changes the line as is given here (CBÉ 1946: 251.

3. Faightear an véarsa seo in G1 sa leagan a bhailigh LMacM (CBÉ 348: 63).

This verse is from the version of the song in G1 as collected by LMacM.

Amhrán 16. An Droighneán Donn (CBÉ 992: 507-508 & CBÉ 1946: 255-256). Bhailigh SÓhE an t-amhrán seo i mí Iúil, 1947.

SÓhE collected this song in July 1947.

1. Amhrán mná atá sa leagan den amhrán seo in DCCU. Deir Ó Muirgheasa go bhfuair sé an t-amhrán seo in Ls. E 12 R.I.A., agus go raibh "dhá rann eile ann acht is cuid d'amhrán fir iad," (DCCU, 129).

The version of this song in DCCU is a woman's song. Ó Muirgheasa says that he found this song in Ls. E 12 R.I.A., and that there were "two extra verses, but they were part of a man's song" (DCCU, 129).

2. Ls.: is dhó nach bhféadaim do chumhaidh a chur díom.
Ms.: is dhó nach bhféadaim do chumhaidh a chur díom.

3. Ls.: ag n-a thaobh,
Ms.: ag n-a thaobh.

4. Tá dhá líne ar iarraidh i véarsa IV mar a bailíodh é ó Anna Nic an Luain. Deir SÓhE go bhfuil "dearmad déanta ag Anna anseo," (CBÉ 1946: 256). Tugtar an chéad agus an dara líne den véarsa idir lúibíní cearnógacha mar a fhaightear in DCCU, 129 iad.

There are two lines missing from verse IV as it was collected from Anna Nic an Luain. SÓhE says that Anna forgot them (CBÉ 1946: 256). The first and second lines given here in square brackets are from DCCU, 129.

Amhrán 17. Is Fada mo Chosa gan Bhróga (CBÉ 992: 509-511 & CBÉ 1946: 295-296). Bhailigh SÓhE an t-amhrán seo i mí Iúil, 1947.

SÓhE collected this song in July 1947.

1. Tugtar an t-amhrán anseo san fhoirm a scríobh SÓhE síos é, ie. sé véarsa a bhfuil ocht líne i ngach véarsa (48 líne). Faightear leagan den amhrán in CCU, 98. Tá cúig véarsa sa leagan áirithe sin, a bhfuil ceithre líne i ngach véarsa (20 líne).

The song is given here as SÓhE wrote it, i.e., six verses with eight lines in each verse (48 lines). There is a version of the song in CCU, 98 which has five verses with four lines in each verse (20 lines).

2. Fágtar baininscneach gan athrú an t-ainmfhocal seo.
This feminine noun is left unchanged.

3. Ls.: Nó go dtéighidh mise isteach go toigh an óil. In G3 athraíonn SÓhE an líne dheireanach chun an leagain a thugtar anseo, (CBÉ 1946: 296).

Ms.: Nó go dtéighidh mise isteach go toigh an óil. In G3 SÓhE changes the last line to the version which appears here, (CBÉ 1946: 296).

Amhrán 18. Mall Dubh an Ghleanna (CBÉ 992: 512-513 & CBÉ 1946: 241-243). Bhailigh SÓhE an t-amhrán seo i mí Iúil, 1947. Bhailigh LMacM leagan den amhrán seo idir 13-17 Aibreán, 1937 (CBÉ 348: 28-30).

SÓhE collected this song in July 1947. LMacM collected a version of this song between 13-17 April 1937 (CBÉ 348: 28-30).

1. Tugtar thíos véarsa a bhailigh SÓhE agus LMacM, ach a bhfuil dhá líne ar iarraidh. Níor éiríodh na línte a fháil i bhfoinsí eile:

The following verse was collected by both SÓhE and LMacM but there are two lines missing, lines which could not be sourced elsewhere:

Níor chuir mise mo spéis ariamh in airgead nó i bpuntaí,
Nó i siafrogaí dubh an tsléibhe,
B'fhearr liom nó dhó, seasmhaireacht fir óig,
Ina bhróga agus é a bheith ina léinidh,
Nó seanduine na rún a mbeadh na deora lena ghruaidh,
Is nach ligfeadh sé a rún go héag liom.

2. Ls.: A bhfághainn-se bean ó'n phrionntóir. In G3 athraíonn SÓhE "ó'n phrionntóir" go dtí "ón Phrionnsa," (CBÉ 1946: 241).

Ms.: A bhfághainn-se bean ó'n phrionntóir. In G3 SÓhE changes "ó'n phrionntóir" to "ón Phrionnsa," (CBÉ 1946: 241).

3. Tá dhá líne ar iarraidh i véarsa III mar a bailíodh ó Anna Nic an Luain é. Faightear an dá líne, a thugtar anseo idir lúibíní cearnógacha, sa leagan den amhrán céanna in DCCU, 117.

There are two lines missing from verse III as it was collected from Anna Nic an Luain. The two lines, which are given here in square brackets, come from the version of the song in DCCU, 117.

4. Ls.: dá mo dh'iarradh. In G3 tugann SÓhE an frása seo mar "dá m'iarraidh" (CBÉ 1946: 18), agus is é "do mo iarraidh," an leagan a thugann LMacM in G1 (CBÉ 348: 30).

Ms.: dá mo dh'iarradh. In G3 SÓhE gives this phrase as "dá m'iarraidh" (CBÉ 1946: 18), and "do mo iarraidh," is LMacM's version in G1 (CBÉ 348: 30).

5. Faightear véarsa IV in G1.

Verse IV is from G1.

6. Tá dhá líne ar iarraidh i véarsa IV mar a bailíodh ó Anna Nic an Luain é. Faightear an dá líne, a thugtar anseo idir lúibíní cearnógacha, sa leagan den amhrán céanna in DCCU, 117.

There are two lines missing from verse IV as it was collected from Anna Nic an Luain. The two lines which are given here in square brackets are from the version of the same song in DCCU 117.

7. Tá líne ar iarraidh i véarsa VI. Faightear an líne, a thugtar anseo idir lúibíní cearnógacha, i leagan den amhrán faoin teideal 'Mall Dubh an Ghleanna,' i gCartlann TG4 mar a cheolann Gearóidín Bhreathnach as Gaoth Dobhair, Contae Dhún na nGall é.

There is a line missing from verse VI. The line, which is given here in square brackets, is from the song called 'Mall Dubh an Ghleanna' in Cartlann TG4 as sung by Gearóidín Bhreathnach, Gaoth Dobhair, Contae Dhún na nGall, (https://seannos.tg4.ie/baile/amhranaithe/gearoidin-breathnach/mall-dubh-an-ghleanna-corn-ui-riada-2012/).

Amhrán 19. Bean an Fhir Ruaidh (CBÉ 992: 514-515 & CBÉ 1946: 256-258). Bhailigh SÓhE an t-amhrán seo i mí Iúil, 1947. Bhailigh LMacM leagan den amhrán seo idir 13-17 Aibreán, 1937 (CBÉ 348: 61-62).

SÓhE collected this song in July 1947. LMacM collected a version of the song between 13-17 April 1937 (CBÉ 348: 61-62).

1. Ls.: dá n-éalochtha uaim ó'n fhear ruadh. Baineann SÓhE úsáid as an fhorainm réamhfhoclach "liom" in G3 (CBÉ 1946: 256), agus tugann LMacM "Dá n-ealocha liom ó'n fhear ruadh" (CBÉ 348: 61).

Ms.: dá n-éalochtha uaim ó'n fhear ruadh. SÓhE uses the prepositional pronoun "liom" in G3 (CBÉ 1946: 256), and LMacM uses "Dá n-ealocha liom ó n fhear ruadh" (CBÉ 348: 61).

2. Ls.: Mór-cheiste an Rí. In G3 tugann SÓhE an leagan a thugtar anseo (CBÉ 1946: 257).

Ms.: Mór-cheiste an Rí. In G3 SÓhE has the version which is given here (CBÉ 1946: 257).

Amhrán 20. Geaftaí an Toigh' Mhóir (CBÉ 992: 516-517). Bhailigh SÓhE an t-amhrán seo i mí Iúil, 1947. Bhailigh LMacM leagan den amhrán seo idir 4-7 Feabhra, 1936 (CBÉ 171: 451-453).

SÓhE collected this song in July 1957. LMacM collected a version of the song between 4-7 February 1936 (CBÉ 171: 451-453).

1. Is é 'Seán Bán' an teideal atá ar an amhrán seo in DCCU, 91.

'Seán Bán' is the name of this song in DCCU, 91.

2. Ls.: Mo láimh a fhagháil faoi n-a cionn. In G1 tugann LMacM "Mo láimh fhághail faoi do chionnaigh," (CBÉ 171: 451). Réitíonn an forainm "do" níos fearr le ciall an véarsa.

Ms.: Mo láimh a fhagháil faoi n-a cionn. In G1 LMacM has "Mo láimh fhághail faoi do chionnaigh," (CBÉ 171: 451). The pronoun "do" sits better with the verse.

3. Ls.: ar mhalaidh an tSliabh Bán.

Ms.: ar mhalaidh an tSliabh Bán.

4. Ls.: Le h-airigh(?) 'ach. Tríd an chomhartha ceiste a úsáid, léiríonn SÓhE neamhchinnteacht faoin fhoclaíocht anseo.

Ms.: Le h-airigh(?) 'ach. By using the question mark SÓhE shows uncertainty about the wording here.

Amhrán 21. An Ghiobóg (CBÉ 992: 518-520). Bhailigh SÓhE an t-amhrán seo i mí Iúil, 1947. Bhailigh LMacM leagan den amhrán seo idir 13-17 Aibreán, 1937 (CBÉ 348: 8-10).

SÓhE collected this song in July 1947. LMacM collected a version of this song between 13-17 April 1937 (CBÉ 348: 8-10).

1. Ls.: gan tuint orm 'san oidhche.

Ms.: gan tuint orm 'san oidhche.

2. Ls.: le sin is tuilleadh réidhteach. In G1 tugann LMacM "le sin 's tilleadh a réidhtiú," (CBÉ 348: 6).

Ms.: le sin is tuilleadh réidhteach. In G1 LMacM gives "le sin 's tilleadh a réidhtiú," (CBÉ 348: 6).

3. Is é ord na véarsaí atá anseo an t-ord atá orthu in G1 (CBÉ 347: 8-10).

The order of the verses here is from G1 (CBÉ 347: 8-10).

4. Ls.: a bhfuil agaibh dúdog réithigh. In G1 tugann LMacM "An rabh acu dúdóg réidhtighe" (CBÉ 348: 10). Réitíonn an forainm réamhfhoclach 'acu' níos fearr le ciall an véarsa.

Ms.: a bhfuil agaibh dúdog réithigh. In G1 LMacM has "An rabh acu dúdóg réidhtighe" (CBÉ 348: 10). The prepositional pronoun 'acu' sits better with the meaning of the verse.

Amhrán 22. Liostáil mé le Sáirsint (CBÉ 992: 521-522). Bhailigh SÓhE an t-amhrán seo i mí Iúil, 1947. Bhailigh LMacM leagan den amhrán seo ar 13 Deireadh Fómhair, 1935 (CBÉ 169: 433-434).

SÓhE collected this song in July 1947. LMacM collected a version of the song on 13 October 1935 (CBÉ 169: 433-434).

1. Seo mar atá an líne seo sa leagan den amhrán in G1 mar a bhailigh LMacM "Ní fillfidh me go h-éug ar Chonndae Mhuigh Eó." (CBÉ 169: 434).

This is how the line appears in the version of the song in G1 as collected by LMacM "Ní fillfidh me go h-éug ar Chonndae Mhuigh Eó." (CBÉ 169: 434).

Amhrán 23. Siubhán Nig Uidhir (CBÉ 992: 552-526). Bhailigh SÓhE an t-amhrán seo i mí Iúil, 1947. Bhailigh LMacM leagan den amhrán seo idir 13-17 Aibreán, 1936 (CBÉ 348: 39-42).

SÓhE collected this song in July 1947. LMacM collected a version of the song between 13-17 April 1936 (CBÉ 169: 433-434).

1. Ls.: Gan bó gan gamhain gan leanbh gur fágadh mé. In G1 (CBÉ 169: 433) agus in Ó Muirgheasa (DCCU, 54) faightear "gan bó, gan gamhain, 'mo leanbh gur fágadh mé."

Ms.: Gan bó gan gamhain gan leanbh gur fágadh mé. In G1 (CBÉ 169: 433) and in Ó Muirgheasa (DCCU, 54) the line is given as "gan bó, gan gamhain, 'mo leanbh gur fágadh mé."

2. Ls.: Gan raeghe pighinn agam. Faightear an frása "dan rae" nó "dá rae" go minic sna hamhráin sa chnuasach seo.

Ms.: Gan raeghe pighinn agam. The phrase "dan rae" or "dá rae" appears frequently in the songs in this collection.

3. Faightear an véarsa seo in G1 (CBÉ 348: 41).

This verse appears in G1 (CBÉ 348: 41).

Amhrán 24. Má Théann tú chun 'Aonaigh (CBÉ 992: 527-530 & CBÉ 1946: 259-261). Bhailigh SÓhE an t-amhrán seo i mí Iúil, 1947. Bhailigh LMacM leagan den amhrán idir 4-7 Feabhra, 1936 (CBÉ 171: 454-458).

SÓhE collected this song in July 1947. LMacM collected a version of this song between 4-7 Feabhra, 1936 (CBÉ 171: 454-458).

1. Ls.: má théid. Sa leagan den amhrán a thugann SÓhE faoin teideal 'Máire Bhán,' in G3 athraíonn sé aimsir láithreach an bhriathair sa chás seo go "má théann tú" (CBÉ 1946: 259). In G1 tugann LMacM é mar "ma théigheann tú" (CBÉ 171: 454).

Ms.: má théid. In the version of the song in G3 which SÓhE calls 'Máire Bhán,' the present tense of this verb is changed to "má théann tú" (CBÉ 1946: 259). In G1 LMacM has it as "ma théigheann tú" (CBÉ 171: 454).

2. Ls.: is molfaidh eisean tú. Faightear an leagan den fhrása a thugtar anseo in G1 (CBÉ 171: 454).

Ms.: is molfaidh eisean tú. The version of this phrase given here is from G1 (CBÉ 171: 454).

3. Faightear an véarsa seo in G1 (CBÉ 171: 458).

This verse is from G1 (CBÉ 171: 458).

4. Ní fhaightear an véarsa seo in G1 nó in G3.

This verse does not appear in G1 or G3.

5. Ls.: dá mo chloidh.

Ms.: dá mo chloidh.

Amhrán 25. Ceithre Ráithe na Bliana (CBÉ 992: 530-531 & CBÉ 1946: 262-263). Bhailigh SÓhE an t-amhrán seo i mí Iúil, 1947.

SÓhE collected this song in July 1947.

1. Faightear an dara leath den véarsa seo in G3 (CBÉ 1946: 262).

The second half of this verse comes from G3 (CBÉ 1946: 262).

2. "A sheascaire shéagóir" a fhaightear in G3 (CBÉ1946: 263).

This phrase appears as "A sheascaire shéagóir" in G3 (CBÉ 1946: 263).

3. Ls.: Ní rabh mise agaibh i n-aimsir na brota. In G3 athraíonn SÓhE an líne seo go "Ní rabh mise agaibh i n-aimsir na Rosaibh" (CBÉ 1946: 263).

Ms.: Ní rabh mise agaibh i n-aimsir na brota. In G3 SÓhE changes this line to "Ní rabh mise agaibh i n-aimsir na Rosaibh" (CBÉ 1946: 263).

Amhrán 26. Nansaí Tomás (CBÉ 992: 532-533 & CBÉ 1946: 264). Bhailigh SÓhE an t-amhrán seo i mí Iúil, 1947. Bhailigh LMacM leagan den amhrán seo idir 13-17 Aibreán, 1937 (CBÉ 348: 38).

SÓhE collected this song in July 1947. LMacM collected a version of this song between 13-17 April 1937 (CBÉ 348: 38).

1. In G3 tugann SÓhE an t-ainm "Nansaí Ghrá deán lá liom," ar an amhrán seo (CBÉ 1946: 264).

In G3 SÓhE names this song 'Nansaí Ghrá deán lá liom,' (CBÉ 1946: 264).

2. Ls.: Bíom a do choimead. In G3 athraíonn SÓhE an frása seo go "Bhí mé do choimhead" (CBÉ 1946: 264).

Ms.: Bíom a do choimead. In G3 SÓhE changes this phrase to "Bhí mé do choimhead" (CBÉ 1946: 264).

3. Ls: ó Dhoire na gCeall. Is é "ó Dhoire 'na gCeall" an leagan atá ag LMacM, agus tugann sé an nóta eagarthóireachta a leanas "from Derry to Killybegs" (CBÉ 348: 38).

Ms: ó Dhoire na gCeall. "ó Dhoire 'na gCeall" is LMacM's version, and he has the following editorial note "from Derry to Killybegs" (CBÉ 348: 38).

Amhrán 27. An tSeanbhean Aosta (CBÉ 992: 533-534 & CBÉ 1946: 297-298). Bhailigh SÓhE an t-amhrán seo i mí Iúil, 1947. Bhailigh LMacM leagan den amhrán seo idir 13-17 Aibreán, 1937 (CBÉ 348: 66-67).

SÓhE collected this song in July 1947. LMacM collected a version of this song between 13-17 April 1937 (CBÉ 348: 66-67).

1. Ls.: do chos go mbristear. Faightear "do chos" in G3 fosta (CBÉ 1946: 297). In G1 tugann LMacM "do lámh go mbristear," (CBÉ 348: 66).

Ms.: do chos go mbristear. "Do chos" appears in G3 also (CBÉ 1946: 297). In G1 LMacM has "do lámh go mbristear," (CBÉ 348: 66).

2. Ls.: 's le sugh sealbhán. In G3 tugann SÓhE an frása seo mar a leanas: "le sugh talmhán," (CBÉ 1946: 297).

Ms.: 's le sugh sealbhán. In G3 SÓhE has this phrase as: "le sugh talmhán," (CBÉ 1946: 297).

3. Faightear an véarsa seo in G3 (CBÉ 1946: 298). Faightear fosta é mar chuid den amhrán Croidhe Cráidhte in CCU, 109.

This verse appears in G3 (CBÉ 1946: 298). It also appears as part of the song Croidhe Cráidhte in CCU, 109.

Amhrán 28. Sráid an Bhuachaill Ruaidh (CBÉ 992: 535-536 & CBÉ 1946: 199-201). Bhailigh SÓhE an t-amhrán i mí Iúil, 1947. Bhailigh LMacM leagan den amhrán idir 13-17 Aibreán, 1937 (CBÉ 348: 31-33).

SÓhE collected this song in July 1947. LMacM collected a version of the song between 13-17 Apri, 1937 (CBÉ 348: 31-33).

1. Ls.: Bhéadh sléibhte fada farrsaing aige. In G3 tugann SÓhE an líne seo mar "Chuid sléibhte fada farrsaing aige" (CBÉ 1946: 200). In G1 tugann LMacM "A rabh sléibhte fada fairsing aige," (CBÉ 348: 32).

Ms.: Bhéadh sléibhte fada farrsaing aige. In G3 SÓhE has

this line as "Chuid sléibhte fada farrsaing aige" (CBÉ 1946: 200). In G1 LMacM has it as "A rabh sléibhte fada fairsing aige," (CBÉ 348: 32).

Amhrán 29. Risteard Ó Bruithne (CBÉ 992: 537-538 & CBÉ 1946: 201-202). Bhailigh SÓhE an t-amhrán i mí Iúil, 1947. Bhailigh LMacM leagan den amhrán idir 13-17 Aibreán, 1937 (CBÉ 348: 4-5).

SÓhE collected this song in July 1947. LMacM collected a version of the song between 13-17 April 1937 (CBÉ 348: 4-5).

1. Ls.: Tug d'ainm. Athraíonn SÓhE an frása go "tabhair d'ainm" in G3 (CBÉ 1946: 201).

Ms.: Tug d'ainm. SÓhE change this phrase to "tabhair d'ainm" in G3 (CBÉ 1946: 201).

2. In G1 tugann LMacM míniú Anna Nic an Luain ar an fhocal seo, "grooraí ... ("bróga" a deir sí)" (CBÉ 1946: 5).

In G1 LMacM gives Anna Nic an Luain's explanation for this word, "grooraí ... ("bróga" she said)" (CBÉ 1946: 5).

Amhrán 30. Ciotaí as Árainn Mhóir (CBÉ 992: 539-540 & CBÉ 1946: 203-204). Bhailigh SÓhE an t-amhrán seo ar 21 Iúil, 1947.

SÓhE collected this song on 21 July 1947.

1. Tugann SÓhE an nóta a leanas ag deireadh an amhráin in G3 (CBÉ 1946: 204):

> Ar chuala rú ariamh brí an abhráin sin, a Anna?
> Chuala mé go maith. Fear a bhí ann a pósadh arais é agus is cosúil – bhí fhios ag an bhean nuair a bhí sí a fáil bháis caidé in seórt a bhean eile a bhéadh aige, agus sin í Ciotaí as Árainn Mhóir a bhí sé ag gabháil a fháil go deirionnach. Agus d'iarr sí air (sic) gan ciste ná stór ar bith a dheánamh dó-san ach a bheith 'na ceann dóna leinbh agus a h-áitsean a dheánamh.
>
> Anna Nic a' Luain (Anna John Chiot) Na Cruacha.

SÓhE has the following note at the end of the song in G3 (CBÉ 1946: 204):

> *Did you ever hear the meaning of that song, Anna?*
> *I did indeed. There was a man who was to marry again, it seems - the wife who was dying knew which woman he would have after her, that he would be marrying Ciotaí*

from Árainn Mór. She asked her [Ciotaí] not to abuse her new position but instead to take her own place as mother to the child.

Amhrán 31. Ansacht na nAnsacht (CBÉ 992: 541-542 & CBÉ 1946: 205-206). Bhailigh SÓhE an t-amhrán seo ar 21 Iúil, 1947. Bhailigh LMacM leagan den amhrán idir 13-17 Aibreán, 1937 (CBÉ 348: 70).

SÓhE collected this song on 21 July 1947. LMacM collected a version of the song between 13-17 April 1937 (CBÉ 348: 70).

1. Deir LMacM gur áit i bparóiste Inbhir é Gleann Éinnigh (CBÉ 348: 70).

LMacM says that Gleann Éinnigh is in the parish of Inbhir (CBÉ 348: 70).

2. Ls.: Dan rae bpillfidh anuas díom.

Ms.: Dan rae bpillfidh anuas díom.

3. Ls.: na lionntráin. In G3 tugann SÓhE an litriú "leanntraí" ar an fhocal seo (CBÉ 1946: 205), agus is é "léantraí" an litriú a thugann LMacM in G1 (CBÉ 348: 70).

Ms.: na lionntráin. In G3 SÓhE spells this word "leanntraí" (CBÉ 1946: 205), and "léantraí" is the spelling used by LMacM in G1 (CBÉ 348: 70).

Amhrán 32. Níl sé 'na Lá (CBÉ 992: 543-544 & CBÉ 1949: 2-4). Bhailigh SÓhE an t-amhrán seo ar 21 Iúil, 1947.

SÓhE collected this song on 21 July 1947.

1. In G2 baineann SÓhE úsáid as comhartha ceiste anseo a léiríonn nach bhfuil sé cinnte faoin logainm "Cor Abair." In G3 tá an logainm athraithe go "Cúl Abair" (CBÉ 1949: 3).

In G2 SÓhE uses a question mark here to show he is uncertain about the placename "Cor Abair." In G3 the placename is changed to "Cúl Abair" (CBÉ 1949: 3).

2. Ls.: le cur 'na tíre. In G3 athraíonn SÓhE an líne seo chun an leagain a thugtar anseo (CBÉ 1949: 3).

Ms.: le cur 'na tíre. In G3 SÓhE changes the line to the version used here (CBÉ 1949: 3).

3. In G3 tá ainm na mná athraithe go Siubhán Mharcaigh (CBÉ 1949: 4).

In G3 the name of the woman is changed to Siubhán Mharcaigh (CBÉ 1949: 4).

Amhrán 33. Tiocfaidh an Samhradh (CBÉ 992: 545-547 & CBÉ 1949: 4-6). Bhailigh SÓhE an t-amhrán seo ar 21 Iúil, 1947. Bhailigh LMacM leagan den amhrán idir 13-17 Aibreán, 1937 (CBÉ 348: 26-27).

SÓhE collected this song on 21 July 1947. LMacM collected a version of the song between 13-17 April 1937 (CBÉ 348: 26-27).

Amhrán 34. Máire Bhruinneall [1] (CBÉ 992: 548-549 & CBÉ 1949: 7-8). Bhailigh SÓhE an t-amhrán seo ar 21 Iúil, 1947. Bhailigh LMacM leagan den amhrán idir 13-17 Aibreán, 1937 (CBÉ 348: 6-7).

SÓhE collected this song on 21 July 1947. LMacM collected a version of the song between 13-17 April 1937 (CBÉ 348: 6-7).

1. Bhailigh SÓhE an t-amhrán seo faoin teideal 'Inis Chúl Fhánad' (CBÉ 992: 548). In G3 tugtar véarsa I agus II faoin teideal sin, agus véarsaí III go V faoin teideal 'Máire Bhroinneall' (CBÉ 1949: 7-8). Faightear leagan den amhrán seo faoin teideal 'Máire Bhruinneall,' amhrán a chum Tadhg Ó Tiománaí, in DCCU, 440-441. Tugtar an t-amhrán anseo faoin teideal 'Maire Bhruinneall [1]' toisc go bhfuil amhrán eile sa chnuasach seo faoin teideal céanna, féach Amhrán 107 thíos.

SÓhE collected this song with the title 'Inis Chúl Fhánad' (CBÉ 992: 548). In G3 verses I and II appear under that title, and verses III to V under the title 'Máire Bhroinneall' (CBÉ 1949: 7-8). The song appears as 'Máire Bhruinneall', composed by Tadhg Ó Tiománaí, in DCCU, 440-441. The song is named 'Máire Bhruinneall [1]' here as there is another song in the collection which has the same name, see Amhrán 107 below.

2. "[par. Fhánaid creidim]," LMacM (CBÉ 348: 6).

"[Fanad parish I believe]," LMacM (CBÉ 348: 6).

3. Faightear an dá líne seo, "Tá dhá chíoch ... na haon oíche," in G1 (CBÉ 348: 6), agus in G3 (CBÉ 1949: 8).

These two lines, "Tá dhá chíoch ... na haon oíche," are from G1 (CBÉ 348: 6), and from G3 (CBÉ 1949:8).

4. Ag scríobh dó faoi Gháigín in G1, tugann LMacM an nóta seo, "cruach atá ina chionn thiar do pharóiste Chill Taobhóg," (CBÉ 348: 7).

Writing in G1, LMacM says that Gaigín is a mountain in the western part of the parish of Cill Taobhóg (CBÉ 348: 7).

Amhrán 35. Connlach Glas an Fhómhair (CBÉ 992: 550-551 & CBÉ 1949: 9-10). Bhailigh SÓhE an t-amhrán sé i mí Iúil, 1947. Bhailigh LMacM leagan den amhrán seo idir 13-17 Aibreán, 1937 (CBÉ 348: 59-60).

SÓhE collected this song in July 1947. LMacM collected a version of the song between 13-17 April 1937 (CBÉ 348: 59-60).

1. Ls.: A cham na gile is míne. In G1 tugann LMacM an líne seo mar "A chuim is gile mhíne," (CBÉ 348: 60).

Ms.: A cham na gile is míne. In G1 LMacM has this line as "A chuim is gile mhíne," (CBÉ 348: 60).

2. In G3 athraíonn SÓhE an briathar seo ó "guidhim-sa" go "ním-sa" (CBÉ 1949: 10).

In G3 SÓhE changes this verb from "guidhim-sa" to "ním-sa" (CBÉ 1949: 10).

Amhrán 36. Máire Nic Comhaill (CBÉ 992: 552). Bhailigh SÓhE an t-amhrán seo ar an 26 Iúil, 1947. Bhailigh LMacM leagan den amhrán seo ar an 13 Deireadh Fómhair, 1935 (CBÉ 169: 439-440).

SÓhE collected this song on 26 July 1947. LMacM collected a version of the song on 13 October 1935 (CBÉ 169: 439-440).

1. Deir Ó Muirgheasa gur chum Peadar Breathnach an t-amhrán seo, agus tugann sé cúlra an amhráin mar a leanas (DCCU, 325):

> Chuaidh an file agus a dheirbhshiúr, Máire, agus sgaifte cailín a dh'ól sáile uair amháin thiar in Eárthainn. Fuair siad ceathramha ag bean a rabh teach lóisdín aici, darbh ainm Máire Nic Cómhaill. Bhí sí go h-an chaomhamhail cineálta dóibh, go háirighthe do'n fhile.
> Fá chionn cúpla lá d'éirigh na cailíní tuirseach ag an tsáile, agus d'imthigh siad abhaile gan fhiost do'n fhile. D'éirigh seisean uaigneach annsin leis fhéin agus níorbh fhada gur bhain sé fhéin an baile amach.
> Má bhain, rinne sé an ceol molta seo do bhean a' toighe, Máire Nic Cómhaill.

Ó Muirgheasa says that Peadar Breathnach composed this song, and he gives the background to the song as follows (DCCU, 325):

> *One time the poet went with his sister and a group of girls to take the sea at Narin. They got accommodation with*

a woman who had lodgings called Máire Nic Comhaill. She was very pleasant and kind to them, especially to the poet.
After a couple of days, the girls got tired of the sea, and they went home without telling the poet. He then got lonely himself and it wasn't long before he arrived home. Even so, he composed this song in praise of the lady of the house, Máire Nic Comhaill.

Amhrán 37. Tuirne Mháire (CBÉ 992: 553-554 & CBÉ 1946: 275-277). Bhailigh SÓhE an t-amhrán seo ar an 26 Iúil, 1947.

SÓhE collected this song on 26 July 1947.

1. In G2 tugann SÓhE nóta maidir le hinscne an fhocail "tuirne," mar a leanas (CBÉ 993: 553):

> Is íontach go bhfuil "túirne" firinnsean ag Anna agus mura gcéanna rud nach bhfuil in áit ar bith eile i dTír Chonaill tá "bád" fir. ag a dearthái Seán Mac a Bhaird.

In G2 SÓhE has the following note about the gender of the word "tuirne," (CBÉ 993: 553):

> *It's unusual that for Anna the word "túirne" is masculine in the same way that the word "bád" is masculine for her brother Seán Mac an Bhaird, something which is not found in any other part of Donegal.*

2. Ls.: Uaill Uí bhFaghaille. In G3 athraíonn SÓhE an logainm seo go "Amhaill Uí Mháille" (CBÉ 992: 275).
Ms: Uaill Uí bhFaghaille. In G3 SÓhE changes this placename to "Amhaill Uí Mháille" (CBÉ 992: 275).

3. Ls.: siothchaibh. In G2 tugann SÓhE an nóta a leanas maidir leis an fhocal seo: "Siothchain an míniú a thug an seanchaidhe" (CBÉ 992: 554). "Síocháin" a thugann sé in G3 (CBÉ 1946: 277).

Ms.: siothchaibh. In G2 SÓhE has the following note regarding this word: "Siothchain an míniú a thug an seanchaidhe" (CBÉ 992: 554). In G3 he gives the word as "Síocháin" [peace] (CBÉ 1946: 277).

Amhrán 38. Fóill, Fóill a Róise (CBÉ 992: 555-557 & CBÉ 1946: 277-279). Bhailigh SÓhE an t-amhrán seo ar 26 Iúil, 1947.

SÓhE collected this song on 26 July 1947.

1. Tá sé líne sa chéad véarsa mar a thugann SÓhE in G2 agus in G3 é i gcomparáid leis na ceithre líne i ngach véarsa eile. Is cosúil gur leath véarsa atá sa dá líne breise, agus toisc nár éiríodh an véarsa a chríochnú ó fhoinsí eile, baintear na línte seo den amhrán agus tugtar thíos iad (CBÉ 992: 555 & CBÉ 1946: 277)

There are six lines in the first verse of the song as SÓhE has it in G2 and G3 compared with four lines in each of the other verses. It would appear that the two extra lines are half of another verse, and as it wasn't possible to complete the verse from other sources, the lines are given below:

> "An té a gheobhadh chun comhrá léithi níor bhaol dó an peacadh a dhéanamh,Póg a thabhairt dá béal a bhéarfadh na céadta ón bhás."

2. Ls.: go n-éoluidhe an dall do phóca-sa. In G3 athraíonn SÓhE focail na líne chun an leagain a thugar anseo (CBÉ 1946: 278).

Ms.: go n-éoluidhe an dall do phóca-sa. In G3 SÓhE changes the words of this line to the version given here (CBÉ 1946: 278).

3. Ls.: Agus bí á thárla 'do dhiaidh. In G3 athraíonn SÓhE focail na líne seo chun an leagain a thugar anseo (CBÉ 1946: 279).

Ms.: Agus bí á thárla 'do dhiaidh. In G3 SÓhE changes the words of this line to the version given here (CBÉ 1946: 279).

Amhrán 39. Malaidh an tSléibh' Báin (CBÉ 992: 558-560 & CBÉ 1949: 22-24). Bhailigh SÓhE an t-amhrán seo ar an 26 Iúil, 1947. Bhailigh LMacM leagan den amhrán ar 13 Deireadh Fómhair, 1935 (CBÉ 169: 437-439).

SÓhE collected this song on 26 July 1947. LMacM collected a version of the song on 13 October 1935 (CBÉ 169: 437-439).

1. Ls.: Choinneochainn amuigh (ó) naoi lá í. Is é SÓhE a chuir an réamhfhocal "ó" idir lúibíní sa téacs (CBÉ 992: 558). Fágtar amach an réamhfhocal in G3 (CBÉ 1949: 22).

Ms.: Choinneochainn amuigh (ó) naoi lá í. SÓhE inserted the preposition "ó" in brackets in the text (CBÉ 992: 558). The preposition is omitted in G3 (CBÉ 1949: 22).

2. Ls.: Má d'fhág Mailí mise á mo shárú. In G1 tugann LMacM an líne seo mar "Mar d'fhag Molly mise & mo shárú," (CBÉ 169: 437).

Ms.: Má d'fhág Mailí mise á mo shárú. In G1 LMacM gives this line as "Mar d'fhag Molly mise & mo shárú," (CBÉ 169: 437).

3. Faightear an véarsa seo in G1 (CBÉ 169: 438).

This line comes from G1 (CBÉ 169: 438).

4. Faightear "a dhamhluigh damh" in G1 (CBÉ 169: 438).

This phrase is given as "a dhamhluigh damh" in G3 (CBÉ 169: 438).

5. Ls.: Tháinic sí chugam am fhéachaint.

Ms.: Tháinic sí chugam am fhéachaint.

6. Ls.: Mo snogh go rabh uirthí is mo ghré. In G3 athraíonn "mo snogh" go "mo shnudh" (CBÉ 1949: 24).

Ms.: Mo snogh go rabh uirthí is mo ghré. In G3 "mo snogh" changes to "mo shnudh" (CBÉ 1949: 24).

Amhrán 40. An tOileán Úr (CBÉ 992: 561-563 & CBÉ 1949: 24-26). Bhailigh SÓhE an t-amhrán seo ar 26 Iúil, 1947.

SÓhE collected this song on 26 July 1947.

1. Ls.: Gaedhlic.

Ms.: Gaedhlic.

Amhrán 41. Dónall Óg (CBÉ 992: 564-565 & CBÉ 1949: 27-28). Bhailigh SÓE an t-amhrá seo ar 27 Iúil, 1947. Bhailigh LMacM leagan den amhrán idir 13-17 Aibreán, 1937 (CBÉ 348: 19-20).

SÓhE collected this song on 27 July 1947. LMacM collected a version of the song on 13-17 April 1937 (CBÉ 348: 19-20).

1. Ls.: a phór. In G1 tugtar "a phóir na ngaiscidhe," (CBÉ 348: 19).

Ms.: a phór. In G1 "a phóir na ngaiscidhe," is given (CBÉ 348: 19).

2. Ls.: dá mo chóireadh. In G1 tugtar "do mo chóiriú," (CBÉ 348: 19).

Ms.: dá mo chóireadh. In G1 "do mo chóiriú," is given (CBÉ 348: 19).

Amhrán 42. Dónall Ó Maoláine (CBÉ 992: 566-568 & CBÉ 1949: 28-30). Bhailigh SÓhE an t-amhrán seo ar 28 Iúil, 1947.

SÓhE collected this song on 28 July 1947.

1. Faightear an t-amhrán in G3 faoin teideal 'An Chúilfhionn' (CBÉ 1949: 28).

This song is called 'An Chúilfhionn' in G3 (CBÉ 1949: 28).

2. Ls.: a phósadh mé.

Ms.: a phósadh mé.

3. Faightear an véarsa seo in G3 (CBÉ 1949: 30).

This verse comes from G3 (CBÉ 1949: 30).

Amhrán 43. A Ógánaigh an Chúil Chlannaigh udaí (CBÉ 992: 569-570). Bhailigh SÓhE an t-amhrán seo ar 28 Iúil, 1947. Bhailigh LMacM leagan den amhrán idir 13-17 Aibreán, 1937 (CBÉ 348: 24-25).

SÓhE collected this song on 28 July 1947. LMacM collected a version of the song between 13-17 April 1937 (CBÉ 348: 24-25).

1. Ní ainmníonn SÓhE nó LMacM an t-amhrán seo.

Neither SÓhE nor LMacM name this tune.

2. Ls.: mé. In G1 tugann LMacM "Fuaidh tú aréir a' bealach seo" (CBÉ 348: 24).

Ms.: mé. In G1 LMacM has "Fuaidh tú aréir a' bealach seo" (CBÉ 348: 24).

3. Ls.: mara ndúil. In G1 tugann LMacM "Mar i ndúil" (CBÉ 348: 25).

Ms.: mara ndúil. In G1 LMacM has "Mar i ndúil" (CBÉ 348: 25).

Amhrán 44. Nach Deas an Rud na Saighdiúirí (CBÉ 992: 571-572). Bhailigh SÓhE an t-amhran seo ar 28 Iúil, 1947.

SÓhE collected this song on 28 July 1947.

1. Ní ainmníonn SÓhE an t-amhrán seo.

SÓhE doesn't name this song.

2. Tá líne ar iarraidh sa véarsa seo mar a bailíodh ó Anna Nic an Luain é. Faightear an líne, a thugtar anseo idir lúibíní cearnógacha, i leagan den véarsa atá ar fáil in amhrán faoin teideal 'Ag Fágáil na Cúile Móire Dúinn.' Is i gCartlann TG4 a fhaightear an t-amhrán mar a cheolann Liam Ó Dúgáin as Oileán Thoraí, Contae Dhún na nGall é. Faightear an véarsa céanna i leaganacha den amhrán Liostáil mé le Sáirsint.

There is a line missing from this verse as it was collected from Anna Nic an Luain. The line, which is shown here in square brackets, comes from a version of the verse in the song 'Ag Fágáil na Cúile Móire Dúinn.' Liam Ó Dúgáin, from Tory Island, County Donegal sings the song which is available in Cartlann TG4. The same verse forms part of versions of the song Liostáil Mé le Sáirsint. (https://seannos.

tg4.ie/baile/amhranaithe/liam-o-dugain/ag-fagail-na-cuile-moire-duinn-amhrain-is-ansa-liom/).

3. Ls.: 'sonn.' Léiríonn SÓhE neamhchinnteacht faoin fhocal áirithe seo.

Ms.: 'sonn.' SÓhE indicates uncertainty about this particular word.

4. Ls.: luthmhair.

Ms.: luthmhair.

5. Ls.: Ná feárr.

Ms.: Ná feárr.

Amhrán 45. Na Gamhna Geala (CBÉ 992: 573 & CBÉ 1946: 244). Bhailigh SÓhE an t-amhrán seo ar 28 Iúil, 1947.

SÓhE collected this song on 28 July 1947.

1. Ls.: Léimneach. In G3 athraíonn SÓhE an focal seo go "geimneach" (CBÉ 1946: 244).

Ms.: Léimneach. In G3 SÓhE changes this word to "geimneach" (CBÉ 1946: 244).

Amhrán 46. Ag Éirí Amach Inné domh (CBÉ 992: 574-576 & CBÉ 1946: 245-246). Bhailigh SÓhE an t-amhrán seo ar 28 Iúil, 1947. Bhailigh LMacM leagan den amhrán idir 13-17 Aibreán, 1937 (CBÉ 348: 68-69).

SÓhE collected this song on 28 July 1947. LMacM collected a version of the song between 13-17 April 1937 (CBÉ 348: 68-69).

1. Ls.: go rabh an mhaidin ciúin. In G3 tugann SÓhE "go rabh an mhaidin fuar," (CBÉ 1946: 245), agus faightear an fhoclaíocht chéanna in G1 (CBÉ 348: 68).

Ms.: go rabh an mhaidin ciúin. In G3 SÓhE has "go rabh an mhaidin fuar," (CBÉ 1946: 245), and the same wording is in G1 (CBÉ 348: 68).

2. Ls.: Bhí dhá cich corr glé-luigh.

Ms.: Bhí dhá cich corr glé-luigh.

3. Ní fhaightear an véarsa áirithe seo in G3.

This verse is not in G3.

Amhrán 47. Thiar i gConnachta atá mo Lóistín (CBÉ 992: 577-578 & CBÉ 1946: 265-266). Bhailigh SÓhE an t-amhrán seo ar 28 Iúil.

SÓhE collected this song on 28 July 1947.

1. Tá dhá líne de bhreis sa leagan den amhrán seo in G2 nach bhfaightear in G3, mar a leanas:

There are two extra lines in the version of this song in G2 which aren't in G3, as follows:

Cuirfidh mé long amach a chéad mhí dh'Fhoghmhar
Is caithfidh mé an Geimhreadh ag mo mhíle stóirín.

Tá na línte seo mar chuid den chéad véarsa sa leagan den amhrán i gCartlann TG4 a cheolann Treasa McClafferty as Oileán Thoraí, Contae Dhún na nGall.

These lines are part of the first verse in the version of the song in Cartlann TG4, which Treasa McClafferty from Tory Island, County Donegal sings, (https://seannos.tg4.ie/baile/amhranaithe/teresa-mcclafferty/thiar-i-gconnachta-amhrain-is-ansa-liom/):

Thiar i gConnachta atá mo lóistín
Nach fada ó bhaile mo theach is m'áit chónaí
Sheolfainn long ar an chéad mhí 'Fhómhar
Is caithfidh mé an geimhreadh ag mo mhíle stóirín.

2. In G2 tugann SÓhE an nóta a leanas maidir le véarsa deireanach an amhráin, véarsa nach bhfaightear in G3: "Seo bhéarsa eile den amhrán seo ar chuimhnigh Anna air ó scríobh mé an chuid eile de uaithi – 6/8/1947," (CBÉ 992: 578).

In G2 SÓhE has the following note regarding the last verse of the song. This verse is not in G3: "This is another verse of this song which Anna remembered after I had written down the rest of the song from her – 6/8/1947," (CBÉ 992: 578).

Amhrán 48. An Cailín Donn (CBÉ 992: 579-580 & CBÉ 1946: 267-268). Bhailigh SÓhE an t-amhrán seo ar 28 Iúil, 1947. Bhailigh LMacM leagan den amhrán seo idir 13-17 Aibreán, 1937 (CBÉ 348: 17-18).

SÓhE collected this song on 28 July 1947. LMacM collected a version of the song between 13-17 April 1937 (CBÉ 348: 17-18).

1. Faightear leagan den amhrán seo faoin dá theideal Thíos ag Teach an Tórraidh agus An Cailín Donn in The Doegen Records Web Project/ Tionscadal Gréasáin Chéirníní Doegen mar a cheol

Pádraig Ó Baoighill as Chontae Dhún na nGall é.

There is a version of this song with the two names 'Thíos ag Teach an Tórraidh' and 'An Cailín Donn' in The Doegen Records Web Project/ Tionscadal Gréasáin Chéirníní Doegen as sung by Pádraig Ó Baoighill from County Donegal (http://doegen.ie/LA_1248d1).

2. Athraíonn SÓhE an frása seo ó "de'n rása," mar a thugtar in G2 (CBÉ 992: 580), go "de'n tséarsa" mar a thugtar in G3 (CBÉ 1946: 278).

SÓhE changes this phrase from "de'n rása," as it is in G2 (CBÉ 92: 580), to "de'n tséarsa" as it is in G3 (CBÉ 1946: 278).

3. Faightear an véarsa seo in G1 (CBÉ 348: 17). Is ionann an chéad dá líne den véarsa seo agus an chéad dá líne d'Amhrán 46, Ag Éirí Amach Inné domh. Faightear an véarsa sa leagan den amhrán in Deogen a luadh thuas.

This verse is from G1 (CBÉ 348: 17). The first two lines of this verse are the same as the first two lines of Amhrán 46, Ag Éirí Amach Inné domh. The verse is found in the version of the song in Deogen mentioned above.

Amhrán 49. Ailín na Rún (CBÉ 992: 581-582 & CBÉ 1946: 269-270). Bhailigh SÓhE an t-amhrán seo ar 28 Iúil, 1947. Bhailigh LMacM leagan den amhrán seo idir 13-17 Aibreán, 1937 (CBÉ 348: 56-57).

SÓhE collected this song on 28 July 1947. LMacM collected a version of the song between 13-17 April 1937 (CBÉ 348: 56-57).

1. Faightear an véarsa seo in G1 (CBÉ 348: 57).

This verse is from G1 (CBÉ 348: 57).

2. Ls.: Luighfinn ar leabaidh luachra leat.

Ms.: Luighfinn ar leabaidh luachra leat.

Amhrán 50. Nansaí 'Mhíle Grá (CBÉ 992: 583-584 & CBÉ 1946: 271-272). Bhailigh SÓhE an t-amhrán seo ar 28 Iúil, 1947. Bhailigh LMacM leagan den amhrán seo idir 13-17 Aibreán, 1937 (CBÉ 348: 34-35).

SÓhE collected this song on 28 July 1947. LMacM collected a version of the song between 13-17 April 1937 (CBÉ 348: 34-35).

1. Fágtar firinscneach gan athrú an t-ainmfhocal seo.

The gender of this noun is left unchanged as masculine.

2. Ls.: nach bhfeicfinn. In G3 athraíonn SÓhE an briathar go "nach ligfinn" (CBÉ 1946: 272).

Ms.: nach bhfeicfinn. In G3 SÓhE changes the verb to "nach ligfinn" (CBÉ 1946: 272).

3. Ls.: dá mo chlaoidh.

Ms.: dá mo chlaoidh.

Amhrán 51. Mac Baintrí go hÓg mé (CBÉ 992: 585-586 & CBÉ 1946: 273-274). Bhailigh SÓhE an t-amhrán seo ar 28 Iúil,1947. Bhailigh LMacM leagan den amhrán seo ar 13 Deireadh Fómhair, 1935 (CBÉ 169: 444-445).

SÓhE collected this song on 28 July 1947. LMacM collected a version of the song on 13 October 1935 (CBÉ 169: 444-445).

1. Ag scríobh dó faoi eachtraí an amhráin seo, deir Ó Muirgheasa (DCCU, 192):

> Acht tchidtear ón amhrán fhéin gur tharlaidh sé thart fá Cho. Aontrama nó Cho. an Dúin, is gur iarr an t-ógánach seo éalodh i mbád nó luing, agus gur séideadh isteach an long le anfadh comhgarach do bhaile mhór.

Ó Muirgheasa says about the events in this song (DCCU, 192):

> *It is apparent from the song that it happened around County Antrim or County Down, that the youth tried to escape in a boat or ship, and that the ship was blown ashore by a storm close to a big town.*

2. Ls.: Cionnus ...

Ms.: Cionnus ....

3. Ls.: as a h-athair Maighistir Craobh. In G3 athraíonn SÓhE an frása go "as a father Maighistir Grieve," (CBÉ 1946: 273). Tugann Ó Muirgheasa an líne chéanna mar "as a hathair Maighistir Grian," (DCCU, 190).

Ms.: as a h-athair Maighistir Craobh. In G3 SÓhE changes the phrase to "as a father Maighistir Grieve," (CBÉ 1946: 273). Ó Muirgheasa has this line as "as a hathair Maighistir Grian," (DCCU, 190).

Amhrán 52. Doimnic Ó Dónaill (CBÉ 992: 587-588 & CBÉ 1946: 79-80). Bhailigh SÓhE an t-amhrán seo ar 10 Lúnasa, 1947.

SÓhE collected this song on 10 August 1947.

1. In G3 athraíonn SÓhE an líne seo go "Is é ag imeacht i gcóiste ministir," (CBÉ 1946: 79).

In G3 SÓhE changes this line to "Is é ag imeacht i gcóiste ministir," (CBÉ 1946: 79).

2. Ls.: ar Shliabh Siadhan.

Ms.: ar Shliabh Siadhan.

3. Ls.: sroithte. "Sroite2, var. pl. of SRUTH," (FGB, 1156).

Ms.: sroithte. "Sroite2, var. pl. of SRUTH," (FGB, 1156).

4. Ls.: Bhéarfad sé gochaint (?) Mhuire chroidhe. Tríd an comhartha ceiste a úsáid léiríonn SÓhE a neamhchinnteacht faoin fhoclaíocht anseo. In G3 fágann sé an líne seo gan a críochnú mar "Bhéarfad sé dhóchan ..." (CBÉ 1946: 80).

Ms.: Bhéarfad sé gochaint (?) Mhuire chroidhe. By using a question mark SÓhE displays uncertainty about the wording here. In G3 he leaves the line unfinished as "Bhéarfad sé dhóchan ..." (CBÉ 1946: 80).

Amhrán 53. Ba Mhaith an Fear Fóinte mé (CBÉ 1032: 169-171 & CBÉ 1946: 63-64). Bhailigh SÓhE an t-amhrán seo ar 7 Lúnasa, 1947. Bhailigh LMacM leagan den amhrán idir 13-17 Aibreán, 1937 (CBÉ 348: 54-55).

SÓhE collected this song on 7 August 1947. LMacM collected a version of the song between 13-17 April 1937 (CBÉ 348: 54-55).

1. Faightear an véarsa seo in G3 (CBÉ 348: 54).

This verse is in G3 (CBÉ 348: 54).

2. Ls.: Nuair a ba mhithid liom a bheith a teacht 'na bhaile. Faightear an líne a thugtar anseo in G1 (CBÉ 348: 55).

Ms.: Nuair a ba mhithid liom a bheith a teacht 'na bhaile. The line given here is from G1 (CBÉ 348: 55).

Amhrán 54. Seán Bán [1] (CBÉ: 172-173 & CBÉ 1946: 67-68). Bhailigh SÓhE an t-amhrán seo ar 7 Lúnasa, 1947. Bhailigh LMacM leagan den amhrán idir 13-17 Aibreán, 1937 (CBÉ 348: 64-65).

SÓhE collected this song on 7 August 1947. LMacM collected a version of the song between 13-17 April 1937 (CBÉ 348: 64-65).

1. In G1 agus G2 tugann LMacM agus SÓhE chéad líne an amhráin, 'Dheánfaidh mé Teach Mór ar a' Mhalaidh Ud Thall,' mar theideal air. Ach in G3 tugann SÓhE an teideal 'Seán Bán' ar an amhrán (CBÉ 1946: 67). Tugann Ó Muirgheasa an teideal 'Seán Bán Eile' ar an amhrán seo (DCCU, 92). 'Seán Bán [1]' a thugtar air anseo toisc go bhfuil amhrán eile faoin teideal céanna sa chnuasach, féach Amhrán 65 thíos.

In G1 and G2 LMacM and SÓhE both name this song after the first line 'Dheánfaidh mé Teach Mór ar a' Malaidh Ud Thall.' In G3 SÓhE names the song 'Seán Bán' (CBÉ 1946: 67). Ó Muirgheasa names the song 'Seán Bán Eile' (DCCU, 92). The song is named 'Seán Bán [1]' here as there is another song of the same name in this collection, see Amhrán 65 below.

2. "A Ghiolla Ruaidhe,": an abhainn Ruadh i gCo. Dhoire do réir Eibhlín [Ní Mhuireadhagh] (DCCU, 94).

"A Ghiolla Ruaidhe,": the river Ruadh in Co. Derry according to Eibhlín [Ní Mhuireadhagh] (DCCU, 94).

3. Ls.: scéal truaillígh. Deir Ó Muirgheasa faoin fhocal 'scéal': "Chan é an focal sgéal = story atá annseo, acht an sean-fhocal sgéile = pity," (DCCU, 94). Is é "truaillidhe," an litriú a úsáideann LMacM in G1 (CBÉ 348: 64).

Ms.: scéal truaillígh. Ó Muirgheasa says about the word 'scéal': "This is not the word sgéal = story, but the old word sgéile = pity," (DCCU, 94). LMacM uses the spelling "truaillidhe," in G1 (CBÉ 348: 64).

Amhrán 55. An Cailín Deas Donn (CBÉ 1032: 174-175 & CBÉ 1946: 69-70). Bhailigh SÓhE an t-amhrán seo ar 7 Lúnasa, 1947.

SÓhE collected this song on 7 August 1947.

1. Ls.: ag na dáil.

Ms.: ag na dáil.

2. Ls.: Thug siadsan néach 's níor abair ach bréag. In G3 tugann SÓhE an líne seo mar "Thug siadsan hears(?) is níor abair ach bréag," (CBÉ 1946: 70). Tríd an comhartha ceiste a úsáid, léiríonn SÓhE neamhchinnteacht faoin fhoclaíocht anseo. "éacht2 = IACHT... Cry, sigh, groan, lament," (FGB, 469).

Ms.: Thug siadsan néach 's níor abair ach bréag. In G3 SÓhE has this line as "Thug siadsan hears(?) is níor abair ach bréag," (CBÉ 1946: 70). By using a question mark here SÓhE shows uncertainty about the wording. "éacht2 = IACHT... Cry, sigh, groan, lament," (FGB, 469).

3. Ls.: Nach dtug mé slighe éad dho a'n bhean ar a' t-saoghal.

Ms.: Nach dtug mé slighe éad dho a'n bhean ar a' t-saoghal.

Amhrán 56. Ar an Mhullach Mhór atá mo Lóistín (CBÉ 1032: 176-177 & CBÉ 1946: 65-66 & CBÉ 1946: 71). Bhailigh SÓhE an t-amhrán seo ar 7 Lúnasa, 1947.

SÓhE collected this song on 7 August 1947.

1. In G2 agus an chéad uair in G3 (CBÉ 1946: 65-66) faightear aon amhrán amháin a bhfuil ceithre véarsa ann faoin teideal 'Ar an Mhullach Mhór atá mo Lóistín.' Ach níos moille in G3 faightear dara leath an amhráin faoin teideal 'Níon a Bhaollaigh ar a Mhullach Mhór,' (CBÉ 1946: 72).

In G2 and the first time in G3 (CBÉ 1946: 65-66) there is a single four versed song called 'Ar an Mhullach Mhór atá mo Lóistín.' Later in G3 the second half of the song appears as 'Níon a Bhaollaigh ar a Mhullach Mhór,' (CBÉ 1946: 72).

Amhrán 57. Níon an Bhaollaigh ar an Mhullach Mhór 1 (CBÉ 1032: 176-177 & CBÉ 1946: 65-66 & CBÉ 1946: 72). Bhailigh SÓhE an t-amhrán seo ar 7 Lúnasa, 1947.

SÓhE collected this song on 7 August 1947.

1. Féach nóta 561 thuas.

See note 561 above.

2. Ls.: Fuair mé anuraidh in a h-aghaidhe gran' father. In G3 tugann SÓhE an líne mar seo, "Fuair mé anuraigh í óna high gran'father," (CBÉ 1946: 72).

Ms.: Fuair mé anuraidh in a h-aghaidhe gran' father. In G3 SÓhE has the line as "Fuair mé anuraigh í óna high gran'father," (CBÉ 1946: 72).

Amhrán 58. An Seanbheathach Capaill (CBÉ 1032: 178-179 & CBÉ 1946: 61-62). Bhailigh SÓhE an t-amhrán seo ar 7 Lúnasa, 1947. Bhailigh LMacM leagan den amhrán idir 13-17 Aibreán, 1937 (CBÉ 348: 21-23).

SÓhE collected this song on 7 August 1947. LMacM collected a version of the song between 13-17 April 1937 (CBÉ 348: 21-23).

1. Ls.: chraitheadh na díslí. In G1 faightear "& chraith siad na dísle," (CBÉ: 348:23).

Ms.: chraitheadh na díslí. This appears as "& chraith siad na dísle," (CBÉ: 348:23).

2. Tugann LMacM an nóta gearr "par. [paróiste] Tearmonn" leis an logainm seo (CBÉ 348: 23).

LMacM has the short note "par. [parish] Tearmonn" with this placename (CBÉ 348: 23).

3. Tugann LMacM an nóta gearr "i nDruimchaoin, par. Rathbhoth" leis an logainm seo (CBÉ348: 23).
LMacM has the short note "in Droimchaoinn, par. [parish] Rafoe" with this placename (CBÉ 348: 23).

Amhrán 59. Máire Mhaiseach (CBÉ 1032: 180-181 & CBÉ 1946: 73-74). Bhailigh SÓhE an t-amhrán seo ar 7 Lúnasa, 1947.

SÓhE collected this song on 7 August 1947.

1. In G3 athraíonn SÓhE an focal seo ó "tráigh" go "tsráid" (CBÉ 1946: 73).

In G3 SÓhE changes this word from "tráigh" to "tsráid" (CBÉ 1946: 73).

Amhrán 60. Máire Óg na gCiabh (CBÉ 1032: 181-182 & CBÉ 1946: 74-75). Bhailigh SÓhE an t-amhrán seo ar 7 Lúnasa, 1947. Bhailigh LMacM leagan den ámhrán idir 13-17 Aibreán, 1937 (CBÉ 348: 49-50).

SÓhE collected this song on 7 August 1947. LMacM collected a version of the song between 13-17 April 1937 (CBÉ 348: 49-50).

1. Deir LMacM gur iad Na Cruacha Gorma atá i gceist anseo (CBÉ 348: 49).

LMacM says that this refers to The Croaghs (CBÉ 348: 49).

2. Ls.: Go b'é an chorr-fhia ciar-bheannach a chuirfeadh an snic-chor a chur i gcú (?). Léiríonn SÓhE a neamhchinnteacht faoin fhoclaíocht tríd an comhartha ceiste agus an líne faoi a úsáid anseo. In G3 athraíonn sé "chorr-fhiadh" go "charr-fhia" agus fágann sé deireadh na líne gan a críochnú (CBÉ 1946: 74). In G1 tugann LMacM an líne mar seo, "Sí 'n carraigheach ciar beannach a chuirfeadh an snick chorr i gaoith," (CBÉ 1937: 49).

Ms.: Go b'é an chorr-fhia ciar-bheannach a chuirfeadh an snic-chor a chur i gcú (?). By using the question mark and underlining the phrase, SÓhE shows uncertainty over the wording here. In G3 he changes "chorr-fhiadh" to "charr-fhia" and he leaves the end of the line unfinished (CBÉ 1946: 74). In G1 LMacM gives the line as "Sí 'n carraigheach ciar beannach a chuirfeadh an snick chorr i gaoith," (CBÉ 1937: 49).

3. Ls.: 'Sí 'n cuach í ar chrann loin-troim(?) nó plannda an Fháil Mhóir. Arís léiríonn SÓhE a neamhchinnteacht faoin fhoclaíocht anseo. In G1 tugann LMacM an líne mar seo "'Sí cuach í a' chrann lindrum nó plannda an Aill Móir," (CBÉ 348: 50), agus in G3 faightear "'Sí cuach í chrann lontroim na plannda an Fhéil Mhóir" (CBÉ 46: 75).

Ms.: 'Sí 'n cuach í ar chrann loin-troim(?) nó plannda an Fháil Mhóir. Again, SÓhE shows his uncertainty over the wording here. In G1 LMacM has this line as "'Sí cuach í a' chrann lindrum nó plannda an Aill Móir," (CBÉ 348: 50, and in G3 the line appears as "'Sí cuach í chrann lontroim na plannda an Fhéil Mhóir" (CBÉ 46: 75).

Amhrán 61. Níon na Caillí Giobaigh (CBÉ 1032: 183-184 & CBÉ 1946: 76-77). Bhailigh SÓhE an t-amhrán seo ar 7 Lúnasa, 1947.

SÓhE collected this song on 7 August 1947.

1. Scríobh SÓhE an lá dár gcionn: "Chuimhnigh Anna ar an bhéarsa seo nuair a bhí me a' scríobhadh uaithe 8/8/'47. SÓhE" (CBÉ 1032: 184).

SÓhE wrote the following day: "Anna remembered this verse when I was writing down on 8/8/'47. SÓhE" (CBÉ 1032: 184).

Amhrán 62. Mo Chailín Gaelach Óg (CBÉ 1032: 185-186 & CBÉ 1946: 78-79). Bhailigh SÓhE an t-amhrán seo ar 8 Lúnasa, 1947. Bhailigh LMacM leagan den ámhrán idir 13-17 Aibreán, 1937 (CBÉ 348: 51).

SÓhE collected this song on 8 August 1947. LMacM collected a version of the song between 13-17 April 1937 (CBÉ 348: 51).

1. Ls.: cheangalfainn. In G3 athraíonn SÓhE foirm an bhriathair go "cheanglochainn" (CBÉ 1946: 79).

Ms.: cheangalfainn. In G3 SÓhE changes the verb to "cheanglochainn" (CBÉ 1946: 79).

Amhrán 63. Bruach na Finne (CBÉ 1032: 191-192 & CBÉ 1946: 81-82). Bhailigh SÓhE an t-amhrán seo ar 8 Lúnasa, 1947.

SÓhE collected this song on 8 August 1947.

1. Deir Ó Muirgheasa gur chum Tadhg Ó Tiománaí an t-amhrán seo. Deir sé fosta go bhfuil "a thuilleadh ann is cé go bhfuil sé greanmhar i gceart chan mhaith liom é a chur i gcló," (DCCU, 329).

Ó Muirgheasa says that Tadhg Ó Tiománaí composed this song. He says also that there "is more to it, and though it is very funny I don't wish to print it," (DCCU, 329).

2. Deir Ó Muirgheasa gur athraigh sé an líne seo go "Agus tusa i m'aice 's ní baoghal damh gan a bheith óg arís," (DCCU, 329).

Ó Muirgheasa says that he changed this line to "Agus tusa i m'aice 's ní baoghal damh gan a bheith óg arís," (DCCU, 329).

Amhrán 64. Na Pótairí (CBÉ 1032: 194-195 & CBÉ 1946: 83-84). Bhailigh SÓhE an t-amhrán seo ar 7 Lúnasa, 1947. Bhailigh LMacM leagan den amhrán idir 13-17 Aibreán, 1937 (CBÉ 348: 16).

SÓhE collected this song on 7 August 1947. LMacM collected a version of the song between 13-17 April 1937 (CBE 348: 16).

1. In G2 tugann SÓhE nóta eagarthóireachta maidir leis an véarsa seo: "Measaim gur seo bhéarsa d'abhrán eile atá astuigh annseo, ach deir Anna go rabh sé ins an abhrán seo i dtólamh ag a h-athair. SÓhE." (CBÉ 1032: 195). Faightear an véarsa céanna sa leagan den amhrán a bailíodh ó Phádraig Eoghain Phádraig Mac an Luain, Cruach Mhín an Fheannta, Na Cruacha (CBÉ 1947: 201).

In G2 SÓhE has an editorial note regarding this verse: "I think that this is a verse from a different song, but Anna says that her father always had it as part of this song. SÓhE." (CBÉ 1032: 195). The same verse is in the version of the song which was collected from Pádraig Eoghain Phádraig Mac an Luain, Cruach Mhín an Fheannta, Na Cruacha (CBÉ 1947: 201).

Amhrán 65. Seán Bán [2] (CBÉ 1032: 196-197 & CBÉ 1946: 85-86). Bhailigh SÓhE an t-amhrán seo ar 7 Lúnasa, 1947 gan ainm a chur leis.

SÓhE collected this song on 7 August 1947.

1. Ní ainmníonn SÓhE an t-amhrán seo in G2 ach glaonn sé an t-ainm 'Seán Bán' air in G3. 'Seán Bán [2]' a thugtar air anseo toisc go bhfuil amhrán eile faoin teideal céanna sa chnuasach, féach Amhrán 54 thuas.

SÓhE doesn't name this song in G2 but he calls it 'Seán Bán' in G3. The song is called 'Seán Bán [2]' here as there is another song of the same name in this collection, see Amhrán 54 above.

2. Ls.: an t-ádh. In G3 fágann SÓhE an focal seo ar lár (CBÉ 1946: 85).

Ms.: an t-ádh. In G3 SÓhE leaves this word out (CBÉ 1946: 85).

3. Ls.: treóruidhe. In G3 athraíonn SÓhE an focal seo go "deoraidh" (CBÉ 1032: 196).

Ms.: treóruidhe. In G3 SÓhE changes this word to "deoraidh" (CBÉ 1032: 196).

4. Ls.: Shliabh Gaible. In G3 athraíonn SÓhE an logainm seo go "Sliabh Gailleann" (CBÉ 1946: 86).

Ms.: Shliabh Gaible. In G3 SÓhE changes this placename to "Sliabh Gailleann" (CBÉ 1946: 86).

Amhrán 66. Buachaill ón Éirne (CBÉ 1032: 198 & CBÉ 1946: 87). Bhailigh SÓhE an t-amhrán seo ar 7 Lúnasa, 1947.

SÓhE collected this song on 7 August 1947.

1. Ls.: is liom Éire ach Chonndae Mhuigheó. In G3 athraíonn SÓhE foclaíocht na líne chun an leagain a thugtar anseo.

Ms.: is liom Éire ach Chonndae Mhuigheó. In G3 SÓhE changes the wording of this line to the version which is given here.

Amhrán 67. A Chúilín Bán Deas (CBÉ 1032: 199-200 & CBÉ 1946: 89-90). Bhailigh SÓhE an t-amhrán seo ar 7 Lúnasa, 1947.

SÓhE collected this song on 7 August 1947.

1. In G2 agus G3 faightear an t-amhrán seo i bhfoirm dhá véarsa a bhfuil sé líne an ceann iontu agus dhá véarsa a bhfuil ocht líne i ngach ceann acu. Tá an t-amhrán leagtha anseo i bhfoirm seacht véarsa a bhfuil ceithre líne i ngach véarsa.

In G2 and G3 this song appears in the form of two verses of six lines each and two verses of eight lines each. The song is set out here in the form of seven verses with four lines in each verse.

Amhrán 68. Bhí Bean Uasal Seal Dá Lua Liom [Véarsa] (CBÉ 1032: 200 & CBÉ 1946: 90). Bhailigh SÓhE an véarsa seo ar 7 Lúnasa, 1947.

SÓhE collected this song on 7 August 1947.

1. In G2 faightear an véarsa seo mar chuid de Amhrán 67

thuas. In G3 tugtar é leis féin faoin teideal 'Vérsa' (CBÉ 1946: 90).

In G2 this verse is included as part of Amhrán 67 above. In G3 it appears separately entitled 'Vérsa' (CBÉ 1946: 90).

Amhrán 69. An Dá Eoin (CBÉ 1032: 201-202 & CBÉ 1946: 91-92). Bhailigh SÓhE an t-amhrán seo ar an 7 Lúnasa, 1947.

SÓhE collected this song on 7 August 1947.

1. In G2 tá ocht líne is tríocha san amhrán seo mar a leanas: ocht líne i véarsa I, deich líne i véarsa II, ocht líne i véarsa III, agus sé líne an ceann i véarsaí IV agus V. In G3 tá sé líne is tríocha, agus athraíonn an leagan amach go hocht líne i véarsa I, deich líne an ceann i véarsaí II agus III, agus ocht líne i véarsa IV. Tugtar an t-amhrán anseo i bhfoirm dhá líne is tríocha a bhfuil ceithre véarsa le hocht líne an ceann iontu. Féach Nótaí 2., 3. agus 4. thíos.
In G2 there are thirty-eight lines in this song as follows: eight lines in verse I, ten lines in verse II, eight lines in verse III, and six lines each in verses IV and V. In G3 there are thirty-six lines, and the lay out of the song changes to eight lines in verse I, ten lines each in verses II and III, and eight lines in verse IV. The song appears here in thirty-two lines with four verses of eight lines each. See Notes 2., 3. and 4. below.

2. Seo thíos an dá líne atá fágtha ar lár ag deireadh Véarsa II san eagrán seo den amhrán:

The two lines which have been left out of Verse II in this edition of the song are as follows:

Glac bag i do dhorn, agus siúil leat an ród,
'Sí an choigrich is cóir duit a fhiacáil,

3. Seo thíos an dá líne atá fágtha ar lár ag deireadh Véarsa III san eagrán seo den amhrán:

The two lines which have been left out of Verse III in this edition of the song are as follows:

Tá ceird ar mo láimh, atá garach ag mnáibh,
Ní thugann siad de pháighe ach bia domh.

4. Seo thíos an dá líne atá fágtha ar lár ag deireadh Véarsa IV san eagrán seo den amhrán, línte a thugtar in G2 ach nach bhfaightear in G3:

The two lines which have been left out of Verse IV in this version of the song are as follows, lines that are in G2 but not in G3:

Níl aon easna in mo lár nach bhfuil mailc air go cnáimh,
Is ní thabharfaidh mé aon lá duit i mbliana.

Amhrán 70. An gCuala Sibh na Scéala (CBÉ 1032: 203-204 & CBÉ 1946: 17-18). Bhailigh SÓhE an t-amhrán seo ar an 7 Lúnasa, 1947.

SÓhE collected this song on 7 August 1947.

1. Ls.: Sliabh Gaillimh(?). In G2 cuireann SÓhE comhartha ceiste leis an logainm seo.

Ms.: Sliabh Gaillimh(?). In G2 SÓhE has a question mark beside this placename.

2. Ls.: do ghruaidh mar na rósaí, is do thaobh atá mar an eala. In G3 faightear an leagan den líne a thugtar anseo.

Ms.: do ghruaidh mar na rósaí, is do thaobh atá mar an eala. The version of the line given here appears in G3.

3. Ls.: sálas.

Ms.: sálas.

Amhrán 71. A Chailín udaí Siar in Aghaidh an Phobail [Véarsa] (CBÉ 1032: 204 & CBÉ 1946: 88). Bhailigh SÓhE an t-amhrán seo ar an 7 Lúnasa, 1947.

SÓhE collected this song on 7 August 1947.

1. Ls.: Cib ar bith.

Ms.: Cib ar bith.

Amhrán 72. Fuígfidh Mise an Baile Seo (CBÉ 1032: 205-206 & CBÉ 1946: 18-19). Bhailigh SÓhE an t-amhrán seo ar an 7 Lúnasa, 1947.

SÓhE collected this song on 7 August 1947.

1. In G3 faightear Véarsaí III go V faoin teideal 'Pósadh go hÓg Mé' (CBÉ 1946: 19). Tá leagan den amhrán seo ag Ó Muirgheasa faoin teideal 'Caoineadh na Mná Óige' (DCCU, 145-146).

In G3 Verses III to V appear as 'Pósadh go hÓg Mé'. Ó Muirgheasa has a version of the song named 'Caoineadh na Mná Óige' (DCCU, 145-146).

2. Ls.: 'á mo cheangal.

Ms.: 'á mo cheangal.

Amhrán 73. Brón ar an Phósadh (CBÉ 1032: 207-208 & CBÉ 1946: 20-21). Bhailigh SÓhE an t-amhrán seo ar an 7 Lúnasa, 1947. Bhailigh

LMacM leagan den amhrán seo idir 13-17 Aibreán, 1937 (CBÉ 348: 11-12).

SÓhE collected this song on 7 August 1947. LMacM collected a version of the song between 13-17 April 1937 (CBÉ 348: 11-12).

1. Ls.: a mothuigheann tú. In G3 tugtar "a n-aithníonn tú" anseo, (CBÉ 1946: 20). Faightear an briathar "mothuigheann" sa leagan den amhrán in CCU, 105.

Ms.: a mothuigheann tú. In G3 "a n-aithníonn tú" appears here, (CBÉ 1946: 20). The verb "mothuigheann" is used in the version of the song in CCU, 105.

2. Ls.: go dtí n-a dhá gcluais.

Ms.: go dtí n-a dhá gcluais.

Amhrán 74. Tháinig an Bás go Fáilí Chugam ar Cuairt (CBÉ 1032: 209-210 & CBÉ 1946: 22). Bhailigh SÓhE an t-amhrán seo ar an 27 Lúnasa, 1947.

SÓhE collected this song on 27 August 1947.

1. Faightear an t-amhrán seo faon teideal 'Cluiche an Bháis' in CCU, 145. Níl ach ceithre véarsa sa leagan áirithe sin den amhrán.

This song is called 'Cluiche an Bháis' in CCU, 145. There are only four verses in that version of the song.

2. In G3 athraíonn SÓhE an frása "go ndeánfadh mo léigheas" go "go ndeánfadh mo léas," (CBÉ 1946: 22).

In G3 SÓhE changes the phrase "go ndeánfadh mo léigheas" to "go ndeánfadh mo léas," (CBÉ 1946: 22).

Amhrán 75. Is Iomaí Buidéal Beorach (CBÉ 1032: 211 & CBÉ 1946: 23). Bhailigh SÓhE an t-amhrán seo ar an 27 Lúnasa, 1947.

SÓhE collected this song on 27 August 1947.

1. In G3 athraíonn SÓhE ainm na mná i gceist go "Róise Dhá Bhaollach," (CBÉ 1946: 24).

In G3 SÓhE changes the name of the woman in question to "Róise Dhá Bhaollach," (CBÉ 1946: 24).

Amhrán 76. Is Mairg a mBíonn Póca Air [Véarsa] (CBÉ 1032: 211 & CBÉ 1946: 23). Bhailigh SÓhE an t-amhrán seo ar an 27 Lúnasa, 1947.

SÓhE collected this song on 27 August 1947.

Amhrán 77. Seán Ó Baoill (CBÉ 1032: 212-213 & CBÉ 1946: 25-26). Bhailigh SÓhE an t-amhrán seo ar an 27 Lúnasa, 1947.

SÓhE collected this song on 27 August 1947.

1. Faightear an t-amhrán seo faoin teideal 'Comhairle an Chailín' in DCCU, 150-151.

This song is called 'Comhairle an Chailín' in DCCU, 150-151.

2. Ls.: mo bhanáid.

Ms.: mo bhanáid.

3. Ls.: ar mo mhailidh pháisdí. "Ar mo mhalaidh fáisgthe," an leagan den fhrása a fhaightear in DCCU, 150.

Ms.: ar mo mhailidh pháisdí. This phrase is "Ar mo mhalaidh fáisgthe," in DCCU, 150.

4. Tá dhá líne ar iarraidh sa véarsa seo mar a bhailigh SÓhE é. Faightear an dá líne, a thugtar anseo idir lúibíní cearnógacha, sa leagan den amhrán in DCCU, 150.

There are two lines missing from this verse as collected by SÓhE. The two lines, given here in square brackets, are from the version of the song in DCCU, 150.

5. In G3 athraíonn SÓhE an líne seo go "Dá bhfághaimist paisde cé chuirfeadh é" (CBÉ 1946: 26).

In G3 SÓhE changes this line to "Dá bhfághaimist paisde cé chuirfeadh é" (CBÉ 1946: 26).

Amhrán 78. Páidín Ó Raifeartaigh (CBÉ 1946: 27). Bhailigh SÓhE an t-amhrán seo ar an 27 Lúnasa, 1947.

SÓhE collected this song on 27 August 1947.

Amhrán 79. An tSeanbhean Liath (CBÉ 1032: 214-216 & CBÉ 1946: 27-29). Bhailigh SÓhE an t-amhrán seo ar an 27 Lúnasa, 1947.

SÓhE collected this song on 27 August 1947.

1. In G2 tugann SÓhE an t-amhrán i bhfoirm cúig véarsa a bhfuil ocht líne an ceann iontu. In G3 athraíonn sé leagan amach an amhráin go deich véarsa a bhfuil ceithre líne i ngach véarsa.

In G2 SÓhE has this song in the form of five verses of eight lines each. In G3 he changes the layout of the song to ten verses of four lines each.

Amhrán 80. Dá bhFeicfeadh Sibhse an Bobarach [Véarsa] (CBÉ 1032: 216 & CBÉ 1946: 88). Bhailigh SÓhE an t-amhrán seo ar an 27 Lúnasa,

1947.

SÓhE collected this song on 27 August 1947.

1. In G3 athraíonn SÓhE an líne seo go "Trousers fhada bharraigh air," (CBÉ 1946: 88).

In G3 SÓhE changes this line to "Trousers fhada bharraigh air," (CBÉ 1946: 88).

Amhrán 81. Bhí Mise Lá ag Gabháil chun Aonaigh [Véarsa] (CBÉ 1032: 216 & CBÉ 1946: 88). Bhailigh SÓhE an t-amhrán seo ar an 27 Lúnasa, 1947.

SÓhE collected this song on 27 August 1947.

Amhrán 82. Fómhar na mBan Óg (CBÉ 1032: 217-218 & CBÉ 1946: 30). Bhailigh SÓhE an t-amhrán seo ar an 27 Lúnasa, 1947. Bhailigh LMacM leagan den amhrán seo idir 13-17 Aibreáin, 1937 (CBÉ 348: 58).

SÓhE collected this song on 27 August 1947. LMacM collected a version of this song between 13-17 April 1937 (CBÉ: 58).

1. Sa leagan den amhrán a fhaightear in DCCU, 147-148 ní thugtar ach an chéad dá véarsa a fhaightear sa leagan seo.

The version of this song in DCCU, 147-148 contains only the first two verses of this version.

2. In G1 deir LMacM i nóta eagarthóireachta, gur "ainmneacha ar na ba" a thugtar anseo (CBÉ: 248, 58).

In G2 LMacM says in an editorial note that names of cows are given here (CBÉ: 248, 58).

3. Faightear an véarsa seo in G1 (CBÉ 348: 58). Ní fhaightear an véarsa in G2 ach tá sé mar chuid den chéad amhrán eile, Amhrán 84 'Rise up My Darling' (CBÉ 1032: 218-219).

This verse is from G1 (CBÉ 348: 58). The verse is not found in G2, but it is included as part of the next song, Amhrán 84 'Rise Up My Darling' (CBE 1032: 218-219).

4. Ls.: Is is trua gan mé gan phósadh.

Ms.: Is is trua gan mé gan phósadh.

Amhrán 83. Rise Up My Darling (CBÉ 1032: 218-219 & CBÉ 1946: 31). Bhailigh SÓhE an t-amhrán seo ar an 27 Lúnasa, 1947.

SÓhE collected this song on 27 August 1947.

1. Faightear an véarsa seo in G1 mar chuid de Amhrán 83 'Fómhar na mBan Óg' (CBÉ 348: 58).

This verse appears in G1 as part of Amhrán 83 'Fómhar na mBan Óg' (CBÉ 348: 58).

Amhrán 84. Cailín Bocht Buartha mé (CBÉ 1032: 220-221 & CBÉ 1946: 33). Bhailigh SÓhE an t-amhrán seo ar an 27 Lúnasa, 1947.

SÓhE collected this song on 27 August 1947.

Amhrán 85. Padaí Loinsigh (CBÉ 1032: 221 & CBÉ 1946: 34). Bhailigh SÓhE an t-amhrán seo ar an 27 Lúnasa, 1947.

SÓhE collected this song on 27 August 1947.

Amhrán 86. An Seanduine Dóite (CBÉ 1032: 222-223 & CBÉ 1946: 35). Bhailigh SÓhE an t-amhrán seo ar an 27 Lúnasa, 1947.

SÓhE collected this song on 27 August 1947.

1. Ls.: Chuaigh mé 'na mhargaidh.

Ms.: Chuaigh mé 'na mhargaidh.

2. In G3 athraíonn SÓhE an frása seo go "a tochas a thóna" (CBÉ 1946: 35).

In G3 SÓhE changes this phrase to "a tochas a thóna" (CBÉ 1946: 35).

3. Ls.: a shrón mhór. In G3 críochnaíonn SÓhE an líne seo mar a thugtar anseo é (CBÉ 1946: 35).

Ms.: a shrón mhór. In G3 SÓhE finishes this line as it appears here (CBÉ 1946: 35).

Amhrán 87. Amhrán Pheadair Bhreathnaigh (CBÉ 1032: 224-227 & CBÉ 1946: 37). Bhailigh SÓhE an t-amhrán seo ar an 27 Lúnasa, 1947.

SÓhE collected this song on 27 August 1947.

1. Ls.: Is ró-bheagán de ghlór gan chéill. Tugtar anseo an líne mar a fhaightear í in G3 (CBÉ 1946: 37).

Ms.: Is ró-bheagán de ghlór gan chéill. The line as given here appears in G3 (CBÉ 1946: 37).

2. Ls.: nuair a shocraimid. In G3 athraíonn SÓhE an frása seo go "nuair a shocraí muid," (CBÉ 1946: 38).

Ms.: nuair a shocraimid. In G3 SÓhE changes this phrase to "nuair a shocraí muid," (CBÉ 1946: 38).

3. Tá leath véarsa ar iarraidh anseo mar a bailíodh SÓhE an

t-amhrán seo. Faightear an leath véarsa a thugtar anseo idir lúibíní cearnógacha sa leagan den amhrán in CCU, 334.

There is half a verse missing from the version of this song as collected by SÓhE. The half verse shown here in square brackets is from CCU, 334.

4. Ls.: Is dá mbéadh sé abhaile á mo chomhair. In G3 tugann SÓhE an líne i gceist mar atá sí anseo. Tugann Ó Muirgheasa an líne mar a leanas: "Is dá bhfeicfidhe í i mBaile 'n Átha Mhóir," (CCU, 334).

Ms.: Is dá mbéadh sé abhaile á mo chomhair. In G3 SÓhE has the line as it appears here. Ó Muirgheasa has the line as follows: "Is dá bhfeicfidhe í i mBaile 'n Átha Mhóir," (CCU, 334).

Amhrán 88. Cuach mo Lon Dubh Buí (CBÉ 1032: 228-230 & CBÉ 1946: 40-42). Bhailigh SÓhE an t-amhrán seo ar an 27 Lúnasa, 1947.

SÓhE collected this song on 27 August 1947.

1. Tá líne ar iarraidh sa leagan den amhrán in G2, ach faightear é in G3 (CBÉ 1946: 41).

There ia a line missing from the version of the song in G2, but it is given in G3 (CBÉ 1946: 41).

2. Ls.: A dhíon a' toighe. Athraíonn SÓhE an líne seo in G3 (CBÉ 1946: 41).

Ms.: A dhíon a' toighe. SÓhE changes this line in G3 (CBÉ 1946: 41).

Amhrán 89. Sráid an Chlocháin Léith (CBÉ 1032: 231-232 & CBÉ 1946: 43). Bhailigh SÓhE an t-amhrán seo ar an 27 Lúnasa, 1947.

SÓhE collected this song on 27 August 1947.

1. Ls.: Í amharc ins an diosma. Tugtar anseo mar a scríobh SÓhE an líne in G3(CBÉ 1946: 43).

Ms.: Í amharc ins an diosma. The line is given here as SÓhE wrote it in G3 (CBÉ 1946: 43).

2. Ls.: Í inse a' gabhail síos dí. Tugtar anseo í mar a scríobh SÓhE in G3 (CBÉ 1946: 43).

Ms.: Í inse a' gabhail síos dí. The line is given here as SÓhE wrote it in G3 (CBÉ 1946: 43).

Amhrán 90. Amhrán an Tincléara (CBÉ 1032: 233-235 & CBÉ 1946: 44). Bhailigh SÓhE an t-amhrán seo ar an 27 Lúnasa, 1947. Bhailigh LMacM leagan den amhrán seo idir 13-17 Aibreán 1937 (CBÉ 348:

13-15).

SÓhE collected this song on 27 August 1947. LMacM collected a version of the song between 13-17 April 1937 (CBÉ 348: 13-15).

1. Ls.: mathas an aonaigh.

Ms.: mathas an aonaigh.

2. D'fhág Ó Muirgheasa véarsaí VIII, IX, XII, XIII agus XIV as an leagan den amhrán a fhaightear in DCCU toisc nach raibh sé cinnte gur cuid den amhrán iad (DCCU, 269).

Ó Muirgheasa left out verses VIII, IX, XII, XIII and XIV from the version of the song in DCCU because he wasn't sure if they were part of the song (DCCU, 269).

3. Ls.: Nár fhághaidh mise dócmhal, ach malairt na trócaire. In G3 tugann SÓhE an focal "dhócal" in áit "dócmhal" (CBÉ 1946: 45). Is "Mur bhfuighinn-se athrughadh ó Mháthair na Trócaire," an líne a fhaightear in DCCU, 269.

Ms.: Nár fhághaidh mise dócmhal, ach malairt na trócaire. In G3 SÓhE has the word "dhócal" in place of "dócmhal" (CBÉ 1946: 45). The line "Mur bhfuighinn-se athrughadh ó Mháthair na Trócaire," appears in DCCU, 269.

Amhrán 91. Ar a dhul go Baile Átha Cliath domh (CBÉ 1032: 236-237 & CBÉ 1946: 93-94). Bhailigh SÓhE an t-amhrán seo ar an 27 Lúnasa, 1947.

SÓhE collected this song on 27 August 1947.

1. Ls.: dá mo chreachadh.

Ms.: dá mo chreachadh.

2. Ls.: Toghaidh.

Ms.: Toghaidh.

Amhrán 92. Amhrán an Trompa (CBÉ 1032: 238 & CBÉ 1946: 95-96). Bhailigh SÓhE an t-amhrán seo ar an 27 Lúnasa, 1947.

SÓhE collected this song on 27 August 1947.

1. In G3 tugann SÓhE an cuntas seo ar an chomhrá a bhí aige le hAnna Nic an Luain faoin amhrán seo (CBÉ 1946: 96):

> [SÓhE] Caidé ar cumadh an t-amhrán sin fá dtaobh de, a Anna?
> [Anna] Tá maise fear a cheannuigh trompa dó fhear

eile, agus bhí sé ar shiúl a seinm leis agus bhris sé an teangaidh ann.
[SÓhE] Bhail a rabh an chléir sásta é bheith seinm?
[Anna] Ach – ní rabh ansin ach greann gur hubhradh sin faoi tSaghart Ó Baoill. Ní rabh ansin ach greann a cuireadh sa cheol go díreach.

In G3 SÓhE gives the following account of the conversation he had about this song with Anna Nic an Luain:

[SÓhE] What was this song about?
[Anna] It's about a man who bought a trumpet for another man who went off playing it, and who then broke its tongue.
[SÓhE] Well, were the clergy happy that he was playing it?
[Anna] Ah! it was just a joke what was said about Fr. Ó Baoill. That was nothing but a bit of fun that was put into the song.

2. In G3 cuireann SÓhE an véarsa breise seo leis an amhrán (CBÉ 1946: 96).
In G3 SÓhE adds an extra verse to the song (CBÉ 1946: 96).
3. In G3 tugtar an líne seo mar a leanas "Coileáir ghlan fhoscailte ar bheoir (?)." Tríd an comhartha ceiste a úsáid anseo léiríonn SÓhE a neamhchinnteacht faoin fhoclaíocht. Is mar a leanas a thugann Ó Muirgheasa an líne chéanna: "Sailéir ghlan fhosgailte de bheóir," (DCCU, 320).
In G3 this line is given as "Coileáir ghlan fhoscailte ar bheoir (?)." By using a question mark here SÓhE shows uncertainty about the wording. Ó Muirgheasa has the same line as follows: "Sailéir ghlan fhosgailte de bheóir," (DCCU, 320).

Amhrán 93. Na Lachain (CBÉ 1032: 239-240 & CBÉ 1946: 97-98). Bhailigh SÓhE an t-amhrán seo ar an 27 Lúnasa, 1947. Bhailigh LMacM leagan den amhrán idir 13-17 Aibreán, 1937 (CBÉ 348: 71).
SÓhE collected this song on 27 August 1947. LMacM collected a version of the song between 13-17 April 1937 (CBÉ 348: 71).
1. In G3 athraíonn SÓhE an seo líne go "Is ba ghairid a rachadh an éanlaith ar Chó-op. sa Leacaigh Mhór" (CBÉ 1946: 97).

In G3 SÓhE changes this line to "Is ba ghairid a rachadh an éanlaith ar Chó-op. sa Leacaigh Mhór" (CBÉ 1946: 97).

2. Ls.: go n-iarrfaidhe. In G3 athraíonn SÓhE an briathar seo go "go ndíolthaí" (CBÉ 1946: 98).

Ms.: go n-iarrfaidhe. In G3 SÓE changes this verb to "go ndíolthaí" (CBÉ 1946: 98).

Amhrán 94. Ní Ba, Capaill ná Caoirigh a d'Iarrfainn mar Spré le Mnaoi (CBÉ 1032: 241 & CBÉ 1946: 99). Bhailigh SÓhE an t-amhrán seo ar an 27 Lúnasa, 1947.

SÓhE collected this song on 27 August 1947.

1. Ls.: Nach mbéadh ró-thugtha bhruighinte.

Ms.: Nach mbéadh ró-thugtha bhruighinte.

2. In G3 athraíonn SÓhE "seoltóir" go "sailor" (CBÉ 1946: 99).

In G3 SÓhE changes "seoltóir" to "sailor" (CBÉ 1946: 99).

Amhrán 95. An Mhaol (CBÉ 1032: 242-243 & CBÉ 1946: 100). Bhailigh SÓhE an t-amhrán seo ar an 27 Lúnasa, 1947.

SÓhE collected this song on 27 August 1947.

1. Tugann SÓhE an míniú seo ó Anna Nic an Luain mar chúlra ar an amhrán (CBÉ 1032: 243):

> Fear a bhí ann fad ó shoin a tháinic a cheannacht bó. Cheannuigh sé ceann bréagh mar shíl sé fhéin ach nuair a thug sé abhaile í, agus chuaidh sé dá blighe caidé a bhí leis ach tarbh. Maol a bhí sa tarbh agus shíl sé gur bó a bhí ann. Anna Bean Mhic a' Luain.

SÓhE gives the following description of the background of this song from Anna Nic an Luain (CBE 1032: 243):

> *There was a man long ago who came to buy a cow. He bought a fine cow, as he thought, but when he took her home and went to milk her, he discovered that he had a bull. It was a hornless bull which he thought was a cow.*
> *Anna Nic an Luain.*

2. In G3 tugann SÓhE deireadh na líne seo mar "mo choinlín (?)" (CBÉ 1946: 100). Tríd an comhartha ceiste a úsáid, léiríonn sé a neamhchinnteacht faoin fhoclaíocht.

In G3 SÓhE gives the end of this line as “mo choinlín (?)” (CBÉ 1946: 100). The use of a question mark here indicates his uncertainty about the wording.

Amhrán 96. An Droimeann Dubh (CBÉ 1032: 243 & CBÉ 1946: 101). Bhailigh SÓhE an t-amhrán seo ar an 27 Lúnasa, 1947.

SÓhE collected this song on 27 August 1947.

1. Tugann SÓhE nóta mínithe ar an amhrán seo in G3:

[SÓhE] Caidé ar cumadh an t-amhrán sin fá dtaobh de?
[Anna] Tá maise still. Anna Nic an Luain (CBÉ 1946: 101).

SÓhE gives an explanatory note for this song in G3:

[SÓhE] What was this song composed about?
[Anna] A still. Anna Nic an Luain (CBÉ 1946: 101).

Amhrán 97. A Bhean udaí Thall a Shíogó (CBÉ 1032: 244 & CBÉ 1946: 102). Bhailigh SÓhE an t-amhrán seo ar an 27 Lúnasa, 1947.

SÓhE collected this song on 27 August 1947.

1. Críochnaíonn Ó Muirgheasa na línte i ngach véarsa mar a leanas “... a shíogó,” “... a hóró,” “... fá h-úire ceo,” agus “... i mBaile Leóil,” (DCCU, 380-381) i gcomparáid leis na deirí a fhaightear sa leagan anseo, “... a shíogó,” “... a shúgó,” “... le Fúraí Ceochán,” agus “... mailileó.” Ag scríobh dó faoi na deirí seo, deir Ó Muirgheasa (DCCU, 382):

> Is focla ráiméiseach dar liom na focla i ndeireadh na línte uilig, acht shaoil Ó Baoighill [Donnchadh Ó Baoighill, Leitir Catha, Clochán Liath] gur ainm áite Baile Leóil.

Ó Muirgheasa finishes the lines in each verse as follows “... a shíogó,” “... a hóró,” “... fá h-úire ceo,” agus “... i mBaile Leóil,” (DCCU, 380-381) in comparison with the endings used in this version of the song “... a shíogó,” “... a shúgó,” “... le Fúraí Ceochán,” agus “... mailileó.” Writing about these line endings Ó Muirgheasa says (DCCU, 382):

> *I think the words at the ends of the lines are nonsense*

words but Ó Baoighill [Donnchadha Ó Baoighill, Leitir Catha, Dungloe] thought that Baile Leóil was a placename.

Amhrán 98. A Chiotaí a Chéad Searc (CBÉ 1032: 245-246 & CBÉ 1946: 105-106). Bhailigh SÓhE an t-amhrán seo ar an 27 Lúnasa, 1947.

SÓhE collected this song on 27 August 1947.

1. Tugann SÓhE an míniú ar an amhrán seo in G2 a fuair sé ó Anna Nic an Luain (CBÉ 1032: 246):

> Fear bocht a bhí annseo a mbéigean dó imtheacht as baile a shaothradh d'a bhean agus d'a pháisde gasúir. Shiubhail sé Éire, agus bhí sé an-fhada sula dtainic sé arais abhaile. Bhí an páisde a d'fhág sé 'na dhiaidh 'na bhuachaill mhór an uair sin. Tháinic sé oidhche amháin eadar meadhon oidhche 's lá, agus bhí a bhean agus a mhac 'na luighe i leabaidh na clúide. Chonnaic sé an mac, agus caidé shíl sé ach gur pósta arais a bhí a bhean. Labhair sé léithe annsin, agus chum a' bheirt an t-amhrán.
> Anna Bean Mhic a' Luain, Cruach Thoibrid, Na Gleannta.

SÓhE gives the following explanation of the song in G2 which he obtained from Anna Nic an Luain (CBÉ 1032: 246):

> *This is about a poor man who had to leave home to earn enough to keep his wife and young son. He walked Ireland and it was a long time before he returned. The child he left behind him had grown into a big youth by then. He returned between midnight and daybreak, and his son and wife were lying in the bed in the corner. He saw his son and he thought that his wife had remarried. He spoke to her then, and they both composed the song.*
> *Anna Bean Mhic an Luain, Cruach Thoibrid, Na Gleannta.*

2. In G3 athraíonn SÓhE céad líne na véarsaí uilig go "A Chiotaí an chúil chlannaí is a Chiotaí an chúil doinn," (CBÉ 1946: 105).

In G3 SÓhE changes the first line of each verse to "A Chiotaí an chúil chlannaí is a Chiotaí an chúil doinn," (CBÉ 1946: 105).

3. In G3 athraíonn SÓhE deireadh gach véarsa ó "... ariamh,"

go "... go dtí í," (CBÉ 1946: 105).

In G3 SÓhE changes the endings of each verse from "... ariamh," to "... go dtí í," (CBÉ 1946: 105).

Amhrán 99. Carn tSiail (CBÉ 1032: 247-249 & CBÉ 1946: 107). Bhailigh SÓhE an t-amhrán seo ar an 1 Meán Fómhair, 1947.

SÓhE collected this song on 1 September 1947.

1. Seo nóta eolais a thugann SÓhE maidir leis an amhrán in G2 (CBÉ 1032: 249):

> Deir Anna liom go rabh suas le fiche bhéarsa do'n abhrán seo ag a h-athair, ach ní cuimhneach leithe-se anois ach a bhfuil thíos annseo. Deir sí go mbfhéidir go bhfuil siad seo fhéin rud beag measgtha aicí, go h- áirid an chéad cheann.

SÓhE gives the following information regarding this song in G2 (CBÉ 1032: 249):

> *Anna tells me that her father had up to twenty verses for this song, but she can only remember what is given here. She says also that she may have these verses mixed up, especially the first one.*

2. Tá dhá líne ar iarraidh sa céad véarsa seo. Faightear an dá líne a thugtar anseo idir lúibíní cearnógacha i leagan den amhrán 'Seachrán Chairn tSiail,' i gCartlann TG4, mar a cheolann Gearóidín Bhreathnach as Gaoth Dobhair, Contae Dhún na nGall é (https://seannos.tg4.ie/baile/amhranaithe/gearoidin-breathnach/seachran-charn-tsiail-corn-ui-riada-2009/)

There are two lines missing from the first verse. The two lines, which are given here in square brackets, are from a version of 'Seachrán Chairn tSiail,' in Cartlann TG4, as sung by Gearóidín Bhreathnach from Gaoth Dobhair, County Donegal (https://seannos.tg4.ie/baile/amhranaithe/gearoidin-breathnach/seachran-charn-tsiail-corn-ui-riada-2009/).

3. Ls.: mo waver.

Ms.: mo waver.

4. Ls.: 'S i dtrom-shuan i nDroim Ath' Thiar. In G3 athraíonn

SÓhE an líne seo go "'S mo dhroim suain in Anach Thiar," (CBÉ 1946: 108).

Ms.: 'S i dtrom-shuan i nDroim Ath' Thiar. In G3 SÓhE changes this line to "'S mo dhroim suain in Anach Thiar," (CBÉ 1946: 108).

5. In G3 athraíonn SÓhE an da líne seo go "Goideadh an gearran, goideadh m'úgham, Is go Contae an Lú atá mé fhéin dá dhíol(?)" (CBÉ 1946: 108).

In G3 SÓhE changes these two lines to "Goideadh an gearran, goideadh m'úgham, Is go Contae an Lú atá mé fhéin dá dhíol(?)" (CBÉ 1946: 108).

6. Ls.: Bíom a paiteagail ins an lubhraigh.

Ms.: Bíom a paiteagail ins an lubhraigh.

7. Ls.: i dTamhnach Néill(?). In G3 léiríonn SÓhE a neamhchinnteacht faoin logainm seo trí chomhartha ceiste a chur in aice leis.

Ms.: i dTamhnach Néill(?). In G3 SÓhE uses a question mark beside this placename to show uncertainty.

Amhrán 100. Mo Chailín Donn (CBÉ 1032: 250 & CBÉ 1946: 110). Bhailigh SÓhE an t-amhrán seo ar an 1 Meán Fómhair, 1947.

SÓhE collected this song on 1 September 1947.

Amhrán 101. Snáth Banríona (CBÉ 1032: 251 & CBÉ 1946: 2). Bhailigh SÓhE an t-amhrán seo ar an 1 Meán Fómhair, 1947.

SÓhE collected this song on 1 September 1947.

1. Ls.: geangadán bainrioghna. In G3 athraíonn SÓhE an frása seo go "geangadán báinín," (CBÉ 1946: 2).

Ms.: geangadán bainrioghna. In G3 SÓhE changes this phrase to "geangadán báinín," (CBÉ 1946: 2).

2. Ls.: a bpáighe. In G3 athraíonn SÓhE an focal seo go "an báilidhe," (CBÉ 1946: 2).

Ms.: a bpáighe. In G3 SÓhE changes this word to "an báilidhe," (CBÉ 1946: 2).

3. Ls.: tá go leór in do walk-sa. In G3 athraíonn SÓhE an frása seo go "tá go leór in do bhásta," (CBÉ 1946: 2).

Ms.: tá go leór in do walk-sa. In G3 SÓhE changes this phrase to "tá go leór in do bhásta," (CBÉ 1946: 2).

Amhrán 102. Chaith mé Seacht Seachtainí ag Ól (CBÉ 1032: 252-253 & CBÉ 1946: 3). Bhailigh SÓhE an t-amhrán seo ar an 1 Meán Fómhair, 1947.

SÓhE collected this song on 1 September 1947.

1. Ls.: 'á mo chlaoidh.

Ms.: 'á mo chlaoidh.

2. Ls.: nár shuighighidh tú slan. In G3 athraíonn SÓhE an frása chun an leagain a thugtar anseo (CBÉ 1946: 3).

Ms.: nár shuighighidh tú slan. In G3 SÓhE changes this phrase to the version given here (CBÉ 1946: 3).

Amhrán 103. Is Fada Fada a Bhí Tú Amuigh (CBÉ 1032: 254 & CBÉ 1946: 4). Bhailigh SÓhE an t-amhrán seo ar an 1 Meán Fómhair, 1947.

SÓhE collected this song on 1 September 1947.

1. Seo nóta mínithe a thugann SÓhE maidir leis an amhrán seo in G2 (CBÉ 1032: 254):

> Deir Anna liom gur seo abhrán a chum fear agus bean. Chuaidh an fear 'na fairrge agus bhí sé fhad ar shiubhal agus gur shíl sise gur cailleadh é agus nach bpillfead sé go bráthach. Tháinic sé ach bhí fear eile aicí-se. Tá an comhradh a bhí eatorra 'san abhrán.

SÓhE gives this explanatory note regarding this song in G2 (CBÉ 1032: 254):

> *Anna tells me that this is a song which was composed by a man and a woman. The man went to sea, and he was gone a long time until she thought he had died, and that he would never return. He did return but she had another man. Their conversation is in the song.*

In G3 tugann SÓhE cuntas ar an chomhrá a bhí aige le hAnna faoin amhrán (CBÉ 1946: 5):

> Brí an amhráin.
> [SÓhE] An dtig leat brí an amhráin sin a thabhairt domh a Anna?
> [Anna] Tig liom go maith. Buachaill a bhí a caint le cailín agus d'imigh an buachaill agus pósadh ise – Bhí sise pósta nuair a tháinic sé – nach dtuigeann tú héin é?

> - Dúirt sé gur b'eisean an t-éan a chuaidh i bhfad agus d'fhág a nead 'na dhiaidh – Gur bh'olc a seanadh a bhí sa mhraoi nár fhan le brí a scéal. 'Sé mo bharúil-sa go dtáinic sé oíche a pósadh í, agus thug sé leis í. D'imigh an bheirt teacht a' lae agus ní fhacthas a'n sight níos mó orthu. Fágadh an fear eile – an fear a bhí aici-se.

In G3 SÓhE gives an account of the conversation he had with Anna about the song (CBÉ 1946: 5):

> *The meaning of the song.*
> *[SÓhE] Can you give me the meaning of the song Anna?*
> *[Anna] I can indeed. There was a boy who was talking to a girl, and the boy left, and she got married - She was married when he returned - You understand don't you? He said that he was the bird who travelled far and who left his nest behind him, and that it was a bad denial of him that the woman hadn't waited to hear his story. I believe he came the night she married, and he took her with him. The two left at daybreak and were never seen again. The other man was left behind.*

2. Léiríonn SÓhE neamhchinnteacht faoin fhoclaíocht anseo. In G2 faightear "gach a'n (éan)," (CBÉ 1032: 254), agus in G3 faightear "gach éan (nó aon)," (CBÉ 1946: 4).

SÓhE is uncertain of the wording here. In G2 the phrase is given as "gach a'n (éan)," (CBÉ 1032: 254), and in G3 it is "gach éan (nó aon)," (CBÉ 1946: 4).

3. Seo thíos dhá nóta eolais a thugann SÓhE in G2 maidir le véarsaí V agus VI an amhráin (CBÉ 1032: 254):

Seo dhá bhéarsa eile de abhrán – "'Sé fada 's fada a bhí tú amuigh' ar chuimhnigh Anna Nic a' Luain air indiaidh mé na ceithre bhéarsa atá ar leathanach "A" [CBÉ 1032: 254] a scríobh uaiche.

Ní shílim fhéin go bhfuil baint ag bhéarsa V leis an abhrán ach deir Anna liom go mbíodh an ceann seo i gcomhnuidhe ann ag a h-athair.

Here are two information notes SÓhE gives in G2 regarding verses V and VI of this song (CBÉ 1032: 254):

Here are two extra verses of the song "Sé fada 's fada a bhí tú amuigh" which Anna Nic an Luain remembered after I had written down the four verses on page "A" [CBE 1032:254]. I don't think that verse V is part of this song, but Anna tells me that her father always included it.

4. Faightear an dá véarsa, VII agus VIII, in G3 (CBÉ 1946: 4).
Verses VII and VIII are in G3 (CBÉ 1946: 4).

Amhrán 104. Maighre Dheas na Gruaige Báine (CBÉ 1032: 255 & CBÉ 1946: 6-7). Bhailigh SÓhE an t-amhrán seo ar an 1 Meán Fómhair, 1947.

SÓhE collected this song on 1 September 1947.

1. Léiríonn SÓhE go bhfuil líne nó dhó ar iarraidh sa leagan áirithe seo den amhrán (CBÉ 1946: 6). Faightear an dá líne, a thugtar anseo i gcló trom, sa leagan den amhrán in DCCU, 70.

SÓhE indicates that there is a line or two missing from this particular version of the song (CBÉ 1946: 6). The two lines which are given here in square brackets, come from the version of the song in DCCU, 70.

Amhrán 105. D'éirigh an Caile Garbh (CBÉ 1032: 256 & CBÉ 1946: 7-8). Bhailigh SÓhE an t-amhrán seo ar an 1 Meán Fómhair, 1947.

SÓhE collected this song on 1 September 1947.

1. Ls.: á d'iarraigh.
Ms.: á d'iarraigh.

2. In G3 tugann SÓhE an líne seo mar "A cheannochadh an starch sa sópa 's gan ... [briseadh] a bheith teacht ar ais ina mbonnaí," (CBÉ 1946: 8). Is léir ón lámhscríbhinn go bhfuil neamhchinnteacht faoin fhoclaíocht anseo.

In G3 SÓhE has this line as "A cheannochadh an starch sa sópa 's gan ...[break] a bheith teacht ar ais ina mbonnaí," (CBÉ 1946: 8). It's clear from the manuscript that there is uncertainty about the wording here.

Amhrán 106. Gasúr an Bhéarla (CBÉ 1032: 257 & CBÉ 1946: 9-10). Bhailigh SÓhE an t-amhrán seo ar an 1 Meán Fómhair, 1947.

SÓhE collected this song on 1 September 1947.

1. In G1 tugann SÓhE an nóta eolais seo "Ceólann Anna an t-abhrán seo leis an fhonn atá le Art Ó Ceallaigh i dTír Chonaill" (CBÉ 1032: 257).

In G1 SÓhE has this note "Anna sings this song to the air of Art Ó Ceallaigh in Donegal" (CBÉ 1032: 257).

2. Ls.: go rúiscfeadh sé i n-aon leith. In G3 athraíonn SÓhE deireadh na líne go "in aon léim" (CBÉ 1946: 9).

Ms.: go rúiscfeadh sé i n-aon leith. In G3 SÓhE changes the end of the line to "in aon léim" (CBÉ 1946: 9).

3. Faightear an líne seo, atá ar iarraidh in G2, in G3 (CBÉ 1946: 9).

This line, which is missing in G2, is in G3 (CBÉ 1946: 9).

4. In G3 athraíonn SÓhE an líne chun an leagain seo "Agus bradáin á slasáil ag gasúr a' Bhéarla," (CBÉ 1946: 9).

In G3 SÓhE changes the line as follows "Agus bradáin á slasáil ag gasúr a' Bhéarla," (CBÉ 1946: 9).

Amhrán 107. Máire Bhruinneall [2] (CBÉ 1032: 258-259 & CBÉ 1946: 11-12). Bhailigh SÓhE an t-amhrán seo ar an 1 Meán Fómhair, 1947.

SÓhE collected this song on 1 September 1947.

1. Tugtar an t-amhrán faoin teideal 'Máire Bhruinneall [2]' toisc go bhfuil amhrán eile sa chnuasach seo faoin teideal céanna, féach Amhrán 34 thuas.

This song appears here as 'Máire Bhruinneall [2]' as there is another song in the collection with the same name, see Amhrán 34 above.

2. Tá leath véarsa sa bhreis ag deireadh an amhráin in G2 (CBÉ 1032: 259). Tugtar leis féin é faoin teideal 'Véarsaí' in G3 (CBÉ 1946: 12). Faightear an leath véarsa i gceist mar chuid den chéad véarsa sa leagan den amhrán a bailíodh ó Anna Ní Channain, Mín an Aodhaire, Contae Thír Chonaill, is atá caomhnaithe i mBailiúchán na Scol (S 1046: 428). Tugtar thíos an chéad véarsa mar a cheolann Ní Channain é, agus tá an leath véarsa a luadh thuas i cló trom mar chuid de.

An extra half verse appears at the end of the song in G2 (CBÉ 1032: 259). It is given by itself entitled 'Véarsaí' in G3 (CBÉ 1946: 12). This half verse appears as part of the first verse in the version of the song collected from Anna Ní Channain, Mín an

Aodhaire, Contae Thír Chonaill, which is preserved in The Schools' Collection (S 1046: 428). Ní Channain's verse is given below with the half verse mentioned above in bold type:

A Mháire Bhruinneall, a bhláth na Finne,
I ndiaidh mé do leanúint aniar ón áth,
Dá mhéad mo thuirse ní léar domh an choinneal,
Deir siad gur fuiscí a mheallas na mná.
A chiúin bhean mhaiseach mhúinte bharúil,
Is trua gan mé is tú ar lámh,
Ach gurb é na tromchomhairleacha a bhí ar mo stóirín,
Thógfadh sí an brón is an tuirse a bhí orm díom.

Amhrán 108. An Madadh Rua (CBÉ 1032: 260 & CBÉ 1946: 12). Bhailigh SÓhE an t-amhrán seo ar an 1 Meán Fómhair, 1947.

SÓhE collected this song on 1 September 1947.

1. In G2 tugann SÓhE an nóta eolais seo "Deir Anna gur abhrán fada a bhí annseo ach ní cuimhneach léithe anois ach an bhéarsa amháin" (CBÉ 1032: 260).

In G2 SÓhE has this note "Anna says that this was a long song but that she only remembers one verse" (CBÉ 1032: 260.

Amhrán 109. Tá Cailleach i bPort na hUilleanna [Véarsa] (CBÉ 1032: 260 & CBÉ 1946: 10). Bhailigh SÓhE an t-amhrán seo ar an 1 Meán Fómhair, 1947.

SÓhE collected this song on 1 September 1947.

Amhrán 110. Thuas i Máigh Uachtaraigh (CBÉ 1032: 261 & CBÉ 1946: 13-14). Bhailigh SÓhE an t-amhrán seo ar an 1 Meán Fómhair, 1947.

SÓhE collected this song on 1 September 1947.

1. In G3 tugann SÓhE an nóta thíos maidir leis an amhrán seo (CBÉ 1946: 14):

> [SÓhE] An dtig leat innse domh Anna caidé 'n t-ughdar a bhí leis an amhrán sin?
> [Anna] Tá maise caithfidh sé gur dhaoine a bhí ann a rabh spite acu dá chéile a rinn a t-amhrán sin. Ionann sa cás daoine a bhéadh bocht mar sin agus a d'éireochadh suas

saibhir, sin a dóigh a dteárnadh é. Nach bhfeiceann tú héin. "Chonnaic mé an lá a rabh an tsáile dá d'fhuadach." Daoine bochta a bhéadh ar shiúl a cuartú rudaí mar sin, agus d'éirigh siad comh saibhir annsin agus go rabh siad ag éirí íontach mór.

Anna Nic a' Luain.

In G3 SÓhE has the following note about this song (CBÉ 1946: 14):

[SÓhE] Can you tell me Anna what is the origin of this song?
[Anna] I can of course, it must have been people who disliked each other who made that song. The same way as poor people would become rich, that's how it was made. Do you not see that yourself? "I saw the day when the sea was carrying you away." Poor people who were travelling, looking for things, and who became so rich and great.

Anna Nic an Luain

2. Ls.: Chonnaic mé lá thú 's an tsáile dá d'fhuadach.

Ms.: Chonnaic mé lá thú 's an tsáile dá d'fhuadach.

3. Ls.: a feitheamh. In G3 athraíonn SÓhE an briathar chun an bhriathar a thugtar anseo (CBÉ 1946: 13).

Ms.: a feitheamh. In G3 SÓhE changes the verb to that which is given here (CBÉ 1946: 13).

4. Ls.: in maorach na focla. In G3 athraíonn SÓhE an focal deireanach go "Fodhla" (CBÉ 1946: 14).

Ms.: in maorach na focla. In G3 SÓhE changes the last word to "Fodhla" (CBÉ 1946: 14).

Amhrán 111. An Coileach (CBÉ 1032: 262 & CBÉ 1946: 15). Bhailigh SÓhE an t-amhrán seo ar an 1 Meán Fómhair, 1947.

SÓhE collected this song on 1 September 1947.

1. In G2 tugann SÓhE an nóta eolais a leanas maidir leis an amhrán seo: "Deir Anna liom go rabh ceithre bhéarsa 'san abhrán seo fad ó shoin, ach ní cuimhneach léithe anois ach an dá cheann seo" (CBÉ 1032: 262).

In G2 SÓhE writes the following note about this song: "Anna tells me that there were four verses in this song long ago, but that she only remembers the two given here" (CBÉ 1032: 262).

Amhrán 112. Uan Caorach (CBÉ 1032: 263 & CBÉ 1946: 16). Bhailigh SÓhE an t-amhrán seo ar an 1 Meán Fómhair, 1947.

SÓhE collected this song on 1 September 1947.

Amhrán 113. Is Deas agus is Ceolmhar a Labhaireas gach Éan i dTom (CBÉ 1032: 264-265 & CBÉ 1946: 47). Bhailigh SÓhE an t-amhrán seo ar an 1 Meán Fómhair, 1947.

SÓhE collected this song on 1 September 1947.

1. In G2 tugann SÓhE 'Cailín Donn eile' mar theideal ar an amhrán seo (CBÉ 1032: 264), ach in G3 fágann sé an t-amhrán gan teideal.

In G2 SÓhE calls this song 'Cailín Donn eile' (CBÉ 1032: 264), but in G3 he leaves the song untitled.

2. Ls.: go rabh a' d'fhiafruigh.
Ms.: go rabh a' d'fhiafruigh.

Amhrán 114. Na Cailleachaí Buí (CBÉ 1032: 274-275 & CBÉ 1946: 50-51). Bhailigh SÓhE an t-amhrán seo ar an 7 Meán Fómhair, 1947.

SÓhE collected this song on 7 September 1947.

1. In G3 athraíonn SÓhE teideal an amhráin ó 'Na Cailíní Buidhe' (CBÉ 1032: 274) go 'Na Cailleachaí Buí' (CBÉ 1946: 50).

In G3 SÓhE changes the name of this song from 'Na Cailíní Buidhe' (CBÉ 1032: 274) to 'Na Cailleachaí Buí' (CBÉ 1946: 50).

Amhrán 115. A Phadaí an Chúil Daite (CBÉ 1032: 275 & CBÉ 1946: 52). Bhailigh SÓhE an t-amhrán seo ar an 7 Meán Fómhair, 1947.

SÓhE collected this song on 7 September 1947.

Amhrán 116. Pílí Cat Bán (CBÉ 1032: 276 & CBÉ 1946: 49). Bhailigh SÓhE an t-amhrán seo ar an 7 Meán Fómhair, 1947.

SÓhE collected this song on 7 September 1947.

1. Tugann SÓhE an nóta eolais a leanas faoin amhrán seo "Deir Anna liom gur abhrán fada a bhí annseo, ach ní cuimhneach léithe anois ach na trí bhéarsa" (CBÉ 1032: 276).

SÓhE has the following information note regarding this song "Anna tells me that this used to be a long song, but now she only remembers the three verses" (CBÉ 1032: 276).

Amhrán 117. Caidé a Fuair Tú ar do Bhricfeasta (CBÉ 1032: 308-310 & CBÉ 1946: 53). Bhailigh SÓhE an t-amhrán seo ar an 7 Meán Fómhair, 1947.

SÓhE collected this song on 7 September 1947.

1. In G2 tugann SÓhE an míniú a fuair sé maidir leis an amhrán seo ó Anna Nic an Luain (CBÉ 1032: 310):

> Fear a bhí annseo sa t-sean-am, ar rós a bhean eascon dó le n-a bhricfeasta, agus chuir sí nimh ar an eascon dó – is cosamhail go rabh sí tursach leis! Nuair a bhí sé a' fagháil bháis annsin, bhí droch-bharamhail aige gur nimh a thug sí dó, agus nuair a bhí sé a' deánamh a thiomna, sin an fáth ar fhág sé rud ínteacht ag achan nduine ach í. D'fhág sé Ifrionn gan roinn aicí-se agus bhí sé ró-mhaith aicí.
> Anna Nic a' Luain, Cruach Thiobrid, Na Cruacha.

In G2 SÓhE gives the explanation he got from Anna Nic an Luain concerning this song (CBÉ 1032: 310):

> *There was a man in the old days whose wife roasted an eel for him for breakfast, and she put poison on it for him - it seems she was tired of him. When he was dying, he realised that she had given him poison, and when he was making his will, it was the reason he left something to everybody but her. He left Hell itself to her, and it was too good for her.*
> *Anna Nic an Luain, Cruach Thiobrid, Na Cruacha*

In G3 a fhaightear an comhrá seo a bhí ag SÓhE le hAnna Nic an Luain maidir leis an amhrán céanna (CBÉ 1946: 54):

> [SÓhE] Caidé ughdar an amhráin sin, a Anna?
> [Anna] A bhean a rinn réidh a bhricfeasta agus chuir sí nimh ar an eascon dó. Níor fhág sé pighin ná bonn aicí ach Ifrionn gan roinn.
> [SÓhE] Ar chuir sí 'un báis é?
> [Anna] Chuir sí 'un báis é – Ná gcluin tú go bhfuair sé bás. Bhí sé tinn fána chom is nach mbéad sé i bhfad beo.

In G3 we have this conversation between SÓhE and Anna Nic an Luain regarding this song (CBÉ 1946: 54):

> *[SÓhE] What is this song about, Anna?*
> *[Anna] His wife made him breakfast and she put poison on his eel. He left her neither a penny nor anything but hell itself.*
> *[SÓhE] Did she kill him?*
> *[Anna] She killed him - Don't you hear that he died. He was sick in his stomach, and he hadn't long alive.*

2. In G3 críochnaíonn SÓhE an chéad líne i ngach véarsa mar a leanas "a óganaigh óig" (CBÉ 1946: 53-54).

In G3 SÓhE finishes the first line of each verse as follows "a óganaigh óig" (CBÉ 1946: 53-54).

Amhrán 118. Peigí Ní Shléibhín (CBÉ 1032: 311 & CBÉ 1946: 55). Bhailigh SÓhE an t-amhrán seo ar an 7 Meán Fómhair, 1947.

SÓhE collected this song on 7 September 1947.

Amhrán 119. An Moiltín (CBÉ 1032: 312-313 & CBÉ 1946: 56). Bhailigh SÓhE an t-amhrán seo ar an 7 Meán Fómhair, 1947.

SÓhE collected this song on 7 September 1947.

1. I nóta tagartha faoin amhrán seo deir Ó Muirgheasa (DCCU, 317):

> Seo amhrán eile de chuid Pheadair Bhreathnaigh. I Mín na Gualanna a bhíodh sé 'na chomhnuidhe, is bhí Gaill nó Albanaigh 'na gcomhnuidhe san bhaile chéadna. Cha rabh acht cúpla teaghlach de na hAlbanaigh san áit, agus bhí siad go han-mhaith is go han-deas leis na Gaedhil, má b'fhíor.
> Cha rabh talamh dá chuid fhéin ag an fhile, agus geimhreadh amháin fuair sé molt caorach, agus cha rabh áit féaraigh ar bith aige dó. Thug fear de na hAlbanaigh, darbh ainm Tam Buidhe, cuireadh do Pheadar an muiltín a chur ar siubhal le na chuid caorach-san, agus rinne Peadar sin. Acht lá'r na bhárach chuaidh Beici (= Rebecca), máthair Taim Bhuidhe, amach fá na hárdaibh agus chonnaic sí an molt coimhthigheach leis na caoirigh. Dhreasuigh sí dhá mhadadh ins an mholt, agus hóbair gur stróic siad as a chéile é.
> Chuaidh an molt annsan a shiubhal le cuid caorach Gaedhil darbh ainm Mac Fhlonn. Char bhain Mac Fhlonn dó. Rinne Peadar an t-amhrán is sé i mbéal an mhuilt é.

In a reference note regarding this song, Ó Muirgheasa says (DCCU, 317):

> *This is another of Peadar Breathnach's songs. He lived in Mín na Gualanna, and there were foreigners or Scots living in the same area. There were only a couple of families of Scots in the place and they were very good and very nice to the Gaeil, if the truth be told.*
> *The poet didn't have land of his own, and one winter when he got a wether, he hadn't any grazing for it. One of the Scots, called Taim Buidhe invited Peadar to let his wether in with his own sheep, and Peadar did so. But the following morning when Tam Buidhe's mother, Becky (=Rebecca), went to a height she saw the strange wether in with the sheep. She set two dogs on the wether and they nearly tore it apart.*
> *The wether then went among the sheep of a Gael named Mac Fhloinn. Mac Fhloinn didn't bother him. Peadar wrote the song and put it in the words of the wether.*

2. Is cosúil gurb í seo an "Beici (= Rebecca)" a luagh i nóta tagartha Uí Muirgheasa (DCCU, 317).

This would appear to be the "Beici (= Rebecca)" mentioned in Ó Muirgheasa's reference note (DCCU, 317).

Amhrán 120. Síle Bheag na bPéarlaí (CBÉ 1032: 345). Bhailigh SÓhE an t-amhrán seo ar an 27 Deireadh Fómhair, 1947.

SÓhE collected this song on 27 October 1947.

1. Seo a leanas nóta eolais a scríobh SÓhE faoin amhrán seo "Deir sí [Anna Nic an Luain] gur abhrán mór fada a bhí anseo agus go rabh sé ag a h-athair ach ní cuimhneach léithe anois ach an dá bhéarsa thuas" (CBÉ 1032: 345).

SÓhE wrote the following note about this song "[Anna Nic an Luain] says that this used to be a long song and her had it, but she only remembers the two verses above" (CBÉ 1032: 345).

2. Ls.: á m'fhéachaint.

Ms.: á m'fhéachaint.

Amhrán 121. Cumhdachaí (CBÉ 1032: 527-529 & CBÉ 1032: 543 & CBÉ 1949: 66-68). Bhailigh SÓhE na hamhráin seo ar an 25 Samhain, 1947 (I-IV), ar 29 Samhain, 1947 (V), agus i mí na Nollag, 1948 (VI-X).

SÓhE collected these songs on 25 November 1947 (I-IV), on 29 November 1947 (V), and in December 1948 (VI-X).

1. Tugann SÓhE an nóta a leanas ar an pháirt a bhí ag an chomhluadar ar na hoícheanta a bailíodh na hamhráin meidhreacha a dtugtar cumhdachaí orthu (CBÉ 1032: 529). Uaireanta faightear tagairtí sna hamhráin chéanna do dhaoine difriúla, na daoine a bhí i láthair ar na hoícheanta difriúla:

> 'Siad ainmneacha muinntir na gCruach atá ag Anna Nic a' Luain ins na ranntaí seo. Bhí siad i láthair ins an am a rabh mé 'á scríobh, agus ba chuma leo, agus ní rabh siad ar dhóigh ar bith mí-shásta gur baineadh féidhm as a gcuid ainmneacha.

SÓhE has the following note regarding the role of the people who were present on the nights the jovial songs known as cumdachaí were collected (CBÉ 1032: 529). Sometimes reference is made within the same songs to different people, the people who were present on the different nights the songs were collected:

> *Anna Nic an Luain has the names of people from The Croaghs in these verses. They were present while I was writing, and they didn't mind, and they were in no way displeased that their names were used.*

Seo thíos an cur síos a thugann Anna Nic an Luain ar na hoícheanta sna "campannaí" a bhíodh ann nuair a bhí sise óg, agus ar an chineál oibre a rinneadh sna "campannaí." Faightear míniú fosta ar chumadh na gcumhdachaí (CBÉ 1032: 527):

> Nuair a bhí mise 'mo ghiorrsaigh is minic a chaith mé trí lá ar siubhal as a' bhaile ag cárdáil agus daoiní thall 's i bhfos ag lucht dheánamh gréasán. Bhíodh meithleacha againn le chéile ag na "campannaí" sin, agus bhíodh triúr againn a' cárdáil ag achan túirne bhig. Chonnaic mé teach a rabh sé túirní a' gabhail ann ar feadh thrí n-oidhche, agus triúr againn ag cárdáil lá agus oidhche dó na túirní sin. Rinneadh rollogaí agus snáth go leór ann

ar feadh an ama sin.
Bhail, bhí grás agus caitheamh aimsire ag na cailíní an uair sin a dtugadh siad "cumhdachaí" air. Nuair a thiocfadh an 10 a' chlog, stadfadh an chárdáil agus an sníomh, agus bhíodh tamall plé ag na cailíní. Thigeadh cailíní na mbailteach isteach i n-amannaí, agus amannaí nach dtigeadh. Thoisigheadh na cailíní ar na "cumhdachaí" ann, agus ranntaí móra a' baint leobhtha. Bhí cumhdach thriúr mbuachaill i gcuid de na ranntaí seo, agus beirt agus ceann amháin, agus mar sin.

The following is an account by Anna Nic an Luain of the nights in "camps" when she was young, and of the type of work which done in them.

When I was a girl, I often spent three nights away from home carding, and people from here and there with fabric makers. We would have meitheals together in the "camps," and three of us would be carding at every spinning-wheel. I saw a house with six spinning-wheels working for three nights, and three of us carding day and night for those spinning-wheels. Plenty of rolls and thread were made during that time.
Well, the girls had a custom and pass-time then which they called "cumhdachaí." When it reached ten o'clock the carding and spinning would stop, and the girls had time to talk. Sometimes the girls of the house would come in, and sometimes they wouldn't. The girls would start "cumhdachaí" then involving big verses. A "cumhdach" involving three boys would in some of the verses, and two and one, and so on.

Tá Cumhdachaí I go IV curtha in eagar in Ní Dhíoraí, 174, agus tá eolas cuimsitheach ar chumadh na n-amhrán ag mná na gCruach sna "campannaí" ar fáil in uí Ógáin, Smith 1998.
Cumhdachaí I to IV are edited in Ní Dhíoraí, 174, and there is comprehensive information on the composition of these songs by women in the "campannaí" in uí Ógáin, Smith 1998.

2. Ls.: Maise an dá ríribh leoga seadh.
Ms.: Maise an dá rírbh leoga seadh.

3. Bhailigh SÓhE an cumhdach seo (V) faoin teideal 'Cumhdach Eile' ar an 29 Samhain, 1947(CBÉ 1032: 543).

SÓhE collected this cumhdach on 29 November 1947 called 'Cumhdach Eile.'

4. Bhailigh SÓhE na cumhdachaí seo (VI go X) i mí na Nollag, 1948 (CBÉ 1949: 66-68). Tugtar an comhrá idir an bailitheoir agus an t-amhránaí ar ócáid bhailiú na gcumhdachaí mar chuid den téacs.
SÓhE collected these songs (VI to X) in December 1948 (CBÉ 1949: 66-68). The conversation between the collector and the singer on the occasion of the song's collection is given here as part of the text.

Amhrán 122. Ramás (CBÉ 1033: 195-196). Bhailigh SÓhE an t-amhrán seo ar an 26 Eanáir, 1948.

SÓhE collected this song on 26 January 1948.

1. Tugann SÓhE an nóta eolais a leanas faoin amhrán seo: "Beirt fhear bhí a' gabhail 'un aonaigh, agus dhá asal leo a' gabhail dá ndíol. Rinn mac fhir acú an rann seo fá fhear acú" (CBÉ 1033: 196).

SÓhE has the following information note regarding this song: "There were two men going to the fair and they had two donkeys with them to sell. The son of one of them wrote this poem about one of them" (CBÉ 1033: 196).

2. "Tá fuaim "goffy" ag an fhocal seo ag Anna. SÓhE" (CBÉ 1033: 196).

"This word is pronounced "goffy" by Anna. SÓhE." (CBÉ 103: 196).

Amhrán 123. Nansaí Óg Ní Iobarláin [Giota] (CBÉ 1033: 198). Bhailigh SÓhE an t-amhrán seo ar an 26 Eanáir, 1948.

SÓhE collected this song on 26 January 1948.

1. Tugann SÓhE an nóta eolais a leanas maidir leis an amhrán seo: "Deir Anna liom gurbh abhrán mór fada é seo ag seanbhunadh na gCruach ina h-óige, ach ní cuimhneach léithe fhéin anois ach an giota beag seo thuas" (CBÉ 1033: 198).

SÓhE has the following information note regarding this song: "Anna tells me that the old people of The Croaghs had this as a long song when she was young, but she only remembers this small fragment now" (CBÉ 1033: 198).

Amhrán 124. An Cruitíneach Cam (CBÉ 1033: 199). Bhailigh SÓhE an t-amhrán seo ar an 26 Eanáir, 1948.

SÓhE collected this song on 26 January 1948.

1. Faightear an líne bhreise seo sa véarsa: "Ní chuirfeadh sé bean an toighe a chodladh le greann" (CBÉ 1033: 199).

This extra line appears in the verse: "Ní chuirfeadh sé bean an toighe a chodladh le greann." (CBÉ 1033: 199).

Amhrán 125. Séamus Mac Loinsighe [Giota] (CBÉ 1033: 199). Bhailigh SÓhE an t-amhrán seo ar an 26 Eanáir, 1948.

SÓhE collected this song on 26 January 1948.

Amhrán 126. A Chuisle le do Mháthair [Giota] (CBÉ 1033: 200). Bhailigh SÓhE an t-amhrán seo ar an 26 Eanáir, 1948.

SÓhE collected this song on 26 January 1948.

1. Tá líne ar iarraidh sa véarsa seo nár éiríodh a theacht air i bhfoinsí eile.

There is a line missing from this verse which could not be found in other sources.

Amhrán 127. Adhraim Thú a Pheadair [Giota] (CBÉ 1033: 200). Bhailigh SÓhE an t-amhrán seo ar an 26 Eanáir, 1948.

SÓhE collected this song on 26 January 1948.

Amhrán 128. Sean-amhrán (CBÉ 1033: 226). Bhailigh SÓhE an t-amhrán seo ar an 2 Feabhra, 1948.

SÓhE collected this song on 2 February 1948.

1. Ní thugtar an t-amhrán i bhfoirm vearsaí sa lámhscríbhinn.

This song is not laid out in verses in the manuscript.

2. Ls.: Chuaidh mé innseoir Shéamus 'un' Áird.

Ms.: Chuaidh mé innseoir Shéamus 'un' Áird.

Leabhar Liosta agus Foinsí Eile

Leabharliosta / Book List:

Briody, Mícheál (2007) The Irish Folklore Commission 1935-1970, Helsinki.
Dinneen, Rev. Patrick (1927) Foclóir Gaedhilge agus Béarla, Dublin.
Gramadach na Gaeilge agus Litriú na Gaeilge, An Caighdeán Oifigiúil (2004), Baile Átha Cliath.
Mac a' Bhaird, Seághan, (1909), Leabhar Filidheachta Fá Choinne na Scoil, Dublin.
Ní Dhíoraí, Áine (1985) Na Cruacha, Scéalta agus Seanchas, Baile Átha Cliath.
Ní Dhíoraí, Áine (2008) Scoil na gCruach, Na Cruacha Gorma, Tír Chonaill, 1907-1971, Co. na Gaillimhe.
Ó Catháin, Séamas [eag.] (1985) Uair an Chloig Cois Teallaigh, An Hour by the Hearth, Baile Átha Cliath.
Ó Catháin, Séamas/ Smith, Thérèse (2000), 'Iolar Mór na Spáige,' Béaloideas 68, 189-191.
Ó Dónaill, Niall (1977) Foclóir Gaeilge- Béarla, Baile Átha Cliath.
Ó hEochaidh, Seán (1949) [1950] 'Tomhasanna ó Thír Chonaill,' Béaloideas 19, 3-28.
Ó hEochaidh, Seán (1954) [1956] 'Síscéalta: réamhrá,' Béaloideas 23, 135-229.
Ó hEochaidh, Seán/ Wagner, Heinrich (1962-4) "Sean-Chainnt na gCruach," Zeitschrift fur Celtische Philologie 29, 1-90.
Ó Muirgheasa, Éinrí (1915) Céad de Cheoltaibh Uladh, Baile Átha Cliath.
Ó Muirgheasa, Éinrí (1934) Dhá Chéad de Cheoltaibh Uladh, Baile Átha Cliath.
Ó Muirgheasa, Éinrí (1936) Dánta Diadha Uladh, Baile Átha Cliath.
Quiggin, E.C. (1906) A Dialect of Donegal Being the Speech of Meenawannia in the Parish of Glenties, Cambridge.
uí Ógáin, Ríonach/ Smith, Thérèse (1998) [1999] 'Cumhdachaí,' Béaloideas 66, 199-216.

Wagner, Heinrich (1958) Linguistic Atlas and Survey of Irish Dialects Iml. 1, Dublin.
Wagner, Heinrich (1969) Linguistic Atlas and Survey of Irish Dialects Iml. 4, Dublin.

Foinsí Idirlín:

Cartlann TG4 https://seannos.tg4.ie/baile/amhranaithe/ .
Ó Duibhín, Ciarán (2013) Ádhbhar Foclóra Béarla-Gaeidhilg Ultach. Ar fáil ag: http://www.smo.uhi.ac.uk/~oduibhin/fbg.txt .
Ó hAirt, Diarmuid [gan dáta] Cnuasach Conallach, A Computerised Dictionary of Donegal Irish. Ar fáil ag: http://homepage.eircom.net/~gfg/ .
Ó Seachnasaigh, Pól (2012) Eagrán de na scéalta idirnáisiúnta ó Na Cruacha Gorma a bhailigh Seán Ó hEochaidh do Choimisiún Béaloideasa Éireann i 1947 agus 1948. PhD thesis, National University of Ireland Maynooth. Ar fáil ag: http://mural.maynoothuniversity.ie/4505/1/Pól_Ó_Seachnasaigh_-_Tráchtas_PDF.pdf .
Tionscadal Gréasáin Chéirníní Doegen/ The Doegen Records Web Project. Ar fáil ag http://doegen.ie .